Literaturkompass Politikwissenschaft

Jürgen Hartmann · Luise Sanders

Literaturkompass Politikwissenschaft

Einführung in die politikwissenschaftliche Literatur

Jürgen Hartmann
Wohltorf, Deutschland

Luise Sanders
Helmut-Schmidt-Universität Hamburg
Deutschland

ISBN 978-3-658-00162-9
DOI 10.1007/978-3-658-00163-6

ISBN 978-3-658-00163-6 (eBook)

Die Deutsche Nationalbibliothek verzeichnet diese Publikation in der Deutschen Nationalbibliografie; detaillierte bibliografische Daten sind im Internet über http://dnb.d-nb.de abrufbar.

Springer VS
© Springer Fachmedien Wiesbaden 2013
Das Werk einschließlich aller seiner Teile ist urheberrechtlich geschützt. Jede Verwertung, die nicht ausdrücklich vom Urheberrechtsgesetz zugelassen ist, bedarf der vorherigen Zustimmung des Verlags. Das gilt insbesondere für Vervielfältigungen, Bearbeitungen, Übersetzungen, Mikroverfilmungen und die Einspeicherung und Verarbeitung in elektronischen Systemen.

Die Wiedergabe von Gebrauchsnamen, Handelsnamen, Warenbezeichnungen usw. in diesem Werk berechtigt auch ohne besondere Kennzeichnung nicht zu der Annahme, dass solche Namen im Sinne der Warenzeichen- und Markenschutz-Gesetzgebung als frei zu betrachten wären und daher von jedermann benutzt werden dürften.

Lektorat: Verena Metzger/Monika Mülhausen
Satz: text plus form, Dresden

Gedruckt auf säurefreiem und chlorfrei gebleichtem Papier

Springer VS ist eine Marke von Springer DE. Springer DE ist Teil der Fachverlagsgruppe Springer Science+Business Media.
www.springer-vs.de

Inhalt

Einleitung 9

1 Einführungs- und Übersichtswerke 13
1.1 Zum Politikbegriff in der Politikwissenschaft 13
1.2 Ausgewählte Einführungs- und Übersichtswerke 17
1.3 Nachschlagewerke 21
1.4 Geschichte der Politikwissenschaft 23

2 Politische Systeme 25
2.1 Einführungs- und Übersichtswerke 25
2.2 Das Modell des politischen Systems 27
2.3 Regierungssystem 28
2.4 Politische Kultur 30
2.5 Policy-Analyse/Governance 33
2.6 Das politische System der Bundesrepublik Deutschland 36
    2.6.1 Einführungswerke 36
    2.6.2 Handbuch 39
    2.6.3 Bundesstaat 39
    2.6.4 Bundestag 41
    2.6.5 Regierung und Verwaltung, Koalitionsmanagement 41
    2.6.6 Regierungssysteme der Länder 42
    2.6.7 Verfassungsgericht 44
    2.6.8 Europäisierung des politischen Systems 44
    2.6.9 Parteiensystem und Parteien 45
    2.6.10 Verbände 47
    2.6.11 Regieren und Politikfelder 48

2.7	Demokratien im Vergleich		49
	2.7.1	Übersichts- und Nachschlagewerke	50
	2.7.2	Politischer Prozess und politische Akteure	51
	2.7.3	Policies	55
	2.7.4	Ausgewählte Länder	57
2.8	Autoritäre Systeme und gescheiterte Staaten		62
2.9	Außereuropäische Regionen		65
	2.9.1	Orient	65
	2.9.2	Afrika	66
	2.9.3	Lateinamerika	67
	2.9.4	Asien	68
	2.9.5	Russland und China	69
2.10	Systemwechsel		71

3	**Internationale Beziehungen**		**75**
3.1	Einführungs- und Übersichtswerke		76
3.2	Theorien		79
	3.2.1	Einführungs- und Übersichtswerke	79
	3.2.2	Realismus/Neorealismus	81
	3.2.3	Englische Schule	83
	3.2.4	Kooperationstheorien/Regimetheorien/Liberalismus	83
	3.2.5	Konstruktivismus	85
	3.2.6	Anwendung der Theorien	86
3.3	Internationale Regime/Internationale Organisationen		86
3.4	Vereinte Nationen		89
3.5	Analyse der Außenpolitik		90
3.6	Außenpolitik ausgewählter Länder		92
3.7	Internationale Politische Ökonomie		96

4	**Europäische Union**		**99**
4.1	Einführungs- und Übersichtswerke		99
4.2	Theorien		101
4.3	Institutionen		103

5	**Politische Theorie und Ideengeschichte**		**107**
5.1	Ideengeschichte		107
	5.1.1	Einführungs- und Übersichtswerke	107
	5.1.2	Ideengeschichtliche Klassiker	110
5.2	Politische Theorie		114
	5.2.1	Gegenstandsbereich	114

	5.2.2	Einführungs- und Übersichtswerke	115
	5.2.3	Nachschlagewerke	117
	5.2.4	Systemtheorie	117
	5.2.5	Ökonomische und sozialwissenschaftliche Politiktheorien	119
		5.2.5.1 Ökonomische Theorien	119
		5.2.5.2 Theorien der Rational choice	121
		5.2.5.3 Neo-Institutionalistische Theorien	123
	5.2.6	Moderne Staatstheorien/Moderne politische Philosophie	124
		5.2.6.1 Neo-Aristotelismus	124
		5.2.6.2 Rawls	125
		5.2.6.3 Kommunitarismus	126
	5.2.7	Demokratietheorie	128

6 Methoden 131

7 Techniken politikwissenschaftlichen Arbeitens 135

8 Zeitschriften 137
8.1 Allgemeine Zeitschriften 139
8.2 Politische Systeme 151

8.2.1	Vergleich politischer Systeme	151
8.2.2	Ausgewählte Länder und Regionen	157
	8.2.2.1 USA	157
	8.2.2.2 Westeuropa	159
	8.2.2.3 Mittel- und Osteuropa	161
8.2.3	Demokratieforschung	163
8.2.4	Wahl- und Parteienforschung	165
8.2.5	Interdisziplinäre Zeitschriften über Länder und Regionen	166
	8.2.5.1 Russland und post-sozialistische Staaten	166
	8.2.5.2 China	170
	8.2.5.3 Japan	172
	8.2.5.4 Asien, Ostasien, Südostasien	174
	8.2.5.5 Orient: Naher und Mittlerer Osten	178
	8.2.5.6 Afrika	182
	8.2.5.7 Lateinamerika	186
	8.2.5.8 Regionen im Vergleich	188

8.3	Internationale Beziehungen	192
8.4	Internationale Beziehungen und politisches System	202
8.5	Europäische Union	204
8.6	Politische Theorie und Ideengeschichte	210
8.7	Rezensions- und Reviewzeitschriften	214
9	**Informationsquellen und Literaturrecherche**	219
9.1	Bibliotheksverbünde und Kataloge	221
9.2	E-Book Anbieter	224
9.3	Zeitschriftendatenbanken	226
9.4	Aufsatzdatenbanken	228
9.5	Zeitschrifteninhaltsverzeichnisse	231
9.6	Zeitschriftenarchive	231
9.7	Zeitschriftenarchive der Verlage	234
Abkürzungen		237
Index		243

Einleitung

Ein Literaturführer für Politikwissenschaft? Wozu soll das gut sein im digitalen Zeitalter, da es ein Leichtes ist, im Handumdrehen einige Suchbefehle einzugeben, und man findet zum gewünschten Stichwort eine in aller Regel üppige Liste mit einschlägigen Titeln, von denen viele von den Studierenden des Fachs noch mit der Campus-Lizenz ihrer Universität im Volltext heruntergeladen werden können. Datenbanken erleichtern den raschen Zugriff. Noch vor 30, 40 Jahren fuhr ein Seufzer der Erleichterung aus so manchem Studierenden heraus, wenn sie oder er zu einem Thema für einen Vortrag, eine Seminararbeit oder eine Diplom- oder Magisterarbeit einen Titel fand, der ihr oder ihm einen verständlichen Überblick und darüber hinaus noch wertvolle Hinweise auf weiterführende und vertiefende Monografien und Zeitschriftenartikel bieten konnte. Heute ist eher die Fülle das Problem. Studierende, die nach Eingabe entsprechender Suchworte fündig werden, kommen sich unversehens wie mit dem Fallschirm mitten im Wald abgesetzt vor und erkennen vor lauter Bäumen die Konturen und Färbungen des Waldstücks nicht mehr.

Vor diesem Dilemma zu bewahren, ist eigentlich der Zweck der Einführungsliteratur, an der es im Kontext des geradezu explosionsartigen Wachstums der in den Fachverlagen erscheinenden politikwissenschaftlichen Titel nicht gerade mangelt. Es setzte vor gut 25 Jahren ein und hält munter an. Die verschiedensten Einführungswerke führen zu jedem Punkt deutsch- und oft auch englischsprachige Basisliteratur auf. Bis auf eine gewisse Schnittmenge gerät die Auswahl meist sehr uneinheitlich. Je nachdem, wann das betreffende Werk erstmals erschienen ist, werden die Titel bisweilen bloß auf dem Stand der letzten Auflage fortgeschrieben; neuere Literatur sucht man häufig vergeblich. Auch hinterlässt die fachliche Spezialisierung der Autoren ihre Spuren in der empfohlenen Literatur. Dies ist besonders dort der Fall, wo die Einführungswerke als Sammelbände angelegt sind: Spezialisten stellen ihr Fachgebiet vor!

Rechtfertigt dies alles ein Buch unter dem Titel eines Literaturführers? Es geht in diesem Buch darum, Schlüsselwerke, ob Monografien, Sammelbände oder fachhistorisch wegweisende Artikel, vorzugsweise mit einem jüngeren Erscheinungsdatum, vorzustellen. Unter einem Schlüsselwerk wird eine Arbeit verstanden, die das Fach in seinen wichtigsten Aspekten vorstellt und dabei erschließt, ob nun als Ganzes oder in seinen Teilgebieten. Es ist hier aber keine Einführung in das Fach anhand klassischer Fachveröffentlichungen beabsichtigt. Insofern unterscheidet sich dieses Buch von einem Literaturführer anderer Art, der genau dies leistet.[1]

Der *erste Schwerpunkt* dieses Buches liegt auf aktuellen Übersichts- und Einführungswerken, in denen Fragestellungen, Methoden und Ergebnisse vorgestellt und neuere und neueste Literatur aufgeführt werden. Es wendet sich an Studienanfänger, will aber auch Nutzer mit Vertiefungsinteresse nicht im Stich lassen. Deshalb werden stellenweise Bücher und Aufsätze aufgeführt, die nicht in deutscher Übersetzung erhältlich sind und über den Anspruch bloßer Einführungsliteratur hinausgehen.

Der *zweite Schwerpunkt* dieses Buches liegt auf einer Übersicht der politikwissenschaftlichen und politikwissenschaftlich relevanten Zeitschriftenliteratur. Zum einen sind Zeitschriften der zentrale Ort wissenschaftlicher Debatten, last but not least sind sie auch Vorveröffentlichungsplätze für spätere Monografien. Dieser Teil des Buches wendet sich stärker an Studierende der Politikwissenschaft, die aus den einschlägigen Büchern bereits ein gründliches Basiswissen erworben haben und wissen möchten, wo sie dieses Wissen vertiefen und sich über aktuelle Forschungen und Forschungsergebnisse informieren können. Interessierten an einem Thema bleibt oft nichts anderes als die Zeitschriftenliteratur übrig, um sich ein Bild zu verschaffen, ob und wie ein Thema abgehandelt wird, für das die Buchliteratur wenig oder gar nichts hergibt.

Die Politikwissenschaft ist wie alle Wissenschaften stark internationalisiert; deutsche Autoren und Verlage veröffentlichen Manuskripte auch in Englisch. Doch dieses Buch wendet sich in erster Linie an Studierende des Fachs, die mit den Ressourcen einer deutschsprachigen Hochschule zurechtkommen müssen. Dies bedeutet im Allgemeinen, dass der Zeitschriftenbestand in Print oder als E-Quelle leicht erschließbar ist, leider aber auch, dass viel Zeit und auch Glück einzukalkulieren ist, um an Buchliteratur heranzukommen. Die Online gestellte Literatur britischer oder amerikanischer Provenienz ist kostenpflichtig. Allein dies dürfte das Budget des durchschnittlichen Studierenden überfordern. Auch lassen sich

---

1 Dirk Berg-Schlosser und Sven Quenter: Literaturführer Politikwissenschaft. Eine kritische Einführung in die Hauptwerke und „Klassiker" der Gegenwart, Stuttgart: Kohlhammer 1999, 295 S.

längst nicht alle Verlagsveröffentlichungen als E-Books einsehen, für die eine Universität die Campus-Lizenz erworben hat. Aus der hier gebotenen Auswahl, die sich bei Monografien und Sammelwerken weitgehend auf deutschsprachige Titel beschränkt, entsteht den Leserinnen und Lesern kein Nachteil. Die besseren politikwissenschaftlichen Veröffentlichungen deutschsprachiger Verlage – und nur solche werden hier referiert – beziehen sich ganz selbstverständlich auch auf den englischsprachigen Literaturfundus. In diesem Zusammenhang ein Bekenntnis: Rein digitale Veröffentlichungen werden hier nicht berücksichtigt, wohl aber Literatur, die in Print wie als E-Book erhältlich ist. Dafür gibt es einen einfachen Grund. Gestandene Verlage haben ein Veröffentlichungsprofil. Sie schauen hin, was angeboten wird, prüfen die Qualität, versuchen Redundanzpublikationen zu vermeiden, halten Kontakt zu Hochschulen, Forschungseinrichtungen und Autoren und sponsern die wissenschaftlichen Fachvereinigungen. Ihre Lektoren besuchen Fachkongresse und verfolgen wissenschaftliche Trends. Ins Netz hingegen lässt sich so gut wie jede Masterarbeit schieben. Das einzige Sieb ist hier ein routinierter Prüfungsalltag von Aberhunderten Hochschullehrern, einige stark engagiert, andere weniger, die am Benotungspult die Signale steuern.

Auch eine zweite Tendenz dieses Buches zu verschweigen wäre zwecklos. Im großen Kapitel über die politischen Systeme wird dem politischen System der Bundesrepublik der erste und größte Platz eingeräumt. Schlanker gerät dann in absteigender Reihenfolge die Revue der Fachliteratur über demokratische, autoritäre und außereuropäische Systeme. Der Grund für diese Schwerpunktehierarchie liegt einfach darin, dass die politikwissenschaftlichen Studiengänge in Deutschland nun einmal, sofern sie das politische System thematisieren, zunächst auf die Politik in Deutschland und erst in der nächsten Stufe auf die europäischen Nachbarländer und Nordamerika konzentriert sind. Über diese Länder erscheint der größte Teil der politikwissenschaftlichen Buchliteratur. Der Rest der Welt erschließt sich dem Interessierten am besten über die Zeitschriftenliteratur. Die in Deutschland vorhandene Buchliteratur über andere Länder und Kulturen wird in nur wenigen Bibliotheken bevorratet. Selbst bei frühzeitiger Fernleihbestellung ist keineswegs sicher, dass diese Titel, wenn sie denn für Seminar-, Bachelor- oder Masterarbeiten benötigt werden, rechtzeitig zum Ablauf der Bearbeitungsfrist eintreffen. Die missliche Lage selbst hoch motivierter Studierender, die ein Thema bearbeiten, das nicht dem Standardrepertoire entnommen ist, und die sich die Daumen wund drücken, auf dass die seit Wochen bestellte Publikation endlich eintreffe, sind der Autorin und dem Autor dieses Bandes allzu bekannt. Hier, so ihre Überlegung, kann mit diesem Buch geholfen werden. Wo der Leihverkehr an seine Grenzen stößt, helfen Zeitschriften weiter. Auch aus diesem Grund wird hier die Zeitschriftenliteratur besonders dicht dargestellt. Hinweise auf Themenhefte mit politikwissenschaftlichen Schwerpunkten in der Zeitschriftenliteratur ermöglichen den raschen Zugriff auf dort konzentrierte Analysen. Sowohl die Buch- als auch die Zeitschriftenliteratur werden auf dem Stand des Mai 2013 berücksichtigt.

Verschiedene bibliografische Hilfsmittel: Kataloge, Datenbanken und Suchmaschinen, die im Internet frei zugänglich sind, bieten reichlich Unterstützung bei der Literaturrecherche. Hier findet man je nach Datenbank Literaturhinweise – teilweise mit Abstracts – und Inhaltsverzeichnisse von Zeitschriften bis hin zu Volltextdatenbanken, die vollständige Texte enthalten und liefern. Aber diese Datenbanken gilt es erst einmal kennen zu lernen und sich mit ihrer Bedienung vertraut zu machen, um bei der Recherche gute Ergebnisse zu erzielen. Eine Einführung in die Auswahl und Bedienung von Datenbanken und Katalogen ist hier nicht beabsichtigt. Auf die wichtigsten überregionalen Nachweisinstrumente, die teilweise auch eine fachspezifische Komponente haben (DBIS, EZB und Vifapol), wird allerdings knapp hingewiesen.

Zur Praxis der allgemeinen und fachspezifischen Literaturrecherche findet man in neueren Werken, die in die Technik des wissenschaftlichen Arbeitens einführen, oftmals ausführlichere Hinweise. Eine Auswahl dieser Werke ist im siebten Kapitel dieses Buches aufgeführt. Datenbanken erleichtern zwar den raschen Zugriff auf bibliografische Daten, Inhaltsverzeichnisse und Volltexte. Aber sie enthalten viel mehr Literatur, als Studierende in Projekten verarbeiten können. Der Einstieg mit Hilfe ausgewählter Einführungs- und Übersichtswerke sowie mit der Zeitschriftenliteratur ist zwar selektiv, hat aber den Vorteil, die Überforderung durch eine ungefilterte Informationsflut zu vermeiden.

Bei einigen Titeln, die für verschiedene Themen relevant sind, wird in der Titelzeile auf die betreffenden Fundstellen in anderen Kapiteln verwiesen. Bei den Buchtiteln werden ausschließlich Monografien und Sammelwerke mit Originalbeiträgen berücksichtigt. Lesebücher, die Texte bereits erschienener Veröffentlichungen zusammenstellen, werden nicht berücksichtigt.

Die Verfasserin und der Verfasser schulden *Frank Schindler* vom Verlag Springer VS Dank für die Idee zu diesem Buch.

Einführungs- und Übersichtswerke

1.1 Zum Politikbegriff in der Politikwissenschaft

Die im Folgenden referierten Einführungen enthalten sämtlich eine solide Vorstellung der Essentials, die Studierenden der Politikwissenschaft geläufig sein müssen:

a) Teilgebiete: Die Politikwissenschaft gliedert sich nach fachlichem Konsens in drei oder vier Teilgebiete. Ob drei oder vier, hängt davon ab, ob das politische System des eigenen Landes, hier also der Bundesrepublik Deutschland, als eigenes Gebiet gezählt wird. Bei der Dreierzählung geht die Betrachtung des deutschen politischen Systems in einem Großteilgebiet auf, das üblicherweise mit „politische Systeme" überschrieben ist. Einigermaßen klar abgegrenzte weitere Teilgebiete sind die Internationalen Beziehungen, die auch als Internationale Politik bezeichnet werden, und die Geschichte der politischen Ideen sowie die Politische Theorie.

b) Polity, Politics, Policy: An dieser Stelle ist zuerst ein Werk zu referieren, das den Zugang zum Gegenstand der Politikwissenschaft durch die Zerlegung des ambivalenten deutschen Politikbegriffs in die präziseren Politikbegriffe der englischen Sprache – Polity, Politics, Policy – erschließt.

Karl Rohe: Politik. Begriffe und Wirklichkeiten, 2. Aufl., Stuttgart: Kohlhammer 1994, 194 S.

Die Polity bezeichnet den Komplex der förmlichen Verfassungsinstitutionen und der zwischen den politischen Akteuren unumstrittenen politischen Praxis. Sie umschreibt hauptsächlich ein Phänomen, das auch unter dem Stichwort des Regierungssystems abgehandelt wird.² Demgegenüber werden unter den Politics die Akteure des politischen Prozesses, also Regierungsmitglieder, Parlamentarier, Parteiführer, Interessengruppen und die Medien verstanden. Die Polity umschreibt die Statik der Politik, die Politics ihre Bewegkräfte.³ Die Policy schließlich beschreibt die Ergebnisse politischen Handelns: Gesetze, Verordnungen, Entscheidungen, Richtlinien, und nicht nur dies, sondern auch ihr Zustandekommen und ihre Bewährung in der Praxis.⁴

c) *Interesse und Legitimität:* Weitere Schlüsselbegriffe, die sich durch alle Bereiche des Politikstudiums ziehen, sind das Interesse und die Legitimität. Dazu das folgende Buch.

Thomas Meyer: Was ist Politik?, 3. Aufl., Wiesbaden: VS 2010, 274 S.

Das Interesse zielt darauf ab, ein in aller Regel kollektives Anliegen, mag es von einer Partei, einem Verband oder einem Bürgerverein artikuliert werden, in politische Entscheidungen einzuspeisen. Tragendes Argument ist die Vereinbarkeit mit einem behaupteten Gemeinwohl. Objektive oder scheinbar objektive Tatsachen werden ins Feld geführt, um diese Behauptung zu untermauern.⁵ Hier stoßen wir auf das Phänomen der Legitimität: Legitime Herrschaft beruht darauf, dass die Gesellschaft ohne großen Rekurs auf Zwang oder Gewalt das Herrschaftssystem, die Herrschenden und die politischen Entscheidungen – unabhängig vom Grad intrinsischer Begeisterung – als notwendig, gerecht und gerechtfertigt anerkennt.⁶ Legitimität reimt sich nicht zwangsläufig auf Demokratie. Es mag genügen, wenn Herrschaft im Einklang mit den Normen ausgeübt wird, welche die Identität einer Gesellschaft ausmachen.⁷ Anhand dieser Begriffe, aber auch im Rekurs auf die oben genannten Politikdimensionen der Polity, Politics und Policy er-

---

2   Siehe auch Klaus Schubert: Polity, in: Dieter Nohlen und Rainer-Olaf Schultze (Hrsg.), Lexikon der Politikwissenschaft, Bd. 2, 4. Aufl., München: Beck 2010, S. 831.
3   Siehe auch Klaus Schubert: Politics, in: Dieter Nohlen und Rainer-Olaf Schultze (Hrsg.), Lexikon der Politikwissenschaft, Bd. 2, 4. Aufl., München: Beck 2010, S. 745.
4   Siehe auch Manfred G. Schmidt: Policy-Analyse, in: Arno Mohr (Hrsg.), Grundzüge der Politikwissenschaft, München: Oldenbourg 1995, S. 567 f.
5   Peter Massing: Interesse, in: Dieter Nohlen und Rainer-Olaf Schultze (Hrsg.), Lexikon der Politik, Bd. 1: Politische Theorien, München: Beck 1995, S. 217–225.
6   Einschlägig sind hier die entsprechenden Passagen bei Max Weber, Die drei reinen Typen legitimer Herrschaft. Eine soziologische Studie, in: Max Weber, Schriften 1894–1922, hrsg. von Dirk Käsler, Stuttgart: Kröner 2002, S. 717–733.
7   Hella Mandt: Legitimität, in: Dieter Nohlen und Rainer-Olaf Schultze (Hrsg.), Lexikon der Politik, Bd. 1: Politische Theorien, München: Beck 1995, S. 284–298.

läutert der Verfasser dieses Buches, worum es in der Politikwissenschaft geht. Es handelt sich hier weniger um eine klassische Einführung als vielmehr um eine fundierte Präsentation der Schlüsselbegriffe, in denen sich die Politikwissenschaft ausdrückt. Wie das vorgenannte Werk ist auch dieses Buch die perfekte Vorlektüre für Interessierte, die ein Einführungswerk in die Politikwissenschaft durcharbeiten wollen.

d) *Wissenschaftscharakter:* Die bekanntesten politikwissenschaftlichen Einführungswerke stellen das Fach als eine Spezies der Sozialwissenschaft vor. Sie versäumen aber nicht darauf hinzuweisen, dass es sich um ein Querschnittsfach handelt, das Elemente des Staatsdenkens, der Soziologie und der empirischen Sozialforschung integriert und darüber hinaus die Erkenntnisse der Geschichts- und der Rechtswissenschaft verwertet. Die Politikwissenschaft ist keine exakte Wissenschaft. Will sagen: Ohne ein gerüttelt Maß von Interpretation ist sie außerstande, zu Aussagen zu gelangen. Interpretation bringt aber stets den Standort des Betrachters ins Spiel. Dies ist Gegenstand des folgenden Artikels aus der Feder eines der bekanntesten Politikwissenschaftler der Gegenwart.

Gabriel A. Almond und Stephen J. Genco: Clouds, Clocks, and the Study of Politics, in: World Politics, 29. Jg. (1975/76), S. 489–522, (siehe unten 8.4).

Almond formuliert in diesem Artikel in Metaphern ausgedrückt, dass es in der Politikwissenschaft nicht um die Beschreibung von Uhren geht, die stets Uhren bleiben, wo auch immer sie ticken, sondern um die Beschreibung von Wolken, die rasch ihre Gestalt verändern, aber in jeglicher Gestalt stets als Wolken erkennbar sind.

Gabriel A. Almond: A Discipline Divided: Schools and Sects in Political Science, Newbury Park, London und New Delhi: Sage 1997 (Nachdruck der 1. Aufl. von 1990), 348 S.

Dieser Band ist eine Sammlung von Essays zur Bandbreite der Politikwissenschaftsverständnisse. Auch er darf als eine der wichtigsten Veröffentlichungen im Fach gelten. Das Buch ist aber nichts für Einsteiger, sondern eher für Fortgeschrittene, die bereits mit den Grundzügen der politischen Theorien und Methoden vertraut sind.

Max Weber: Wirtschaft und Gesellschaft. Grundriss der Verstehenden Soziologie, 5. Aufl., Tübingen: Mohr 2009 (Nachdruck der 5. Aufl.), 945 S.

Max Weber: Schriften 1894–1922, ausgew. u. hrsg. von Dirk Käsler, Stuttgart: Kröner 2002, 827 S.

Was präzise beschrieben und vermessen werden kann, wird in der Politikwissenschaft mit den Methoden der empirischen Sozialforschung bearbeitet. Auch der von der Ökonomie beeinflusste Ansatz der Rationalen Wahl (rational choice) versucht sich in Erklärungen mit geringem Deutungsaufwand. Tatsachen wie Geschichte, Kultur, Wertewelten sowie die relative Bedeutung von Institutionen und Persönlichkeiten im politischen Geschehen kommen ohne die Interpretation nicht aus. Damit diese nicht in die Beliebigkeit abgleitet, bedarf es gewisser Kunstregeln, die beim Interpretieren die Hand führen. Der Soziologe Max Weber spricht in diesem Zusammenhang von der Verstehenden Methode. Die von ihm geschöpften Begriffe des Ideal- und des Realtypus sind Standard im wissenschaftlichen Diskurs. Hierzu ist die oben an zweiter Stelle aufgeführte Zusammenstellung der wichtigsten Veröffentlichungen Webers besonders hilfreich.

Karl Popper: Objektive Erkenntnis. Ein evolutionärer Entwurf, Hamburg: Hoffmann & Campe, 4. Aufl., 1998, 417 S.

Karl Popper: Alles Leben ist Problemlösen. Über Erkenntnis, Geschichte und Politik, Sonderausgabe, 12. Aufl., München: Piper 2009 (Paperback-Nachdruck der Aufl. von 1994), 336 S.

Der wichtigste Kontrollmechanismus für die allzu freie Interpretation, so Karl Popper, der bekannteste Wissenschaftsphilosoph unserer Zeit, in den Aufsätzen dieser Bücher, ist die kritische Konfrontation für sicher geglaubter Erkenntnisse mit immer neuen Beispielen. Diese Beispiele sollen aber so ausgewählt werden, dass sie die Gültigkeit dieser Erkenntnisse möglichst infrage stellen, um die Standfestigkeit einer These oder einer Theorie zu erproben.

Thomas S. Kuhn: Die Struktur wissenschaftlicher Revolutionen, 2. Aufl., Frankfurt/M.: Suhrkamp 2011 (Nachdruck der 2. Aufl. von 1976), 239 S.

Ein weiterer Wissenschaftsphilosoph, Thomas Kuhn, hat für die Physik, immerhin eine exakte Wissenschaft, nachgewiesen, dass die Auseinandersetzung mit den

Tatsachen, ob nun präzise messbar oder nicht, stets Moden folgt, den so genannten Paradigmen. Dies gilt um vieles mehr für die Sozialwissenschaften und damit auch für die Politikwissenschaft. Der Standpunkt des wissenschaftlichen Beobachters steht nicht ein für allemal fest. Er ist, wie alles soziale Geschehen, dem Wandel unterworfen. Dieser Wandel wird freilich durch Veränderungen in der realen Welt angestoßen. In der Politikwissenschaft treffen wir solche Paradigmen etwa in Gestalt der Systemtheorie, der Theorie der rationalen Wahl und in sozial konstruierten Weltbildern an (siehe unten 3.2.2 bis 3.2.5 und 5.2.4. bis 5.2.5).

1.2 Ausgewählte Einführungs- und Übersichtswerke

Ausgehend von diesen Bemerkungen zur Politikwissenschaft, die unter Fachvertretern kaum umstritten sein dürften, werden nun einige der bekanntesten und wiederholt aufgelegten Einführungswerke vorgestellt:

Hans-Joachim Lauth und Christian Wagner (Hrsg.): Politikwissenschaft: Eine Einführung, 7. Aufl., Paderborn: Schöningh 2012, 512 S.
E-Book: UTB-Online-Bibliothek
URL: http://www.utb-studi-e-book.de/9783838536316

Diese Einführung ist ausgezeichnet auf die Bedürfnisse des Studienanfängers eingestellt. Das Buch ist als Sammelwerk gestaltet. Die von einschlägig spezialisierten Autoren verfassten Beiträge sind, was bei Sammelwerken alles andere als selbstverständlich ist, hervorragend aufeinander abgestimmt. Sie charakterisieren die Politikwissenschaft und machen mit der Theorie der Sozialwissenschaft vertraut. Dann wenden sie sich den Teilgebieten zu, und zwar in der Reihung politische Systeme, Internationale Beziehungen und politische Theorie, also in einer Abfolge, die der Wahrnehmung des Fachs in der allgemeinen und in der universitären Öffentlichkeit entspricht. Hinzu kommen Kapitel über Wirtschaft und Gesellschaft, die Policy-Analyse, die Politikdidaktik (wichtig für Lehramtsstudierende) und die politikwissenschaftlichen Methoden. Die textliche Aufbereitung und die verständliche, aber keineswegs versimpelnde sprachliche Präsentation kommen den Bedürfnissen des Einsteigers entgegen.

Hiltrud Naßmacher: Politikwissenschaft, 6. Aufl., München: Oldenbourg 2010, 567 S.
E-Book: Oldenbourg Link
URL: http://www.oldenbourg-link.com/isbn/9783486710069

Auch diese Einführung hat die Bedürfnisse des Studienanfängers im Auge. Die Verfasserin handelt die Themengebiete in gleichmäßigen Formaten ab, und zwar in der Reihung Grundlagen, politische Systeme, Policy-Forschung und Internationale Beziehungen. Sie bedient sich einer verständlichen Sprache, die den Nutzern vor Augen führt, dass sich die Probleme und Gegenstände des Fachs ganz ohne das Eintauchen in den Fachjargon darstellen lassen.

Werner Patzelt: Einführung in die Politikwissenschaft. Grundriss des Faches und studienbegleitende Orientierung, 6. Aufl., Passau: Rothe 2007, 573 S.

Bei diesem Buch handelt es sich um eine sehr umfassende Einführung. Politikdefinition, Politikbegriffe, Geschichte des Fachs, Wissenschaftstheorie, Methoden – dies alles wird ausführlich dargestellt. Die Abfolge der Teilgebietsschilderung, politische Systeme, Internationale Beziehungen und Theorie, überzeugt, auch damit, dass der Verfasser nicht ‚auf Teufel komm raus' darauf abhebt, in einem Werk für Studienanfänger seine Originalität herauszustreichen. Für Anfänger ist das mit 500 Seiten dicht bedruckte Werk dennoch schwere Kost. Lehrende der Politikwissenschaft werden dieses Werk schätzen, weil ihnen das sprachliche und fachliche Niveau vertraut ist. Für den schlichten Studienanfänger ist es vielleicht um einiges zu anspruchsvoll, für Vorgebildete allemal eine ausgezeichnete Sache. Autorendevise ist der State of the art. Einziger Makel für den Informationshungrigen: Seit der Erstauflage in den 1990er Jahren ist die Referenzliteratur spärlich aktualisiert worden.

Dirk Berg-Schlosser und Theo Stammen: Einführung in die Politikwissenschaft, 8. Aufl., München: Kohlhammer 2013, 288 S.

Erstmalig 1974 erschienen, handelt es sich bei diesem Buch um das erste Einführungswerk in deutscher Sprache, das die internationale – und das heißt hier: die US-amerikanische – Politikwissenschaft zur Kenntnis nimmt.[8] Das Buch bietet

---

8 Gerechterweise müsste an dieser Stelle Gerhard Lehmbruch: Einführung in die Politikwissenschaft, 4. Aufl., Stuttgart: Kohlhammer 1971, 202 S., angeführt werden. Dieses Einführungsbuch nahm noch vor dem Erscheinen der hier kommentierten Einführung die

auch heute noch eine ausgezeichnete Einführung in die wissenschaftstheoretischen Grundlagen der Politikwissenschaft. Danach folgt ein Überblick über die politische Philosophie. Dieses Kapitel fällt aus dem Duktus des vorausgehenden und der nachfolgenden Kapitel heraus. Den jüngeren Leser wird hier verwundern, dass die politische Philosophie einen so hohen Stellenwert genießt, dass sie als politikwissenschaftliches Teilgebiet an erster Stelle abgehandelt wird. Eine Stärke des Buches ist der Überblick über das Studium der politischen Systeme und den politikwissenschaftlichen Vergleich. Diese neueste Ausgabe enthält auch Kapitel, die kurz die Policy-Forschung vorstellen und die Methodik des politikwissenschaftlichen Vergleichs erläutern. Der Überblick über das Teilgebiet der Internationalen Beziehungen gerät recht kurz. Diese Unwuchten, a) ein sehr traditionsverhaftetes Verständnis von politischer Theorie, das heute randständig sein dürfte, und b) die stiefmütterliche Behandlung der Internationalen Beziehungen spiegeln noch die Akzente der deutschen Politikwissenschaft zu der Zeit wider, als dieses Buch erstmals erschien.

Anton Pelinka und Johannes Varwick: Grundzüge der Politikwissenschaft, 2. Aufl., Wien: Böhlau 2010, 252 S.
E-Book: UTB-Online-Bibliothek
URL: http://www.utb-studi-e-book.de/9783838526133

Hier handelt es sich um eine verdienstliche Kurzeinführung in die Politikwissenschaft. Sie ist nach der Fachkonvention gegliedert und erläutert die wichtigsten Begriffe, Teilgebiete und Themen, mit Ausnahme allerdings der politischen Theorie, die hier ausschließlich als Ideengeschichte vorgestellt wird. Sonst ist das Buch für den ersten Kontakt mit dem Fach gut geeignet. Allerdings ist Studierenden der Politikwissenschaft zu empfehlen, anschließend eines der vorgenannten Werke zur Hand zu nehmen. Für Zwecke der politischen Bildung erscheint das Buch alles in allem besser geeignet denn als Einführung in die Politikwissenschaft.

Thomas Bernauer, Detlef Jahn, Patrick Kuhn und Stefanie Walter: Einführung in die Politikwissenschaft, 2. Aufl., Baden-Baden: Nomos 2013, 640 S.

Dieses Einführungswerk beeindruckt durch das schiere Volumen. Es handelt sich um ein Sammelwerk, mögen sich die Autoren auch dagegen entschieden haben,

---

angelsächsische Politikwissenschaft auf. Als Lektüreempfehlung empfiehlt es sich allerdings nur noch für fachhistorisch Interessierte. Die Literaturbezüge sind überholt.

einen aus ihren Reihen in den Stand eines Herausgebers zu erheben. Auf die ersten beiden Kapitel, die den Politik- und Staatsbegriffs und den Status der Politikwissenschaft im universitären Fächerkanon referieren, folgen Kapitel über die Theorie und Methodik empirischer Politikforschung. Weitere Kapitel über die Typologie politischer Systeme spitzen sich auf die Demokratien und hier auf Deutschland, Österreich und die Schweiz zu. Sie behandeln im Einzelnen Wahlen, direkte Demokratie, Parteien, Interessengruppen, Medien, Parlament, Verwaltung und Justiz. Diese Themen werden auf allein über 300 Seiten abgehandelt. Demgegenüber bleiben lediglich magere 50 Seiten für die internationalen Beziehungen und die Europäische Union. Den Abschwung bildet ein Kapitel über die Globalisierung. Das Buch ist insgesamt eher eine Einführung in die empirische Politikforschung und in die demokratischen Regierungssysteme als eine Einführung in das Fach insgesamt.

Robert E. Goodin (Hrsg.): The Oxford Handbook of Political Science, Oxford und New York: New York University Press 2011 (Paperbackausgabe der 1. Aufl. von 2009), 1291 S.

Wem daran liegt, die in den vorgenannten Einführungswerken gebotene Präsentation des Fachs mit dem internationalen Stand des Fachs abzugleichen, der immer noch in hohem Maße von der amerikanischen Politikwissenschaft bestimmt wird, sei auf dieses Buch verwiesen. Seine Autoren referieren die Disziplin in den Segmenten politische Theorie, politische Institutionen, Recht und Politik, politisches Verhalten, Kontext politischen Handelns, vergleichende Politikwissenschaft und Politikfelder. Die im Vergleich mit der hierzulande üblichen Dreier- oder Viereinteilung größere Vielzahl von Teilgebieten sollte nicht irritieren. Politische Institutionen, Recht und Politik wie auch Politikfelder, denen hier eigene Kapitel gewidmet sind, werden in der deutschen Politikwissenschaft in der Sammelkategorie der politischen Systeme verbucht. Aber Vorsicht, es handelt hier um kein Einführungswerk! Spezialisten stellen hier ungeachtet der Devise, verständlich zu schreiben, ihr Fachgebiet vor. Der Titel eines Handbuchs signalisiert denn auch von vornherein, was zu erwarten ist – ein gewisses Vorverständnis.

Manfred G. Schmidt, Frieder Wolf und Stefan Wurster (Hrsg.): Studienbuch Politikwissenschaft, Wiesbaden: Springer VS 2013, 569 S.
E-Book: Springer eBook Collection: Humanities, Social Sciences
DOI: http://dx.doi.org/10.1007/978-3-531-18986-4

Auch bei diesem Sammelwerk handelt es sich eher um ein Handbuch der Politikwissenschaft als um einen Text, der in besonderer Weise für Studienanfänger geeignet wäre. Die Benennung als Studienbuch lässt erkennen, dass die Herausgeber auch nicht das Format des Einführungsbuches vor Augen haben. Wie beim vorgenannten Oxford Handbook, allerdings eher in der hierzulande üblichen Stoffgliederung in die Teilgebiete Theorie, Vergleichende Politikwissenschaft und Internationale Beziehungen stellen 20 einschlägig spezialisierte Autoren ihr Fachgebiet vor. Leserinnen und Leser mit einem gewissen Vorverständnis dürften am stärksten von der Lektüre profitieren. Das Buch ist auch gut zum Nachschlagen geeignet. Die Beiträge weisen in die Standardliteratur ein und berücksichtigen dabei aktuelle Titel.

1.3 Nachschlagewerke

a) Schlüsselwerke: Als gute Ergänzung zu diesen Einführungen bieten sich Bücher an, die in aller Kürze – und als Einladung zur näheren Beschäftigung – die wichtigsten politikwissenschaftlichen und politikwissenschaftlich relevanten Autoren und Bücher referieren.

Steffen Kailitz (Hrsg.): Schlüsselwerke der Politikwissenschaft, Wiesbaden: VS 2007, 499 S.
E-Book: Springer eBook Collection: Humanities, Social Sciences
DOI: http://dx.doi.org/10.1007/978-3-531-90400-9

Für den erläuterten Zweck eignet sich ausgezeichnet dieser Band. Die Autorenzusammenstellung konzentriert sich auf Fachvertreter, die das Fach seit dem Beginn seiner Professionalisierung vor mehr als 70 Jahren geprägt haben. Der Herausgeber hat die Auswahl aufgrund einer Umfrage bei deutschen Politikwissenschaftlern getroffen. Zwar nicht primär für Studienanfänger gedacht, ist es für diese doch nützlich. Großen Wert hat es für Fortgeschrittene sowie nicht zum Geringsten für Lehrende des Fachs, die ihrer Erinnerung an einen wichtigen Autor rasch nachhelfen möchten.

Wilhelm Bleek und Hans J. Lietzmann (Hrsg.): Klassiker der Politikwissenschaft. Von Aristoteles bis David Easton, München: Beck 2005, 319 S.

Lediglich die Hälfte der referierten Autoren dieses Bandes lassen sich der Politikwissenschaft zurechnen, wobei allerdings wichtige Exponenten der Forschung über politische Systeme und die internationalen Beziehungen sowie Vertreter der modernen Theorie berücksichtigt werden. Doch viele hier abgehandelte Geistesgrößen von Aristoteles bis Lorenz von Stein lassen sich beim besten Willen nicht als Politikwissenschaftler qualifizieren. Sieht man davon ab, hat auch dieses Buch seinen Nutzen für den Studieneinsteiger. Selbst die älteren Gestalten waren in gewisser Weise Vordenker der Politikwissenschaft.

b) Lexikalische Werke: Für alle, die sich mit Politikwissenschaft beschäftigen, liegen einige exzellente Nachschlagewerke vor, die auch im Vergleich mit der führenden angelsächsischen Literatur ihresgleichen suchen.

Dieter Nohlen und Rainer-Olaf Schultze (Hrsg.): Lexikon der Politik, 7 Bde., München: Beck 1995–1998

Vermutlich inspiriert vom ersten Versuch, das Wissen über Politik und Politikwissenschaft in einer mehrbändigen Veröffentlichung zu bündeln,[9] veröffentlichten die Herausgeber erstmals 1985 Pipers sechsbändiges Wörterbuch zur Politik. In einer überarbeiteten und erweiterten Auflage und unter dem neuen Titel eines Lexikons der Politikwissenschaft wurde es zehn Jahre später fortgeführt. Die oder der Interessierte findet hier Stichwörter zu allem und jedem, was ihm in der politikwissenschaftlichen Literatur begegnet. Band 1 hat die politischen Theorien zum Gegenstand, Band 2 die politikwissenschaftlichen Methoden, Band 3 die westlichen Demokratien, Band 4 mit dem etwas seltsamen Titel der östlichen und südlichen Länder den Komplex der Dritten Welt, Band 5 die Europäische Union und Band 6 die Internationalen Beziehungen. Band 7 führt, teils im Rekurs auf die sechs Spezialbände, die wichtigsten politischen Begriffe auf.

---

9   Fred I. Greenstein und Nelson W. Polsby (Hrsg.): Handbook of Political Science, 8 Bde., Reading, Mass.: Addison-Wesley 1975.

Dieter Nohlen und Rainer-Olaf Schultze (Hrsg.): Lexikon der Politikwissenschaft, 2 Bde., 4. Aufl., München: Beck 2010, 1186 S.

Als Extrakt aus dem vorgenannten Werk erschien in der Bearbeitung derselben Herausgeber das Lexikon der Politikwissenschaft. Die beiden Bände sind lexikalisch und nicht mehr nach Sachgebieten geordnet und redaktionell auf einen aktuelleren Stand gebracht. Ihr Vorteil für Studierende: die Bände sind erschwinglich. Dennoch sei jeder und jedem, der sich noch genauer informieren will, der Griff zum älteren mehrbändigen Werk empfohlen.

Manfred G. Schmidt (Hrsg.): Wörterbuch zur Politik, 3. Aufl., Stuttgart: Kröner 2010, 932 S.

Ein Konkurrenzwerk von gleichwertiger Qualität bietet dieser Band. Das Wörterbuch ist die Fortschreibung des älteren Sachwörterbuchs der Politik. Es war vor dem Erscheinen der vorgenannten lexikalischen Großwerke das erste lexikalische Projekt in der deutschen Politikwissenschaft.[10]

Dieter Nohlen und Florian Grotz (Hrsg.): Kleines Lexikon der Politik, 5. Aufl., München: Beck 2011, 742 S.

Das Großlexikon der Politik (siehe oben) und das immer noch üppige Lexikon der Politikwissenschaft (siehe ebenfalls oben) sind vorrangig für wissenschaftliche Nutzer konzipiert. Dieses „Kleine Lexikon" wendet sich darüber hinaus an einen breiteren Interessentenkreis.

1.4 Geschichte der Politikwissenschaft

Die Geschichte der Politikwissenschaft ist kein Essential für Einsteiger. Sie wird deshalb in der Einführungsliteratur, wenn überhaupt, lediglich kurz skizziert. Die Ursprünge der Politikwissenschaft liegen in den USA. Vor allem die Forschung über innenpolitische Phänomene lehnte sich dort im Laufe der Zeit immer stärker an das Ideal der exakten Wissenschaften an. Methoden, Daten und Messung rückten in den Vordergrund. Interessierte seien auf die folgenden Titel verwiesen, denen sich auch weiterführende Literatur entnehmen lässt.

---

10 Reinhart Beck: Sachwörterbuch der Politik, Stuttgart: Kröner 1977, 1003 S.

Jürgen Hartmann: Geschichte der Politikwissenschaft. Grundzüge der Fachentwicklung in den USA und Europa, Wiesbaden: VS 2006 (Nachdruck der 1. Aufl. von 2003), 301 S.

Außerhalb der USA erlebte das Fach seine Blüte erst nach dem Zweiten Weltkrieg. Von politiknahen Disziplinen wie dem Staatsrecht, der Geschichtswissenschaft und auch der Sozialphilosophie herkommend, passten die Fachvertreter ihre Arbeit den Schwerpunkten, Trends und Moden der amerikanischen Politikwissenschaft an. Dessen ungeachtet lässt die Politikwissenschaft in Europa durchaus nationale Profile erkennen. Der Grund liegt im Wesentlichen darin, dass jede nationale Politikwissenschaft das politische System und die politischen Traditionen des eigenen Landes bearbeitet. Diese Entwicklung wird hier in der Gegenüberstellung der Fachentwicklung in den USA, Großbritannien, Frankreich und Deutschland skizziert.

Wilhelm Bleek: Geschichte der Politikwissenschaft in Deutschland, München: Beck 2001, 536 S.

Dieses Buch arbeitet sich von den historischen Ursprüngen des politischen Denkens im Deutschland des 19. Jahrhunderts bis zu den Anfängen und zur Entfaltung einer modernen, sozialwissenschaftlich profilierten Politikwissenschaft vor. Sehr anschaulich wird geschildert, wie sich aus einer integrierenden Disziplin, die der Soziologie und der Geschichtsforschung viel Platz bot, eine Disziplin entwickelt hat, die das rationale Akteursverhalten und die Methoden in den Mittelpunkt stellt.

Politische Systeme 2

2.1 Einführungs- und Übersichtswerke

Als Oberbegriff für das eine der beiden großen Hauptgebiete der Politikwissenschaft hat sich das politische System eingebürgert. Er hat in der Fachsprache den älteren Begriff des Regierungssystems zwar nicht verdrängt, aber doch überlagert. Das Regierungssystem lässt sich gut in den Dimensionen der Polity und der Politics des vielschichtigen Politikbegriffs (siehe oben 1.1) umschreiben. Hier geht es um Verfassung und Verfassungspraxis, um Parteien, politische Verwaltung und Verfassungsgerichtsbarkeit. Das politische System zielt auf einen breiteren Objektbereich. Es schließt das Regierungssystem ein, integriert darüber hinaus aber die materielle Seite der Politik, die Policies und die politische Kultur, d. h. die Wertewelt einer Gesellschaft.

Jeffrey Kopstein und Mark Lichbach (Hrsg.): Comparative Politics: Interests, Identities, and Institutions in a Changing Global Order, 3. Aufl., Cambridge: Cambridge University Press 2009 (Nachdruck der 3. Aufl.), 429 S.

Beginnen wir bei der Übersichtsliteratur zu den politischen Systemen mit diesem Band, einem Standardwerk, das nichts anderes leistet, als was der Interessierte eigentlich erwartet. Es stellt eine Reihe politischer Systeme nach einem einheitlichen Schema vor, in dem sich der Vergleich vollzieht: Interessen, Identitäten und Institutionen. Theoretischer Rahmen des Buches ist der Entwicklungspfad des politischen Systems. Beispiele sind Großbritannien, Frankreich, Deutschland, Japan, Russland, China, Mexiko, Indien, der Iran und Südafrika. Das Buch ist auch für Einsteiger sehr gut geeignet.

Dirk Berg-Schlosser und Ferdinand Müller-Rommel (Hrsg.): Vergleichende Politikwissenschaft. Ein einführendes Studienhandbuch, 4. Aufl., Wiesbaden: VS 2006 (Nachdruck der 1. Aufl. von 2003), 416 S.

Die in diesem Band, einem Stück deutscher Standardliteratur, versammelten Autoren präsentieren in enger Anlehnung an die internationale Forschung eine an den Möglichkeiten der datentauglichen vergleichenden Methode orientierte Revue des Fachgebiets. Nicht nur, aber vor allem für die Erforschung demokratischer Systeme ist dieses Buch, das in seiner sprachlichen Präsentation auch für den Einsteiger gut geeignet ist, überaus nützlich.

Hans-Joachim Lauth (Hrsg.): Vergleichende Regierungslehre. Eine Einführung, 3. Aufl., Wiesbaden: VS 2010, 437 S.
E-Book: Springer eBook Collection: Humanities, Social Sciences
DOI: http://dx.doi.org/10.1007/978-3-531-92357-4

Stringent nach Regime (Polity), Akteuren (Politics) und Politikfeldern (Policies) gegliedert und mit einer entsprechenden Einführung versehen, stellt dieses Sammelwerk eine ideale Ergänzung zu den oben zitieren Einführungswerken zur Politikwissenschaft dar. Der Titel verspricht weniger, als dieses Buch leistet. Es handelt sich materiell um eine Einführung in den Vergleich politischer Systeme.

Detlef Jahn: Einführung in die Vergleichende Politikwissenschaft, Wiesbaden: VS 2006, 547 S.
E-Book: Springer eBook Collection: Humanities, Social Sciences
DOI: http://dx.doi.org/10.1007/978-3-531-90673-7

Dieses Buch ist allenfalls für einschlägig Vorgebildete mit großem methodischem Vorwissen geeignet. Es handelt sich um eine Einführung in die quantitativen Methoden der Vergleichenden Politikwissenschaft (siehe auch Kapitel 7).

Detlef Jahn: Vergleichende Politikwissenschaft, Wiesbaden: VS 2011, 124 S.
E-Book: Springer eBook Collection: Humanities, Social Sciences
DOI: http://dx.doi.org/10.1007/978-3-531-92682-7

Bei diesem Buch handelt es sich um eine Kurzeinführung in die Teildisziplin der Vergleichenden Politikwissenschaft. Sie ist verständlich gefasst und handelt hauptsächlich über das methodische Herangehen an den politikwissenschaftlichen Vergleich, aber kaum über deren Gegenstand: politische Systeme und Policies.

2.2 Das Modell des politischen Systems

Die Theorie des politischen Systems hat der Beschäftigung mit dem politischen Innenleben der Staaten und dem internationalen Vergleich politischer Strukturen ihren Namen gegeben. Grundlegend für die Theorie des politischen Systems sind die amerikanischen Fachklassiker David Easton und Gabriel Almond. Ist vom politischen System die Rede, stehen im politikwissenschaftlichen Mainstream stets die Vorstellung eines Politikkreislaufs sowie die Unterscheidung von Struktur und Funktion dahinter.

Jan Fuhse: Theorien des politischen Systems: David Easton und Niklas Luhmann. Eine Einführung, Wiesbaden: VS 2005, 129 S.

An zwei herausragenden Vertretern der sozialwissenschaftlichen Systemtheorie, der erste politikwissenschaftlich, der zweite soziologisch geprägt, erläutert dieses Buch die Grundgedanken hinter der Vorstellung eines politischen Systems. Es eignet sich gut als ergänzende Lektüre zu den nachfolgend kommentierten Originalwerken und Luhmanns Büchern über Staat und Politik (siehe dazu unten 5.2.4).

David Easton: A Systems Analysis of Political Life, 2. Ausg., Chicago: University of Chicago Press 1979 (Erstausg. 1965), 507 S.

Die Vorstellung des politischen Systems betrachtet die Politik als einen Kreislauf. Gesellschaftliche Probleme teilen sich der Politik in Strukturen – Parteien, Parlament, Öffentlichkeit, Interessengruppen – mit. Die Politik des Staates reagiert darauf oder sie lässt es bleiben. Durch Handeln und Unterlassen wird der Kreislauf erneut in Bewegung gesetzt. Diese Kreislaufidee wird in diesem Buch entwickelt, das als klassisches Werk auch heute noch die Lektüre lohnt.

Gabriel A. Almond und John B. Powell: Comparative Politics: A Theoretical Framework, 5. Aufl., New York: Pearson Longman 2008 212 S. fortgeführt von John B. Powell, Russell J. Dalton und Kaare Strom: Comparative Politics: A Theoretical Framework (Titel der Erstausg. Gabriel A. Almond und John B. Powell: Comparative Politics: A Developmental Approach), 6. Aufl., New York: Pearson Longman 2012 (Nachdruck der 1. Paperbackausg. von 1969) 224 S.

Während Eastons Entwurf abstrakt gefasst und sein Zuschnitt eher dem Sujet der politischen Theorie zuzurechnen ist, wird das zweite große Werk zum politischen System konkreter. Im Mittelpunkt dieses Buches steht die aus der Soziologie übernommene Unterscheidung von Struktur und Funktion. Ob Demokratie oder Diktatur, ob komplexe post-industrielle Gesellschaft oder Armutsgesellschaft der Dritten Welt: Sämtliche politischen Systeme gleichen sich darin, dass die Politik gewisse Grundbedürfnisse erfüllen muss. Wie diese Funktionen erfüllt werden, ist eine Sache der Strukturen, bei denen es sich um Parlamente, Regierungen, Parteien, Medien etc. handelt. An den Strukturen lässt sich die demokratische Qualität eines Systems ersehen und gegebenenfalls auch ein Qualitätswandel des Systems ablesen. Die Strukturen des Systems sind historisch und von Menschen- und Gesellschaftsbildern geprägt. In diesem Zusammenhang bringen die Autoren dieses klassischen Werkes die Bezeichnung der politischen Kultur in die Debatte.

Karl W. Deutsch: The Nerves of Government: Models of Political Communication and Control, New York: Free Press 1969 (Nachdruck der Paperbackausg.), 316 S.

Dieses klassische Werk gehört zur Familie der frühen Theorien des politischen Systems. Der Autor beleuchtet hier die Vorgänge im politischen System unter dem Aspekt der Kommunikation, d. h. des Austauschs und der Bewertung von Informationen. Das Buch ist heute vor allem von fachhistorischem Interesse. Als grundlegend für die Fachkonvention, was unter einem politischen System zu verstehen ist, haben sich die vorgenannten Werke durchgesetzt.

2.3   Regierungssystem

Die Grundlagenliteratur zum demokratischen Regierungssystem ist typologischer Art. Ihr Gegenstand sind das Verhältnis von Parlament und Regierung, der Bundesstaat und die Mitwirkung der Teilstaaten an der Bundespolitik, die Rolle der Parteien im Regierungsprozess und gegebenenfalls die Bedeutung einer Verfassungsgerichtsbarkeit.

Winfried Steffani: Parlamentarische und präsidentielle Demokratie, Opladen: Westdeutscher Verlag 1979, 358 S.[11]

Die markanteste Typologie der Regierungssysteme wird in diesem Buch entwickelt. Es unterscheidet nach dem Schlüsselkriterium der Abberufbarkeit der Regierung durch das Parlament den Typus des parlamentarischen, des präsidentiellen und des semi-präsidentiellen Regierungssystems. Den in der typologischen Debatte besonders kontrovers diskutierten Typus des semi-präsidentiellen Regierungssystems ordnet der Verfasser dem Parlamentarismus zu, weil die Regierung auch in diesem Regierungssystem mit seinem typischen starken Präsidenten vom Parlament abgelöst werden kann.

Klaus von Beyme: Die parlamentarische Demokratie. Entstehung und Funktionsweise, 1789–1999, Opladen: Westdeutscher Verlag 1999, 557 S.

Eine ausführliche Debatte zur Typologie der Regierungssysteme referiert von Beyme in den Eröffnungspassagen dieses quellengesättigten und hervorragend geschriebenen Buches, das den europäischen Parlamentarismus historisch und typologisch aufarbeitet. Das Buch ist als Standardwerk etabliert. Es handelt sich um die letzte, im Titel veränderte Auflage eines erstmals 1970 erschienenen Buches.

Arend Lijphart: Democracies: Patterns of Majoritarian and Consensus Government in Twenty-One Countries, New Haven und London: Yale University Press 1984, 229 S.

Arend Lijphart: Patterns of Democracy: Government Forms and Performance in Thirty-Six Countries, New Haven: Yale University Press 1999, 351 S.

Die Themen der typologischen Debatte haben sich vor geraumer Zeit verschoben. Heute steht die Unterscheidung von Konsens- und Mehrheitsdemokratie im Vordergrund. Sie geht im Wesentlichen auf den niederländisch-amerikanischen Politikwissenschaftler Lijphart zurück. Hier geht es nicht mehr so sehr um die Strukturen des engeren Regierungssystems, also um das Verhältnis von Parlament und Regierung, sondern auch um die Koalitionsfähigkeit der Parteien, um das Vorhandensein einer Verfassungsgerichtsbarkeit und einer bundesstaatlichen Ordnung

---

11 Siehe auch Winfried Steffani: Parlamentarisches und präsidentielles Regierungssystem, in: Dieter Nohlen (Hrsg.), Lexikon der Politik, Bd. 3. Die westlichen Länder, hrsg. von Manfred G. Schmidt, München 1992, S. 288–295.

sowie um das Wahlsystem – also um Strukturen, die entweder die Konkurrenz, den harten, kompromisslosen politischen Wettbewerb oder aber die Einigungsfähigkeit der politischen Parteien und die der Eliten belohnen. Der Verfasser darf mittlerweile den Rang eines politikwissenschaftlichen Klassikers beanspruchen.

George Tsebelis: Veto Players. How Political Institutions Work, New York: Russell Sage 2002, 317 S.

George Tsebelis: Decision-Making in Political Systems: Veto Players in Presidentialism, Parlamentarism, Multicameralism and Multipartyism, in: British Journal of Political Science, 25. Jg. (1995), S. 289–325.

Das Theorem des Vetospielers gehört zur Gattung der Handlungstheorien der Politik. Diese blicken aus der Perspektive eines Akteurs, der etwas bewegen will, auf die Verfassung und das politische Kräftefeld. Die Figur des Vetospielers ist ein Anwendungsprogramm des rationalen Denkens für das Verhalten von Verfassungsinstitutionen, Parteien und Interessengruppen, und zwar sowohl bei der Vorbereitung politischer Entscheidungen als auch bei der Art der Entscheidung. Der Vetospieler ist die Gegenfigur zum Agenda setter. Bei diesem handelt es sich um einen politischen Akteur, der eine neue Politik auf den Weg bringen will. Vetospieler sind demgegenüber Akteure mit Verhinderungsmacht, welche die Möglichkeit besitzen, für ihre Zustimmung zum Projekt des Agenda setters einen Preis zu verlangen. Die Essenz des Buches mag auch dem zitierten Aufsatz entnommen werden. Um den Hintergrund des Denkens zu verstehen, aus dem die Figuren des Agenda setters und des Vetospielers entwachsen sind, ist zu empfehlen, sich kurz mit der Theorienfamilie des rationalen Handelns vertraut zu machen (siehe unten 5.2.5.1 und 5.2.5.2).

2.4 Politische Kultur

Unter der politischen Kultur wird die psycho-soziale Dimension des politischen Systems verstanden: das Verhältnis der Bürger zum Staat, die Erwartungen an die Staatstätigkeit, die Bereitschaft der Bürger zur Partizipation, der Stil der politischen Auseinandersetzung und das Ausmaß und die Mittel des Dissenses über politische Verfahren und Inhalte.

Bettina Westle und Oscar W. Gabriel (Hrsg.): Politische Kultur. Eine Einführung, Baden-Baden: Nomos 2009, 578 S.

Dieses Sammelwerk gibt einen vollständigen Überblick über die Ursprünge und die Entwicklung des Konzepts der politischen Kultur. Weitere Beiträge erörtern die empirischen Methoden der Erforschung der politischen Kultur; sie schildern ferner Aspekte der deutschen politischen Kultur und die politische Kultur anderer Länder. Es handelt sich um den umfassendsten Überblick in deutscher Sprache. Der Band verdeutlicht auch, dass es sich bei der Erforschung der politischen Kultur um einen „methodenstarken" Gegenstand handelt, bei dem Umfragetechniken und Datenverarbeitung zum Einsatz kommen.

Gabriel A. Almond und Sidney Verba: The Civic Culture, Newbury Park: Sage 1989, 379 S. (Erstausg. 1963)

Gabriel A. Almond und Sidney Verba (Hrsg.): The Civic Culture Revisited, New York: Newbury Park 2001, 421 S.

Als klassisches Werk zur politischen Kultur gilt die „Civic Culture". Interessierte müssen dieses Buch heute nicht mehr zur Gänze lesen. Seine Datenbasis vor mehr als 60 Jahren ist uralt, die Auswahl der Fälle – USA, Großbritannien, Frankreich, Italien, Mexiko – würde heute nicht mehr überzeugen. Auch die Idealisierung der politischen Wertewelten Großbritanniens und der USA ist schon lange nicht mehr nachvollziehbar. Aber die Grundgedanken, die in den Einführungspassagen des Buches entwickelt werden, dürfen unverändert als Standard gelten. Dies trifft insbesondere auf die typologische Unterscheidung in eine parochiale politische Kultur zu, die Vertrauen mit örtlicher Vertrautheit gleichsetzt, in eine passive politische Kultur mit breitem kognitiven Wissen über Staat und Politik, die Legitimität hauptsächlich aus den wirtschaftlichen und sozialen Leistungen des Staates schöpft, und in eine partizipative politische Kultur, in der die Bürger rasch zur Stelle sind, um sich zu Wort zu melden und zu protestieren und dabei auch die Ressourcen des Staates zu überfordern. Gut ein Vierteljahrhundert nach dem Erscheinen dieses Werkes haben die Autoren noch einmal mit einem editorischen Werk nachgelegt, um den Fortschritten in der Forschung zur politischen Kultur nachzuspüren.

Robert D. Putnam: Making Democracy Work. Civic Traditions in Modern Italy, Princeton: Princeton University Press 1994 (5. Nachdruck der 1. Aufl. von 1993), 258 S.

Dieser Autor hat eines der wichtigsten Bücher zur Erforschung der politischen Kultur verfasst. Ausgehend von der Beobachtung gravierender Unterschiede in der Politik des nördlichen und des südlichen Italien wendet er verschiedene Methoden an, um den Gründen auf die Spur zu kommen. Dabei verwendet er, wie in der politischen Kulturforschung üblich, empirische Methoden. Die Besonderheit dieses Buches ist die Kombination dieser Herangehensweise mit der historischen Betrachtung. Putnam weist nach, dass die Jahrhunderte währende unterschiedliche Sozialverfassung beider Landesteile, im Süden feudalistisch, im Norden eher im Einklang mit Mitteleuropa freiheitlich, bis heute das unterschiedliche Verhältnis der Menschen zum Staat prägt. Dieses Buch ist auch als Schlüssel für das Herangehen an die politische Kultur in Ländern der Dritten Welt sowie in den Schwellenländern wichtig. Die tragende Kategorie der Analyse ist das Sozialkapital: das Vertrauen in die Absichten des anderen.

Seymour M. Lipset: Continental Divide: The Values and Institutions of the United States and Canada, New York u. a.: Routledge 1991, 337 S.

Dieses Buch sei Interessierten als weiteres Beispiel empfohlen, mit welchen Herangehensweisen die Unterschiede in der Kultur zweier im Übrigen sehr ähnlicher Länder, hier der USA und Kanadas, erklärt werden können. Dabei steht die Auseinandersetzung mit historischen Weichenstellungen im Vordergrund.

2.5 Policy-Analyse/Governance

Die Analyse der Policies ist ein Kernbereich der Politikforschung. Wie entsteht eine Fachpolitik, welche Lösungsansätze werden überhaupt diskutiert, welche von vornherein ausgeschlossen? Warum mobilisiert die eine Art von Politik lediglich ein Fachpublikum, d. h. Lobbyisten und Fachpolitiker in den Parteien und Fraktionen, warum die andere Politik eine breite Öffentlichkeit? Warum ist eine einmal beschlossene Politik hier schwer korrigierbar und warum hat sie dort wenig Bestand? Grundlegend für diese Fragen und das Vorgehen der Policy-Forschung sind die beiden folgenden Fachpublikationen. Diese haben auch die Begriffe geprägt, die sich in dieser Forschung durchgesetzt haben.[12]

Theodore J. Lowi: Four Systems of Polity, Politics, and Choice, in: Public Administration Quarterly, 32. Jg. (1972), S. 298–310.

Mit der Unterscheidung von regulativer, distributiver, redistributiver und konstitutiver Politik benennt der Verfasser dieses Artikels so genannte Arenen, die den Verlauf politischer Entscheidungsprozesse konditionieren. Die verteilende und umverteilende Politik unterscheiden sich hauptsächlich in der Merklichkeit für die Betroffenen. Beide mobilisieren Verlierer und Nutznießer, und zwar die distributive Politik in erster Linie Fachöffentlichkeiten, die redistributive Politik aber, in der es unter anderem um Steuern und Sozialpolitik geht, auch eine breitere Öffentlichkeit. Die regulative Politik arbeitet mit Verhaltensmaßgaben, die keine großen Kosten verursachen, aber dennoch Kontroversen auslösen können, wenn sie Überzeugungen, Einstellungen und Werte infrage stellen. Die vorwiegend regulative Staatstätigkeit kommt mit einem schlanken Staatsapparat aus, die verteilende Staatstätigkeit ist verwaltungsintensiv. Die konstitutive Politik bezieht sich auf die Verfassungs- und Verwaltungsstruktur des Staates. Sie wird zwar selten aktiviert, aber wenn, ist sie nicht selten höchst kontrovers.

---

12 Als ganz früher Klassiker auf diesem Gebiet sei vermerkt: Harold D. Lasswell: Politics: Who Gets What, When, How, New York: 1958 (Erstausg. 1936). Aber Vorsicht: Nichts für den schnellen Leser oder Einsteiger, eher interessant für einschlägig Interessierte, die sich über den historischen Wandel der Policy-Forschung informieren möchten!

John W. Kingdon: Agendas, Alternatives, and Public Policies, überarb. 2. Aufl., Boston und Toronto: Pearson, Longman 2011, 273 S.

Die Vorstellung eines Politikzyklus ist grundlegend für die Policy-Analyse. Exemplarisch wird in diesem Buch das Modell des Politikkreislaufs erläutert. Der Kreislauf beginnt mit einer Idee, die ins Spiel gebracht wird. Wird diese Idee von weiteren politischen Akteuren aufgegriffen, verdichtet sie sich zu einer Konzeption, die unter Umständen Alternativen auf den Plan ruft. Irgendwann entscheidet sich die Politik für eine Option. Tut sie es nicht, ist der Zyklus an dieser Stelle beendet. Fällt aber eine Entscheidung, geht es in einem nächsten Schritt darum, die richtigen Verwaltungsinstrumente zu finden, damit die erwünschte Wirkung erzielt werden kann. Nach gewisser Zeit kommt es zur Evaluation, d.h. zur Einschätzung, ob sich die erhofften Ergebnisse eingestellt haben. Eventuell wird nachgesteuert. Dann beginnt der Politikzyklus auf der Basis einer bestehenden Politik von Neuem. Oder es fällt die Entscheidung, die Politik zu beenden.

Volker von Prittwitz: Politikanalyse, Opladen: Leske + Budrich 1994, 328 S.

Ebenso brauchbar und im Übrigen sehr verständlich ist dieses Buch, das eine im Prinzip ähnliche, in Einzelheiten allerdings abweichende Version des Politikzyklus bietet.

Sonja Blum und Klaus Schubert: Politikfeldanalyse, 2. Aufl., Wiesbaden: VS 2011, 198 S.
E-Book: Springer eBook Collection: Humanities, Social Sciences
DOI: http://dx.doi.org/10.1007/978-3-531-92097-9

Dieses Buch ist das aktuellste Überblickswerk zu diesem Forschungsgebiet. Es ist verständlich verfasst und eignet sich hervorragend als Einsteigerlektüre.

Klaus Schubert und Nils Bandelow (Hrsg.): Lehrbuch der Politikfeldanalyse 2.0, München: Oldenbourg, 2009, 486 S.

Die wohl gründlichste Darstellung der Policy-Forschung in der deutschsprachigen Literatur wird in den Beiträgen dieses Bandes geleistet. Sie schildern die historische Entwicklung der Policy-Forschung, betten diese in die politikwissenschaftliche Theorie ein, erörtern das Modell des Politikzyklus und beleuchten den Status der Policy-Forschung in der Politikwissenschaft. Ferner geben sie einen umfassenden Überblick zur internationalen Literatur über das Thema. Kontrollfragen am Ende der Beiträge helfen Interessierten, das Gelesene noch einmal zu überdenken und dabei das Wesentliche im Blick zu behalten. Gemessen an der Komplexität der Themen sind die Beiträge verständlich verfasst. Das Buch dürfte denjenigen Interessierten am meisten bringen, die zuvor eine etwas kürzer gehaltene, kompakte Einführung in der Art der beiden vorgenannten Bücher gelesen haben. Auch Lehrende und Studierende mit größerem Vorwissen dürften es mit Gewinn lesen.

Peter Knoepfel, Corinne Larue, Frédéric Varone und Sylvia Veit: Politikanalyse, Opladen und Farmington Hills: Budrich 2011, 341 S.

Die Autorinnen und Autoren dieses Buches schildern die Policy-Analyse im Rahmen eines von ihnen konstruierten Modells. Das Buch weicht insofern vom üblichen Zuschnitt eines Einführungs- und Überblickswerkes ab. In diesem Rahmen werden freilich alle bedeutenden Aspekte, darunter die üblichen Begriffe und einschlägigen Ansätze abgehandelt. Für Interessierte mit gutem Vorwissen ist das Buch besser geeignet als für Einsteiger.

Arthur Benz: Governance – Regieren in komplexen Regelsystemen, 2. Aufl., Wiesbaden: VS 2010, 276 S.

Arthur Benz, Susanne Lütz, Uwe Schimank und Georg Simonis (Hrsg.): Handbuch Governance. Theoretische Grundlagen und empirische Anwendungsfelder, Wiesbaden: VS 2007, 478 S.
E-Book: Springer eBook Collection: Humanities, Social Sciences
DOI: http://dx.doi.org/10.1007/978-3-531-90407-8
Ciando: http://ebooks.ciando.com/book/index.cfm/bok_id/16932

Aus der Policy-Forschung hat sich die zurzeit in Mode stehende Forschung über Governance entwickelt. Dieser Begriff, der im Deutschen am besten mit Regieren übersetzt wird, betrachtet die Entwicklung einer Politik – das Policy-making – aus der Perspektive der Regierenden. Diese wollen ein Problem lösen und blicken dabei auf das Regierungssystem und das politische Kräftefeld, um ihre Idee von der richtigen Lösung durch die Klippen des politischen Prozesses zu steuern. Das Anliegen der Governance-Forschung mag diesen Büchern entnommen werden. Einsteiger, Vorsicht! Wie der Begriff der Governance, ist auch ihr Gegenstand bei weitem nicht so präzise bestimmbar wie derjenige der Policy-Forschung.[13]

2.6 Das politische System der Bundesrepublik Deutschland

Das politische System der Bundesrepublik Deutschland gehört zu den komplizierteren im Kreise der demokratischen Systeme. Ein wichtiger Grund ist die besondere Art des Bundesstaates, der in Deutschland entstanden ist: Das politische Geschehen im Bund und in den Ländern ist eng miteinander verknüpft. Durch das Parteiensystem und den Zwang zu Koalitionsregierungen kommt noch der Komplex des informellen Regierens mit den Rollen des Senior- und Juniorpartners in der Koalition hinzu. In der Eigenschaft eines Bundes-, zugleich aber auch eines Parteienstaates kann zudem der Bundesrat je nach den Mehrheitsverhältnissen zum Mitregierungsinstrument der Parteien in der Bundestagsopposition geraten. Schließlich kommt heute noch die Vernetzung des politischen Systems mit dem politischen System der Europäischen Union hinzu.

2.6.1 Einführungswerke

An Einführungswerken zum politischen System der Bundesrepublik herrscht kein Mangel.

Wolfgang Rudzio: Das politische System der Bundesrepublik Deutschland, 8. Aufl., Wiesbaden: VS 2011, 563 S.

Dieses Buch ist das bekannteste Einführungswerk zum politischen System Deutschlands. Es beschreibt, dicht unterlegt mit Tabellen, Grafiken und Daten, die Institutionen des Regierungssystems, das Parteiensystem und die Parteien, ferner die Welt der organisierten Interessen, das Wahlsystem, das Wählerverhalten, den Bundesstaat, die politischen Eliten, die politische Kultur und nicht zuletzt – was besonders verdienstlich ist, weil dieser Bereich in Einführungen sonst so gut wie überhaupt nicht vorkommt – auch die Grundzüge der Politik in den Kommunen. Es handelt sich um Literatur nicht nur für die erste Begegnung des Politik-

---

13 Zur Kritik: Julia von Blumenthal: Governance – eine kritische Zwischenbilanz, in: Zeitschrift für Politikwissenschaft, 16. Jg. (2005), S. 1149–1180.

studierenden mit dem deutschen politischen System! Das Buch eignet sich auch für Fortgeschrittene und Lehrende, die einen Sachverhalt nachschlagen wollen.

Klaus von Beyme: Das politische System der Bundesrepublik Deutschland, 11. Aufl., Wiesbaden: VS 2010, 477 S.
E-Book: Springer eBook Collection: Humanities, Social Sciences
DOI: http://dx.doi.org/10.1007/978-3-531-92567-7
Ciando: http://ebooks.ciando.com/book/index.cfm/bok_id/324793

Diese weitere bekannte und verbreitete Einführung bedient inhaltlich das gleiche Themenspektrum wie das obige Werk. Die Akzente werden allerdings etwas anders gesetzt. Der Autor historisiert die Zusammenhänge in stärkerem Ausmaß, und er entwickelt seine Ausführungen mit engem Bezug auf die politikwissenschaftliche Forschung, teilweise auch im Vergleich mit anderen Ländern. Wer die Zeit dazu hat, mag beide Einführungswerke hintereinander weg lesen und von jedem in besonderer Weise profitieren. Zum Nachschlagen eignet sich dieses Buch allerdings weniger.

Joachim Jens Hesse und Thomas Ellwein: Das Regierungssystem der Bundesrepublik Deutschland, 10. Aufl., Baden-Baden: Nomos 2012, 789 S.

Es handelt sich hier im Ursprung um das älteste noch am Markt befindliche Einführungswerk der deutschen Politikwissenschaft. Die erste Auflage erschien in der Autorschaft Thomas Ellweins im Jahr 1963, die letzte Auflage wurde von Jens-Joachim Hesse bearbeitet und aktualisiert. Für die deutsche Politikwissenschaft handelt es sich um einen fachhistorischen Klassiker. Ganze Generationen von Studierenden und Lehrenden haben sich mit diesem Buch in das politische System der Bundesrepublik eingearbeitet. Sein Schwerpunkt liegt bis heute auf der Darstellung der konstitutionellen Rahmenbedingungen der Politik, auf der Organisation und den Verfahren des Parlaments und der Regierung sowie auf der politischen und der ausführenden Verwaltung in Bund und Ländern. In der aktuellen Fassung gliedert sich das Werk in einen Einführungstext und Materialien, die in der letzten Auflage als CD-Rom beiliegen. Sprachlich ist das Buch keine ganz leichte Kost. Als Einführungswerk ist es heute nur noch bedingt tauglich. Gliederung und Themen sind seit einem halben Jahrhundert im Wesentlichen gleich geblieben, die Inhalte allerdings fortlaufend aktualisiert worden.

Jürgen Hartmann: Das politische System der Bundesrepublik Deutschland im
Kontext, 2. Aufl., Wiesbaden: Springer VS 2013, 318 S.
E-Book: Springer eBook Collection: Humanities, Social Sciences
DOI: http://dx.doi.org/10.1007/978-3-531-19532-2

Diese Einführung schildert das politische System der Bundesrepublik unter den Aspekten des Parlamentarismus, des Bundesstaates, des Parteienstaates, des Regierungs- und Gesetzgebungsprozesses, der Koalitionsregierung und der Verfassungsgerichtsbarkeit sowie anhand kleiner Fallstudien zur Arbeitsmarkt- und Gesundheitspolitik. Die betreffenden Kapitel enden mit kurzen Seitenblicken auf die entsprechenden Strukturen in einigen europäischen Nachbarländern und in den USA. Ein weiteres Kapitel schildert die wichtigsten Strukturen des politischen Systems der Europäischen Union und deren Verknüpfung mit der deutschen Politik.

Handelt es sich bei diesen Büchern um „klassische" Einführungen, die im Stil der herkömmlichen wissenschaftlichen Buchliteratur Zusammenhänge darlegen und Probleme erörtern, sind die folgende Werke eher darauf angelegt, ein komprimiertes Basiswissen zu vermitteln, das dazu befähigt, Prüfungsaufgaben zu bewältigen.

Karl-Rudolf Korte und Manuel Fröhlich: Politik und Regieren in Deutschland, 3. Aufl.,
Paderborn: Schöningh 2009, 406 S.
E-Book: UTB-Online-Bibliothek
URL: http://www.utb-studi-e-book.de/9783838524368

Die Autoren bieten eine sehr verständliche Einführung. Diese stellt die grundlegenden Strukturen der deutschen Politik auf der Grundlage der für das politische System relevanten politikwissenschaftlichen Begriffe und Theorien dar. Beispiele, Tabellen und Grafiken begleiten den Text. Das Leitmotiv der Texte ist das Regieren, d. h. die zielgerichtete Regierungsführung unter Berücksichtigung der Bedingungen und Einschränkungen, denen der Regierungsprozess durch den Bundesstaat und das Regieren in Koalitionen unterworfen ist. Insgesamt ist das Buch stark auf die Vermittlung reproduzierbaren Wissens angelegt. Es eignet sich deshalb besonders für die Aneignung prüfungsrelevanter Kenntnisse.

Stefan Marschall: Das politische System Deutschlands, 2. Aufl., Konstanz und
München: UKV 2011, 300 S.
E-Book: UTB-Online-Bibliothek
URL: http://www.utb-studi-e-book.de/9783838535524

Didaktisch sehr gut aufbereitet, macht der Autor mit den grundlegenden Strukturen des politischen Systems vertraut. Jedes Kapitel endet mit einem Fragenkatalog, der Leserinnen und Leser in die Lage versetzt, sich zu vergewissern, ob der Stoff verstanden ist. Zahlreiche Infoboxen und vom Fließtext abgehobene Erläuterungen, unter anderem Definitionen, geben dem Buch einiges vom Anstrich schulischer Literatur zur politischen Bildung. Auch hier steht das Anliegen im Vordergrund, zur Bearbeitung von Prüfungsfragen zu befähigen.

2.6.2 Handbuch

Uwe Andersen und Wichard Woyke (Hrsg.): Handwörterbuch des politischen
Systems der Bundesrepublik, 6. Aufl., Wiesbaden: VS 2009, 873 S.
E-Book: Springer eBook Collection: Humanities, Social Sciences
DOI: http://dx.doi.org/10.1007/978-3-322-93450-5

Dieses Wörterbuch ergänzt die Einführungsliteratur. Gleichzeitig ist es ein Nachschlagewerk für alle Zwecke: Institutionen, Politikbereiche, Wahlen, was auch immer: Dieses in kurzen Abständen aktualisierte Wörterbuch passt für jeden Bedarf an Schnellinformation und die Suche nach weiterführende Literatur.

2.6.3 Bundesstaat

Der komplizierte deutsche Bundesstaat ist ein Alleinstellungsmerkmal des politischen Systems.

Roland Sturm und Petra Zimmermann-Steinhart: Föderalismus. Eine Einführung,
2. Aufl., Baden-Baden: Nomos 2010, 242 S.

Als Einführungswerk eignet sich dieses Buch in besonderer Weise. Das Autorenteam setzt sich mit dem Konzept des Bundesstaates auseinander, es schildert die Kompetenzordnung, charakterisiert die Rolle der Länder im Gesamtstaat sowie die Finanzverfassung, es gibt einen Überblick der Regierungssysteme der Länder und zeichnet die jüngste Bundesstaatsreform nach. Ein abschließendes Kapitel stellt kurz die Dezentralisierung der Staatsverwaltung in Großbritannien, in Frankreich, Polen und Tschechien dar und diskutiert diesen Weg einer Staatsreform als Alternative zum Föderalismusmodell.

Gerhard Lehmbruch: Parteienwettbewerb im Bundesstaat. Regelsysteme und Spannungslagen im Institutionensystem der Bundesrepublik (älterer Titel: Parteienkonkurrenz im Bundestaat), 3. Aufl., Opladen: Westdeutscher Verlag 2000, 214 S. (Erstausg. 1976).

Lehmbruchs Buch fällt nicht in die Kategorie der Einführungsliteratur. Es darf aber als die wichtigste und scharfsinnigste Analyse des deutschen Bundesstaates gelten. Der Autor entwickelt hier die Spannung zwischen dem im Bundesrat verkörperten Konsensbedarf des deutschen Bundesstaates – der Bundesrat als nicht umgehbares Gesetzgebungsorgan – und der Logik der Parteienkonkurrenz um die Mehrheit im Bundestag.

Julia von Blumenthal und Stephan Bröchler (Hrsg.): Föderalismusreform in Deutschland. Bilanzen und Perspektiven im internationalen Vergleich, Wiesbaden: VS 2010, 234 S.
E-Book: Springer eBook Collection: Humanities, Social Sciences
DOI: http://dx.doi.org/10.1007/978-3-531-92518-9
Ciando: http://ebooks.ciando.com/book/index.cfm/bok_id/135605

Die Beiträge dieses Bandes behandeln die im ersten Jahrzehnt des neuen Jahrhunderts betriebene Föderalismusreform. Sie beschreiben die Inhalte der Reform und verorten diese in den Entwicklungslinien des Bundesstaates. Dabei wird unter anderem die These vom einheitsstaatlichen Drall des deutschen Föderalismus diskutiert. Weitere Beiträge erörtern die Auswirkung der Reform auf die Politik der Länder. Beiträge über die Reform des Bundesstaates in Österreich und der Schweiz sowie die Aussicht auf einen europäischen Bundesstaat stellen die deutsche Entwicklung in eine vergleichende Perspektive.

2.6.4 Bundestag

Wolfgang Ismayr: Der Deutsche Bundestag im politischen System der Bundesrepublik Deutschland, 3. Aufl., Wiesbaden: VS 2012, 503 S.

Dieses Standardwerk zum Deutschen Bundestag behandelt die konstitutionelle Struktur des Bundestages, seine Verfahren, Ausschüsse und die Beziehungen zu den übrigen Verfassungsorganen, die Rolle der Fraktionen sowie die Gesetzgebungs-, Regierungswahl- und Kontrollfunktion des Parlaments. Das detailliert gegliederte Buch ist auch zum Nachschlagen sehr gut geeignet.

Klaus von Beyme: Der Gesetzgeber. Der Bundestag als Entscheidungszentrum. Opladen: Westdeutscher Verlag 1997, 432 S.

Den Bundestag als das zentrale Legitimationsorgan des politischen Systems fasst dieser umfangreiche Band ins Auge. Der Autor blickt aus der Perspektive des Bundestages auf den vorparlamentarischen Prozess und auf die Verarbeitung gesetzgeberischer Initiativen in den Fraktionen und Ausschüssen. Er berücksichtigt dabei die charakteristische Einflussnahme der Verbände. Ferner geht er der Frage nach, in welchem Umfang und mit welchem Ergebnis das Parlament die Wirksamkeit seiner Beschlüsse kontrolliert.

2.6.5 Regierung und Verwaltung, Koalitionsmanagement

Ludger Helms: Regierungsorganisation und politische Führung in Deutschland, Wiesbaden: VS 2005, 237 S.
E-Book: Springer eBook Collection: Humanities, Social Sciences
DOI: http://dx.doi.org/10.1007/978-3-322-80797-7

Die exekutive Seite der Regierungsorganisation und des Regierungsprozesses im Bund und in den Ländern ist das Thema dieser ausführlichen und gut lesbaren Darstellung. Das Buch vermittelt einen Überblick über die Gesamtstruktur der Regierungsorganisation und verdeutlicht auch die aufgabenbedingten Unterschiede zwischen Bund und Ländern.

Stephan Bröchler und Julia von Blumenthal (Hrsg.): Regierungskanzleien im politischen Prozess, Wiesbaden: VS 2011, 236 S.
E-Book: Springer eBook Collection: Humanities, Social Sciences
DOI: http://dx.doi.org/10.1007/978-3-531-93236-1

Mit demselben Thema befassen sich die Beiträge dieses Bandes. Sie konzentrieren sich auf das Bundeskanzleramt und die Staatskanzleien der Länder als Instrumente politischer Führung und Koordinierung.

Roland Sturm und Sabine Kropp: Hinter den Kulissen von Regierungsbündnissen. Koalitionspolitik in Bund, Ländern und Gemeinden, Baden-Baden: Nomos 1999, 245 S.

Wolfgang Rudzio: Informelles Regieren. Zum Koalitionsmanagement in deutschen und österreichischen Regierungen, Wiesbaden: VS 2005, 269 S.

Die Koalitionsregierung ist im deutschen Parteiensystem der Regelfall. Sie ist das Thema dieser auf zahlreichen Fallbeispielen basierenden Bücher. Das Buch von Sturm und Kropp zeichnet ein umfassendes Bild der Koalitionsbildung und des Regierens in Koalitionen auf allen Ebenen des Regierungssystems bis hin zu den Kommunen. Dabei rekurriert es eng auf den Forschungsstand. Rudzios Buch konzentriert sich auf die Koalitionsregierungen im Bund. Sie werden in verschiedenen historischen Etappen abgehandelt, wobei ein besonderer Akzent auf das informelle Regierungsinstrument des Koalitionsausschusses gelegt wird. Ein weiteres Kapitel dieses Buches behandelt die Koalitionsregierung in Österreich, wo sich einschlägige Koalitionspraktiken bewährt hatten, bevor sie in Deutschland üblich wurden.

2.6.6 Regierungssysteme der Länder

Sven Leunig: Die Regierungssysteme der deutschen Länder im Vergleich, 2. Aufl., Wiesbaden: Springer VS 2012, 263 S.
E-Book: Springer eBook Collection: Humanities, Social Sciences
DOI: http://dx.doi.org/10.1007/978-3-531-93304-7

Einen Abriss der Regierungssysteme der Länder bietet dieses Buch. Die Darstellung konzentriert sich auf die Landesparlamente, die Wahlsysteme, die Beziehungen zwischen Parlament und Regierung sowie die Verfassungsgerichtsbarkeit.

Markus Freitag und Adrian Vatter (Hrsg.): Die Demokratien der deutschen Bundesländer, Opladen & Farmington Hills: Budrich 2008, 355 S.

Dieses Buch ist eine anspruchsvolle, theoretisch ambitionierte Darstellung der Länder als politische Systeme! Damit ist es eher für Interessenten mit Vorkenntnissen als für Einsteiger geeignet. Ausgangspunkt ist die Unterscheidung von Konsens- und Mehrheitsdemokratie, die erstmals der amerikanische Politikwissenschaftler Lijphart getroffen hat (siehe oben 2.3). Im Einzelnen werden die Wahlsysteme, die Parteiensysteme, Regierung und Parlament, Kommunalpolitik, Verfassungsgerichtsbarkeit und Instrumente der direkten Demokratie erörtert.

Siegfried Mielke und Werner Reutter (Hrsg.): Länderparlamentarismus. Geschichte, Struktur, Funktionen, Wiesbaden: VS 2006 (Nachdruck der 1. Aufl. von 2004), 510 S.

Die 16 Länderparlamente sind die Stiefkinder des deutschen Parlamentarismus. Die Aufgabenverteilung im Bundesstaat lässt ihnen nicht mehr allzu viel Raum für die gesetzgeberische Gestaltung. Dennoch üben sie die überaus wichtigen Aufgaben der Regierungswahl, der Verwaltungskontrolle und nicht zuletzt auch diejenige der Rekrutierung für Ämter und Mandate in der Bundespolitik aus. Dieses Sammelwerk informiert dicht über den konstitutionellen Status, die Arbeitsweise, die Ausstattung und das Abgeordnetenprofil der Landtage. Der Band eignet sich auch ausgezeichnet als Nachschlagewerk!

Werner Reutter: Föderalismus, Parlamentarismus und Demokratie. Landesparlamente im Bundesstaat, Opladen: Budrich 2008, 402 S.

Während das vorgenannte Buch den Länderparlamentarismus in der Art eines Handbuches in 16 Porträts schildert, arbeitet der Autor dieses Buches den Länderparlamentarismus systematisch und synoptisch ab. Inhaltlich basieren beide Bücher auf demselben Materialfundus. Wer sich über den Parlamentarismus eines bestimmten Landes informieren will, sollte sich im oben genannten Band informieren. Wem es hingegen um bestimmte Aspekte des Parlamentarismus in allen Ländern geht, sollte auf diesen Titel zugreifen.

Herbert Schneider: Ministerpräsidenten. Profil eines politischen Amtes im deutschen Föderalismus, Opladen: Leske + Budrich 2001, 434 S.

Die Ministerpräsidenten stehen als Zentralfiguren des politischen Betriebs in einer Doppelfunktion – als Regierungschefs der Länder und als herausragende Stichwortgeber für das Abstimmungsverhalten im Bundesrat. Diese dicht informierende, auch auf persönliche Beobachtung und Interviews gestützte Studie über die deutschen Ministerpräsidenten ist ein Pionierwerk. Zusammen mit den beiden vorgenannten Büchern gelesen, vermittelt sie einen sehr guten Einblick in die Politik der Länder.

2.6.7 Verfassungsgericht

Robert Chr. van Ooyen und Martin H. W. Möllers (Hrsg.), Das Bundesverfassungsgericht im politischen System, Wiesbaden: VS. 2006, 543 S.
E-Book: Springer eBook Collection: Humanities, Social Sciences
DOI: http://dx.doi.org/10.1007/978-3-531-90289-0
Ciando: http://ebooks.ciando.com/book/index.cfm/bok_id/18498

Die Beiträge dieses Bandes bieten die erste umfassende Darstellung des Gerichts seit dem ersten großen politikwissenschaftlichen Buch über das Bundesverfassungsgericht.[14] Sie schildern unter anderem die Rechtsprechung in verschiedenen Etappen der deutschen Politik von Adenauer bis zur Gegenwart sowie die Rechtsprechung auf den wichtigsten Politikfeldern. Ferner erörtern sie die Bedeutung des Verfassungsgerichts für die europäische Politik und für Deutschlands Rolle in der internationalen Politik.

2.6.8 Europäisierung des politischen Systems

Roland Sturm und Heinrich Pehle: Das neue deutsche Regierungssystem, 3. Aufl., Wiesbaden: VS 2012, 349 S.

Die Gesetzgebung des Bundestages ereignet sich immer stärker in einem Rahmen, der von den Beschlüssen der Europäischen Union abgesteckt wird. Die Bundesregierung hat im Rat der Europäischen Union immerhin die Möglichkeit, die europäische Gesetzgebung mitzugestalten. Die institutionellen Nahtstellen von deut-

---

14 Heinz Laufer: Das Bundesverfassungsgericht im politischen Prozess, Tübingen: Mohr 1968.

scher und europäischer Politik sind Gegenstand dieses Buches, das unter anderem die Auswirkungen der Europäisierung des politischen Systems auf ausgewählten Politikfeldern beschreibt.

Timo Beichelt: Deutschland und Europa. Die Europäisierung des politischen Systems, Wiesbaden: VS. 2009, 364 S.
E-Book: Springer eBook Collection: Humanities, Social Sciences
DOI: http://dx.doi.org/10.1007/978-3-531-91722-1

Uneingeschränkt zu empfehlen ist auch dieses Buch, das mit etwas anderen Akzenten über dasselbe Thema handelt. Es skizziert den deutschen Politikzyklus (siehe oben 2.5) unter den Bedingungen des politischen Systems der Europäischen Union. Auf dieser Basis schildert es die sich daraus ergebenden Schnittmengen der europäischen mit der deutschen Politik. Das Buch beruht unter anderem auf teilnehmender Beobachtung und Interviews.

2.6.9 Parteiensystem und Parteien

Frank Decker und Viola Neu (Hrsg.): Handbuch der deutschen Parteien, 2. Aufl., Wiesbaden: Springer VS 2013, 444 S.
E-Book: Springer eBook Collection: Humanities, Social Sciences
DOI: http://dx.doi.org/10.1007/978-3-531-90460-3

Dieses Buch, das im Titel an das ältere Handbuch der Parteien anknüpft,[15] eignet sich sowohl als Einführungswerk in den Komplex der politischen Parteien und des Parteiensystems wie auch als Nachschlagewerk. Für Einführungs- und Überblickszwecke sind vor allem die ersten vier Kapitel über den Wandel der Parteiendemokratie, die Typologie politischer Parteien, die rechtlichen Grundlagen der Parteien und die Entwicklungslinien des deutschen Parteiensystems sehr gut geeignet. Die übrigen zwei Drittel des Textes bieten lexikalische Informationen über die wichtigsten Parteien in der Geschichte des bundesdeutschen Parteiensystems.

---

15 Richard Stöss (Hrsg.): Parteienhandbuch. Die Parteien der Bundesrepublik 1945–1980, 4 Bde., Opladen: Westdeutscher Verlag 1983.

Ulrich von Alemann, Philipp Erbentraut und Jens Walther: Das Parteiensystem der Bundesrepublik Deutschland, 4. Aufl., Wiesbaden: VS. 2010, 274 S.

Einen prägnanten Überblick über die Entwicklung des deutschen Parteiensystems gibt dieses Buch. Es schildert die Anfänge des Parteiensystems und seine Entwicklung. Ferner porträtiert es die wichtigsten Parteien und den Strukturwandel der Parteien: Das Buch ist verständlich verfasst und basiert auf aktueller Literatur.

Klaus Detterbeck: Parteien und Parteiensystem, Konstanz und München: UVK 2011, 270 S.
E-Book: UTB-Online-Bibliothek
URL: http://www.utb-studi-e-book.de/9783838535753

Dieses Buch greift das gleiche Themenspektrum auf wie der vorgenannte Titel. Es handelt das Thema ausführlicher ab und bezieht die wichtigsten theoretischen Ansätze der Parteienforschung mit ein. Es thematisiert auch die historischen Anstöße zur Parteienforschung. Die Parteien und das Parteiensystem werden im engen Bezug auf die Strukturen des politischen Systems abgehandelt, darunter die parlamentarischen Funktionen der Parteien und ihre Rolle bei der Regierungsbildung. Diese Ausführungen werden durch vergleichende Blicke auf andere europäische Bundesstaaten ergänzt. Das Buch ist verständlich geschrieben, ohne die Komplexität des Parteienphänomens zu vernachlässigen. Fragen am Ende jedes Kapitels ermöglichen eine Kontrolle, ob der Text verstanden worden ist. Dies mag für die Interessierten nützlich sein. Aber der Wert dieses ausgezeichneten Einführungswerkes wäre keineswegs geringer, wenn dieses didaktische Beiwerk fehlte, das auf den Markt eines verschulten Bachelor-Studiums zielt.

Franz Walter: Abschied von der Toskana. Die SPD in der Ära Schröder, 2. Aufl. Wiesbaden: VS 2005, 205 S.
E-Book: Springer eBook Collection: Humanities, Social Sciences
DOI: http://dx.doi.org/10.1007/978-3-322-93543-4

Franz Walter, Christian Werwath und Oliver D'Antonio: Die CDU. Entstehung und Verfall christdemokratischer Geschlossenheit, Baden-Baden: Nomos 2011, 261 S.

Gerhard Hoop und Martin Sebaldt (Hrsg.): Die CSU: Strukturwandel, Modernisierung und Herausforderungen einer Volkspartei, Wiesbaden: VS 2010, 590 S.

Jürgen Dittberner: Die FDP, 2. Aufl., Wiesbaden: VS 2010, 343 S.
E-Book: Springer eBook Collection: Humanities, Social Sciences
DOI: http://dx.doi.org/10.1007/978-3-531-92454-0
Ciando: http://ebooks.ciando.com/book/index.cfm/bok_id/47567

Diese vier Bücher leisten informative und gut lesbare Analysen einzelner Parteien.

Franz Walter: Gelb oder Grün? Kleine Parteiengeschichte der besserverdienenden Mitte im Deutschland, Bielefeld: Transcript 2010, 145 S.

Thema dieses Buches sind die lebensweltlichen Milieus in der Mittelschicht, von denen das eine die FDP, das andere die Grünen favorisiert. Auch die Auswirkung dieser Milieubindungen auf die beiden Parteien wird geschildert.

Andreas Kost, Werner Rellecke und Reinhold Weber (Hrsg.): Parteien in den deutschen Ländern. Geschichte und Gegenwart, München: Beck 2010, 457 S.

Die Beiträge dieses Bandes fassen den „Unterbau" des deutschen Parteiensystems ins Auge. Nach Ländern gegliedert, handelt es sich hier einerseits um ein hervorragendes Handbuch, andererseits vermitteln die Beiträge wegen der Zentralität der Parteien im politischen System einen guten Einblick in das politische Innenleben der Länder. Das Buch bietet dem an einem einzelnen Land oder den an den Ländern schlechthin Interessierten eine hervorragend Ergänzung zu den Büchern Mielkes, Reutters, Freitags und Vatters (siehe oben 2.6.6).

2.6.10 Verbände

Martin Sebaldt und Alexander Straßner: Verbände in der Bundesrepublik Deutschland. Eine Einführung, Wiesbaden: VS 2004, 349 S.

Über die Art, die Ziele und die Arbeitsweise der Verbände informiert dieses Überblickswerk – ein klassisches Beispiel für dicht informierende Einsteigerliteratur.

Martin Sebaldt: Organisierter Pluralismus. Kräftefeld, Selbstverständnis und politische Arbeit deutscher Interessengruppen, Opladen: Westdeutscher Verlag 1997, 512 S.

Dieses Buch behandelt dasselbe Thema. Es operiert allerdings stärker mit Zahlen, Daten, kontrollierter Beobachtung und Interviews. In besonderer Weise eignet es sich als Vertiefungslektüre für einschlägig Interessierte.

Wolfgang Schroeder und Bernhard Weßels (Hrsg.): Handbuch Arbeitgeber- und Wirtschaftsverbände Deutschland, Wiesbaden: VS 2010, 548 S.
E-Book: Springer eBook Collection: Humanities, Social Sciences
DOI: http://dx.doi.org/10.1007/978-3-531-92452-6
Ciando: http://ebooks.ciando.com/book/index.cfm/bok_id/47597

Wolfgang Schroeder und Bernhard Weßels (Hrsg.): Die Gewerkschaften in Politik und Gesellschaft der Bundesrepublik Deutschland. Ein Handbuch, Wiesbaden: VS 2003, 725 S. 2. Aufl., Wiesbaden: VS 2012, 760 S.

Dieselben Herausgeber legen hier Bücher über Gewerkschaften und Wirtschaftsverbände vor. Jedes dieser Bücher leistet die zurzeit umfassendste Darstellung dieser Organisationen. Neben Abrissen der Organisationsgeschichte behandeln die Beiträge die Organisationsstruktur, insbesondere die Beziehungen zwischen Funktionären und Mitgliedern. Weitere Beiträge schildern Wirtschaftsverbände und Gewerkschaften sowohl als politische Verbände, deren Adressat der politische Betrieb ist, als auch in ihrer Eigenschaft als Tarifparteien. Beide Bücher vermitteln auf diese Weise zugleich einen Überblick über die Strukturen und den Wandel der Tarifbeziehungen.

2.6.11 Regieren und Politikfelder

Manfred G. Schmidt: Das politische System Deutschlands. Institutionen, Willensbildung und Politikfelder, 2. Aufl., München: Beck 2011, 559 S.

Der Titel dieses Buches lässt spontan eine Einführung in das gesamte politische System erwarten. Es lässt sich in der Tat auch als solche lesen. Dennoch ist es nicht oben bei den Einführungswerken referiert worden. Der Grund: Dieses Buch schildert das politische System unter einer Fragestellung, die im Ergebnis weit über das Format eines Einführungstextes hinausführt. Vielmehr handelt es sich um eine ausgezeichnete und gut lesbare Abhandlung über die Regierungsakteure, die Bedingungen des Regierens in Deutschland und über das Regieren auf besonderen Politikfeldern. Der Autor fragt, welche Engstellen es im politischen Prozess zu beachten gilt, um ein Projekt in verbindliche Politik umzusetzen – eine für die Regierungsforschung (Governance) typische Fragestellung. Er lehnt sich dabei an ein Buch Katzensteins über das politische System der Bundesrepublik an. Dieser beschreibt das Milieu der deutschen Politik als halb-souveränen Raum: Das föderative System, das Verfassungsgericht und die – damals noch – unabhängige Notenbank, heute die EZB, beschränken die Handlungsmöglichkeiten der Regierung stärker, als es in anderen Demokratien der Fall ist.[16] Aus dieser Perspektive werden in diesem Buch zunächst die Strukturen des Regierungssystems, des Parteiensystems und des Verbändesystems geschildert, um dann eine Reihe von Politikfeldern von der Außen- über die Finanz- und die Sozialpolitik bis hin zur Umweltpolitik unter dem Gesichtspunkt typischer Herausforderungen an die Regierungstätigkeit vorzustellen.

2.7 Demokratien im Vergleich

Im Zentrum des Vergleichs politischer Systeme stehen die etablierten Demokratien. Man könnte bedeutungsgleich auch von den westlichen Demokratien sprechen. Eine weitere Besonderheit der europäischen und deutschen Politikwissenschaft ist der Vergleich der europäischen Demokratien, während die USA eher als Unikat abgehandelt werden. Die Gründe liegen auf der Hand: Das parlamentarische System ist der Regelfall der europäischen Demokratie. Auch Merkmale wie das Vielparteiensystem und der Sozialstaat, schließlich weithin auch die Einbindung in die Europäische Union stellen eine weitaus größere Vergleichbarkeit unter den europäischen Ländern her als mit dem US-amerikanischen Präsidialsystem und der dort anzutreffenden Variante des Bundesstaates.

Die Literatur über die Demokratien kann hier nicht einmal ansatzweise so ausführlich referiert werden wie diejenige über das politische System der Bundesrepublik Deutschland. Allein mit der Fachliteratur über das politische System der USA ließen sich Bände füllen, und auch Frankreich und Großbritannien werden von heimischen und angelsächsischen Autoren in zahlreichen Monografien und Sammelwerken abgehandelt. Was tun? Die Urheber dieses Bandes haben sich entschieden, im Folgenden allein Titel vorzustellen, einige darunter englischsprachig, die meisten auf deutsch, die den Studierenden an einer deutschsprachigen Hoch-

---

16 Peter J. Katzenstein: Policy and Politics in West Germany: The Growth of a Semi-Sovereign State, Philadelphia: Temple University Press 1987, 434 S.

schule leicht zugänglich sein dürften. Bei der Auswahl wurde darauf geachtet, Titel auszuwählen, die auf vertiefende Literatur hinweisen.

2.7.1 Übersichts- und Nachschlagewerke

Anton Pelinka: Vergleich politischer Systeme, Wien: facultas.wuv 2005, 258 S.

Einsteigern bietet dieses Buch eine sehr empfehlenswerte, verständliche Übersicht über Verfassungen, Parteiensysteme, Verbände, politische Kultur und politische Eliten. Das Buch ist systematisch gegliedert und präsentiert darüber hinaus ausgezeichnete Synopsen der Systemstrukturen in Europa und Nordamerika. Kleine Fallstudien über das politische System der USA und die europäischen Kleinstaaten sowie über die Europäische Union ergänzen diese Ausführungen. Abschließend wendet sich der Autor dem Thema der Demokratisierung autoritärer Systeme zu und wirft kurze Blicke auf China und Indien als Beispiele für das autoritäre und demokratische System im außereuropäischen Kontext.

Wolfgang Ismayr (Hrsg.): Die politischen Systeme Westeuropas, 4. Aufl., Wiesbaden: VS 2009, 1019 S.

Die europäischen politischen Systeme werden in diesem Band mit Ausnahme der mittelost- und osteuropäischen Länder nach einem einheitlichen Schema in Länderbeiträgen dargestellt. Das Buch ist ein Standardwerk. Für jedes Land schildern Landeskenner, dicht unterlegt mit Tabellen und Daten, die historischen Grundlagen des politischen Systems, die Verfassung, Parlament, Regierung, Verwaltung, Justiz, direkte Demokratie, das Parteiensystem und die politische Kultur. Ein umfangreiches Kapitel am Beginn des Bandes leistet eine synoptische Darstellung. Das Buch ist für das Bedürfnis nach Erstinformation und auch für Interessierte wertvoll, die ihr Wissen auffrischen oder vertiefen wollen.

Wolfgang Ismayr (Hrsg.): Die politischen Systeme Osteuropas, 3. Aufl., Wiesbaden: VS 2010, 1187 S.

Während der vorgenannte Band Länder vorstellt, die schon vor dem Ende des realen Sozialismus etablierte Demokratien waren, erfasst dieser Band neben autoritären und halb-autoritären Systemen auch die baltischen Republiken und die polnische, tschechische, die slowakische und die slowenische Demokratie. Das Werk ist ebenso aufgebaut wie das oben skizzierte.

Wolfgang Ismayr (Hrsg.): Gesetzgebung in Westeuropa. EU-Staaten und Europäische Union, Wiesbaden: VS 2008, 704 S.

Der Gesetzgebungsprozess als Zentralgeschehen des Regierens in der Demokratie ist Gegenstand dieses Sammelwerks. Die Beiträge stellen nach einem einheitlichen Schema das vorparlamentarische Stadium der Gesetzesvorbereitung durch Ministerien und Kommissionen, ferner die parlamentarischen Akteure und schließlich die Stadien der Gesetzesberatung dar.

2.7.2 Politischer Prozess und politische Akteure

Heidrun Abromeit und Michael Stoiber: Demokratien im Vergleich. Einführung in die vergleichende Analyse politischer Systeme, Wiesbaden: VS 2006, 286 S.
E-Book: Springer eBook Collection: Humanities, Social Sciences
DOI: http://dx.doi.org/10.1007/978-3-531-90172-5
Ciando: http://ebooks.ciando.com/book/index.cfm/bok_id/18501

Einen ebenso originellen wie instruktiven Einstieg in den Vergleich demokratischer Systeme wählen die Verfasser dieses Buches, indem sie die Akteure des politischen Prozesses – Verbände, Parteien, Ministeriale, Parlamentarier und Gliedstaaten im Bundesstaat – unter dem Aspekt ihrer Vetospielerqualität beleuchten (siehe oben 2.3). Verglichen werden im Einzelnen Deutschland, Frankreich, Großbritannien, Österreich, die Schweiz, die Niederlande, Schweden und Finnland. Sehr anschaulich werden die Potenziale der Vetospieler ausgelotet. Besondere Erwähnung verdient das kritische Fazit, das einerseits die Leistungsfähigkeit dieses Ansatzes bestätigt, andererseits aber auch konstatiert, dass dieser Ansatz an seine Grenzen stößt, wo offensichtlich stark interpretationsbedürftige Größen, insbesondere die politische Kultur das politische Handeln mitbestimmen.

Jürgen Hartmann: Parlamentarismus, präsidentielles und semi-präsidentielles Regierungssystem, 3. Aufl., Wiesbaden: VS 2011, 205 S.
E-Book: Springer eBook Collection: Humanities, Social Sciences
DOI: http://dx.doi.org/10.1007/978-3-531-92842-5

Die konventionelle Art des Regierungssystemvergleichs, der sich auf Parlament, Regierung, politische Verwaltung und Parteien konzentriert, stellt dieses Buch mit den drei Grundmodellen des Regierungssystems am Beispiel der Realtypen vor, aus deren Anschauung sie entwickelt worden sind: die britische Westminster-Demokratie, die präsidiale Demokratie der USA und das semi-präsidiale System der V. französischen Republik.

Robert A. Dahl: Political Oppositions in Western Democracies, New Haven und London: Yale University Press 1966 (8. Neudruck 1978), 458 S.

Zugegeben, dies ist ein recht altes Werk. Es handelt sich bei diesem Buch um einen Klassiker der politikwissenschaftlichen Literatur. Es geht um das Phänomen der politischen Opposition. Deren Verschiedenheit im Ländervergleich erklärt der Verfasser aus der Art des Regierungssystems (parlamentarisch/präsidentiell) sowie aus der Breite des politischen Konsenses und damit letztlich aus der politischen Kultur. Die Länderbeiträge sind aus heutiger Sicht überholt. Der systematisierende Eröffnungsbeitrag des Verfassers ist aber immer noch lesenswert und unvermindert aktuell.

Ludger Helms: Politische Opposition, Wiesbaden: VS 2006 (Nachdruck der 1. Aufl. von 2002), 212 S.

Dieses Buch gibt einen vergleichenden Überblick zum Phänomen der politischen Opposition an den Beispielen Deutschlands, Großbritanniens, Frankreichs, der USA und der Schweiz, damit zugleich auch der geradezu modellhaften Varianten des demokratischen Regierungssystems. Dementsprechend ist der Angelpunkt des Oppositionsverständnisses das Spannungsverhältnis von Parlament und Regierung. Es wird in seinen institutionellen und gesellschaftlichen Voraussetzungen und in der Praxis des Verfassungslebens vorgestellt. Es handelt sich um ein klassisches Lehrbuch in der Tradition des Regierungssystemvergleichs. Es lässt sich gut auch als aktuelle Fortschreibung des vorgenannten älteren Buchs von Dahl lesen!

Ludger Helms: Parteien und Fraktionen. Ein internationaler Vergleich, Opladen: Leske + Budrich 1999, 329 S.

Diese international vergleichende Studie über Parteien und Fraktionen beleuchtet das Verhältnis der außerparlamentarischen Parteien zu ihren parlamentarischen Vertretungen. Es behandelt damit einen überaus wichtigen Aspekt des politischen Kräftefeldes. Gegenstand der Beiträge sind das Verhältnis von Partei und Fraktion in Deutschland, Großbritannien, Frankreich, Italien, Dänemark, Schweden, Österreich, der Schweiz, Kanada, Japan und in den USA.

Jens Borchert (Hrsg.): Politik als Beruf. Die politische Klasse in westlichen Demokratien, Opladen: Leske + Budrich 1999, 503 S.

Dieses Werk untersucht einen in der Forschung lange vernachlässigten Aspekt des politischen Systems. Es geht um die Verberuflichung der Politik, um typische Karrierewege sowie um Anreize und Motive für eine politische Karriere. Als Schlüsselgruppen der politischen Eliten werden hier die Parlamentarier in einer Reihe europäischer Länder, in Kanada und den USA sowie in Japan untersucht. Das Buch ist aus einem groß angelegten Forschungsprojekt entstanden. Der Band eignet sich auch, um sich über die politische Klasse eines bestimmten Landes zu informieren.

Oskar Niedermayer, Richard Stöss und Melanie Haas (Hrsg.): Die Parteiensysteme Westeuropas, Wiesbaden: VS 2006, 581 S.
E-Book: Springer eBook Collection: Humanities, Social Sciences
DOI: http://dx.doi.org/10.1007/978-3-531-90061-2
Ciando: http://ebooks.ciando.com/book/index.cfm/bok_id/18553

Die jüngere Parteiengeschichte, Parteienfamilien sowie der Wandel der Parteiorganisation und der Wählerschaft sind die Themen dieses Bandes. Die Demokratien unter den postsozialistischen Ländern werden allerdings nicht berücksichtigt. Das Buch ist gleichzeitig eine Fundgrube für Interessierte, die sich über den Stand der Parteienforschung informieren wollen.

Werner Reutter und Peter Rütters (Hrsg.): Verbände und Verbandssysteme in Westeuropa, Opladen: Leske + Budrich 2001, 480 S.

Umfassend und fundiert informieren die Beiträge dieses Bandes über die europäischen Verbände und Verbandssysteme. Auch die institutionellen Kontakte und Zugangswege zur politischen Verwaltung und zum Parlament werden erörtert. Gegenstand des Buches sind die Verbandssysteme Deutschlands, Frankreichs, der Benelux-Staaten, der skandinavischen Staaten, der iberischen Staaten, Österreichs, der Schweiz und Italiens.

Roland Sturm und Petra Zimmermann-Steinhart: Föderalismus. Eine Einführung, 2. Aufl., Baden-Baden: Nomos 2010, 242 S.

Wer sich für die Vielfalt bundesstaatlicher Strukturen interessiert, sei auf dieses bereits im Zusammenhang mit dem politischen System der Bundesrepublik aufgeführte Buch (siehe oben 2.6.3) hingewiesen. Über das Beispiel der Bundesrepublik hinausgehend, stellt es die Konzeption des Bundesstaates und exemplarisch einige Varianten des Bundesstaates vor. Das Buch eignet sich gut für Einsteiger.

Klaus von Beyme: Föderalismus und regionales Bewusstsein. Ein internationaler Vergleich, München: Beck 2007, 267 S.

Weniger für Einsteiger, aber für Leser mit Vorkenntnissen ist dieses Werk geeignet. Das Buch hat zwei Schwerpunkte. Erstens diskutiert es die Frage, ob bundesstaatliche Konstruktionen dafür taugen, Spannungen aufzufangen, die in einigen Einheitsstaaten vom Verlangen kultureller oder ethnischer Minderheiten ausgehen, ihr Schicksal in autonomen Strukturen zu bestimmen. Identitätsfragen springen leicht in das Begehren nach Sezession und Eigenstaatlichkeit um. Ein zweiter Schwerpunkt des Buches gilt der Frage, ob der Bundesstaat mit Blick auf seine politische Leistungsfähigkeit dem Vergleich mit dem Einheitsstaat standhält. Noch einmal: Nichts für Einsteiger, aber dankbare und weiterführende Lektüre für Leserinnen und Leser, die bereits ein solides Grundwissen über politische Systeme besitzen.

Dieter Nohlen: Wahlrecht und Parteiensystem. Zur Theorie und Empirie der Wahlsysteme, 6. Aufl., Opladen & Farmington Hills: Budrich 2009, 528 S.

Dieses Buch ist das deutsche Standardwerk über Wahlen und Wahlsysteme. Der Autor stellt die Basistypen der Verhältnis- und der Mehrheitswahl vor und erläutert ihre Varianten und Repräsentationsleistung. Er thematisiert die Voraussetzungen der Wahlsysteme im Parteiensystem und die Wirkung der Wahlsysteme auf die Parteienentwicklung. Das Buch informiert ferner über die Geschichte der Wahlsysteme und skizziert an zahlreichen Beispielen ihre Wirkung. Die Materie ist kompliziert. Dem Autor gelingt es, die Zusammenhänge auch für Interessenten verständlich darzustellen, die keine Vorkenntnisse mitbringen. Das Buch eignet sich ausgezeichnet auch als Nachschlagewerk.

2.7.3 Policies

Arnold J. Heidenheimer, Hugh Heclo und Carolyn Teich Adams: Comparative Public Policy: The Politics of Social Choice in Europe and America, 3. Auf. New York: St. Martin's 1990, 416 S. (Erstausg. 1975).

Zwar schon etwas betagt, doch als klassische Studie zum Politikvergleich immer noch informativ und lesenswert ist dieses Buch. Es stellt die Bildungspolitik, die Gesundheitspolitik und die Verkehrspolitik in Deutschland, Großbritannien, Schweden und den USA vergleichend dar. Die unterschiedliche Wertschätzung von sozialer Gleichheit und individueller Freiheit sowie die Bedeutung von Bildung als sozial tradiertes Statuszubehör oder als Medium sozialen Aufstiegs werden als Gründe für verschiedene Wege in der Sozial- und Bildungspolitik aufgeführt. In den Bereichen der Gesundheits- und Verkehrspolitik wird das Lernen von erfolgreichen Beispielen im Ausland thematisiert.

Sven Steinmo, Kathleen Thelen und Frank Longstreth (Hrsg.): Structuring Politics. Historical Institutionalism in Comparative Analysis, Cambridge: Cambridge University Press 2002 (Nachdruck der 1. Aufl. von 1995), 257 S.

Die Autoren dieses Buches erklären die nationalen Politikunterschiede mit institutionellen Vorfestlegungen in der Vergangenheit, unter anderem mit lange bestehenden Verwaltungen, etwa in der Art der deutschen Sozialversicherung oder der staatlichen Sozialverwaltung in Großbritannien. Fachpolitiker und Organisationsmanager reüssieren in gewachsenen Strukturen. In der Erwartung, die Folgen ihrer Entscheidungen zuverlässiger abschätzen zu können, sucht die Politik nach Lösungen, die das vertraute Umfeld intakt belassen.

Gösta Esping-Andersen: The Three Worlds of Welfare Capitalism, Cambridge: Polity 2011 (Nachdruck der 1. Aufl. von 1990), 248 S.

Die Sozialpolitik ist ein Lieblingsgegenstand der Policy-Forschung. Die Gründe liegen auf der Hand. Die Alterseinkommen und Risiken wie Krankheit und Arbeitsplatzverlust stellen überall dieselben Herausforderungen an die Politik. Im Mittelpunkt auch dieser Studie steht die Frage nach den Gründen für unterschiedliche Strukturen und Lösungswege. Anhand der Fallbeispiele Deutschland, Großbritannien, Schweden und USA entwickelt der Autor drei Modelle des Sozialstaates, den liberalen, den korporativen und den egalitären Wohlfahrtstaat. Die Bedeutung dieses Buches, das inzwischen den Rang eines Klassikers hat, zeigt sich nicht zuletzt darin, dass es laufend neu gedruckt wird, ohne jemals überarbeitet worden zu sein.

Manfred G. Schmidt, Tobias Ostheim, Nico A. Siegel und Reimut Zohlnhöfer (Hrsg.): Der Wohlfahrtsstaat. Eine Einführung in den historischen und internationalen Vergleich, Wiesbaden: VS 2007. 430 S.[17]
E-Book: Springer eBook Collection: Humanities, Social Sciences
DOI: http://dx.doi.org/10.1007/978-3-531-90708-6
Ciando: http://ebooks.ciando.com/book/index.cfm/bok_id/18555

Die Autoren geben in diesem Buch zunächst eine umfassende Einführung in die Theorien des Wohlfahrtsstaates und in den Forschungsstand. Ein weiterer Schwerpunkt der Beiträge ist der deutsche Wohlfahrtsstaat. Dieser wird unter historischen Gesichtspunkten und in seinen konstituierenden Elementen der sozialen Sicherungssysteme geschildert. Ein letzter Schwerpunkt gibt einen Überblick über den Wohlfahrtsstaat im Vergleich der OECD-Staaten. Der Wohlfahrtsstaat wird in diesem Buch umfassend verstanden. Auch angrenzende Politikbereiche wie die Steuer- und die Bildungspolitik werden in ihren Auswirkungen auf die gesellschaftliche Wohlfahrt analysiert.

---

17 Das Buch erschien erstmals in Alleinautorschaft von Manfred G. Schmidt: Wohlfahrtsstaatliche Politik. Institutionen, politischer Prozess und Leistungsprofil, Opladen: Leske + Budrich 2001, 326 S.

Josef Schmid: Wohlfahrtsstaaten im Vergleich. Soziale Sicherung in Europa.
Organisation, Finanzierung, Leistungen und Probleme, 3. Aufl., Opladen: VS 2010,
546 S.
E-Book: Springer eBook Collection: Humanities, Social Sciences
DOI: http://dx.doi.org/10.1007/978-3-531-92548-6

Im Mittelpunkt dieses Buches stehen die sozialen Sicherungssysteme in ausgewählten Ländern (Deutschland, Dänemark, Frankreich, Großbritannien, Niederlande, Schweden, Spanien). Nach einem einheitlichen Schema werden die Politikbereiche Gesundheit, Alterssicherung, Familie, Unfallversicherung etc. nach Ländern dargestellt, wobei die Länderkapitel jeweils einen kurzen historischen Abriss leisten, um dann ausführlich den gegenwärtigen Zuschnitt der wohlfahrtsstaatlichen Strukturen zu schildern. Das Buch eignet sich auch hervorragend als Nachschlagewerk.

2.7.4 Ausgewählte Länder

Die folgende Auswahl beschränkt sich auf wenige deutsche Titel zum politischen System eines Landes. Mehr würde den Umfang dieses Buches sprengen. Wer nähere Information sucht, sei auf die oben referierten Kompendien von Ismayr (siehe oben 2.7.1) und auf den Anmerkungsapparat der folgenden Bücher verwiesen.

Udo Kempf: Das politische System Frankreichs, 4. Aufl., Wiesbaden: VS 2007, 467 S.
E-Book: Springer eBook Collection: Humanities, Social Sciences
DOI: http://dx.doi.org/10.1007/978-3-531-90659-1

Das klassische Buch über das politische System Frankreichs ist „der Kempf". Seit 1975 wiederholt aufgelegt, schildert der Autor sämtliche Aspekte des politischen Systems. Besonders die Passagen über das Verhältnis des Präsidenten zur Regierung, über die Rolle des Parlaments und das Parteiensystem verschaffen einen ausgezeichneten Einblick.

Joachim Schild und Henrik Uterwedde: Frankreich. Politik, Wirtschaft, Gesellschaft, 2. Aufl., Wiesbaden: VS 2006, 316 S.
E-Book: Springer eBook Collection: Humanities, Social Sciences
DOI: http://dx.doi.org/10.1007/978-3-531-90222-7

Die Autoren bieten einen umfassenden, gut nachvollziehbaren Überblick über das politische System und seine Verknüpfungen mit Wirtschaft und Gesellschaft. Ausführlich gehen die Autoren auch auf die politische Kultur Frankreichs ein.

Bernd Becker: Politik in Großbritannien. Einführung in das politische System und Bilanz der ersten Regierungsjahre Tony Blairs, Paderborn: Schöningh 2002, 330 S.

Dieses vorzüglich geschriebene Buch eines journalistischen Beobachters gibt derzeit noch die ausführlichste deutsche Darstellung aller Facetten des britischen politischen Systems.

Roland Sturm: Politik in Großbritannien, Wiesbaden: VS 2009, 252 S.
E-Book: Springer eBook Collection: Humanities, Social Sciences
DOI: http://dx.doi.org/10.1007/978-3-531-91652-1

Der Autor dieses Buches ist ein ausgewiesener Kenner der britischen Politik. Das Buch schildert die jüngsten Veränderungen des politischen Systems: das Selfgovernment Schottlands und Wales', die Herausbildung eines Dreiparteiensystems und die Politisierung der Ministerialverwaltung. Es empfiehlt sich, dieses Buch zusammen mit dem von Becker zu lesen.

Stefan Schieren: Großbritannien. Einführung in das politische System, Kronstein: Wochenschau 2010, 296 S.

Es handelt sich hier um das aktuellste deutschsprachige Einführungsbuch zu Großbritannien. Es ist verständlich geschrieben und geht auch ausführlich auf den Wandel des Systems in jüngster Zeit ein.

Stefan Köppl: Das politische System Italiens. Eine Einführung, Wiesbaden: VS 2007, 294 S.
E-Book: Springer ebook Collection: Humanities, Social Sciences
DOI: http://dx.doi.org/10.1007/978-3-531-90252-4
Ciando: http://ebooks.ciando.com/book/index.cfm/bok_id/18531

Köppls Buch bietet eine ausführliche Einführung in das politische System Italiens. Dem Autor gelingt es unter anderem, im Rekurs auf die Geschichte und die politische Kultur verständlich die Entwicklung und gegenwärtige Struktur der höchst komplizierten Parteienlandschaft, auch in den Auswirkungen auf die Regierungsbildung und Regierungsarbeit darzustellen.

Stefan Köppl: Politik in Italien: Vom Kartell zum Wettbewerb? Parteien – Parlament – Regierung, Baden-Baden: Nomos 2011, 387 S.

Der Akzent dieser Studie liegt auf den politischen Reformen und Umbrüchen des politischen Systems in den ereignisreichen letzten 20 Jahren. Besonderes Augenmerk gilt der Frage, ob die Reformen die in sie gesetzten Erwartungen tatsächlich erfüllt haben.

Wolf Linder: Schweizerische Demokratie. Institutionen, Prozesse, Perspektiven, Bern, Stuttgart, 3. Aufl., Wien: Haupt 2012, 481 S.

Dieses Standardwerk zum politischen System der Schweiz führt in detaillierten, gut lesbaren Beiträgen in Verfassung, Regierung, Verwaltung, Parteien, Verbände und Politikbereiche ein. Weitere Schwerpunkte sind die Bundesstaatlichkeit der Schweiz, die Mechanismen der direkten Demokratie und die wachsende Bedeutung des Obersten Gerichts. Die Darstellung berücksichtigt die jüngsten Änderungen der schweizerischen Verfassung. Die Gliederung des Buches macht es auch für Nachschlagezwecke geeignet.

Herbert Dachs, Peter Gerlich, Herbert Gottweis, Helmut Kramer, Volkmar Lauber, Wolfgang C. Müller und Emmerich Tálos (Hrsg.): Politik in Österreich. Das Handbuch, Wien: Manzsche Verlags- und Universitätsbuchhandlung 2006, 1076 S.

Dieses Standardwerk zum politischen System Österreichs ist von höchster Qualität. Es lässt in über 50 ausführlichen und dicht mit weiterführender Literatur unterlegten Einzelbeiträgen, darunter über die Eigenarten des bundesstaatlichen Systems, das Parteiensystem, die Binnenstruktur der Parteien, die Regierung und die politische Verwaltung, keinen Aspekt des politischen Systems aus. Es geht auch auf die wichtigsten Politikfelder ein. Die Fülle der Informationen verleiht diesem Buch auch lexikalischen Charakter.

Emil Hübner: Das politische System der USA, 6. Aufl., München: Beck 2007, 201 S.

Gut verständlich und als erste Einstiegslektüre in das politische System der USA ist dieses Buch geeignet. Für ein breiteres Leserpublikum gedacht, verfolgt der Text aber keinen politikwissenschaftlichen Anspruch. Für ein gründlicheres und an politikwissenschaftlichen Standardfragen orientiertes Informationsbedürfnis sei eines der vier folgenden Werke empfohlen.

Birgit Oldopp: Das politische System der USA, Wiesbaden: VS 2005, 221 S.

Die Stärke dieses gut lesbaren Buches ist die Darstellung der Institutionen des Gesetzgebungs- und Regierungsprozesses, des Obersten Gerichts, des bundesstaatlichen Systems sowie des Wahlsystems und der Parteienfinanzierung. Die Ausführungen sind dicht mit Datenmaterial unterlegt.

Winand Gellner und Markus Kleiber: Das Regierungssystem der USA, 2. Aufl., Stuttgart: UTB 2012, 304 S.

Im Mittelpunkt auch dieses Buches stehen die Institutionen des Regierungssystems, Präsidentschaft, Kongress, Oberstes Gericht und Bundesstaat. Mit Ausführungen über die politische Kultur, das Parteiensystem, die Interessengruppen, die Medien und die Politikberatung verdeutlicht es besonders gut die Verknüpfung des Regierungssystems mit der Wertewelt und dem Konflikthaushalt der Gesellschaft.

Wolfgang Jäger, Christoph M. Haas und Wolfgang Welz (Hrsg.): Regierungssystem der USA. Lehr- und Handbuch, 3. Aufl., München: Oldenbourg 2007, 549 S.
E-Book: Oldenbourg Link
DOI: http://dx.doi.org/10.1524/9783486711271
URL: http://www.oldenbourg-link.com/doi/book/10.1524/9783486711271

Die Einzelbeiträge dieses Buches handeln das politische System der USA insgesamt ausführlicher ab als die vorgenannten Bücher. Neben Beiträgen, welche die politischen Institutionen abhandeln, werden ausführlich der Gesetzgebungs- und der Haushaltsbeschließungsprozess dargestellt. Den politischen Systemen der Einzelstaaten, die erheblich mehr Gestaltungsfreiheit besitzen als etwa die deutschen Bundesländer, ist ein separates Kapitel gewidmet. Hervorzuheben sind ferner Beiträge über den außenpolitischen Entscheidungsprozess, die Innenpolitik als Determinante der Außenpolitik sowie über die Außenwirtschaftspolitik. Das Werk eignet sich in seiner Informationsdichte auch gut zum Nachschlagen.

Rainer Prätorius: Die USA. Politischer Prozess und soziale Probleme, Opladen: Leske + Budrich 1997, 277 S.

Im Rekurs auf Historie und politische Kultur macht dieses Buch mit der Arbeit der Institutionen des politischen Systems der USA im politischen Alltag vertraut. Am Beispiel der Sozialpolitik wird ein Politikfeld vorgestellt.

Paul Kevenhörster: Politik, in: Paul Kevenhörster, Werner Pascha und Karen A. Shire, Japan. Wirtschaft – Gesellschaft – Politik, 2. Aufl., Wiesbaden: VS 2010, 421 S.

Das politische System Japans erlebt seit gut 20 Jahren grundlegende Umbrüche. Wirtschaftlich gerät das Land in den Schatten des aufstrebenden China. Auf diesem Stand setzen sich die Beiträge dieses Bandes mit Japan auseinander.

J. A. A. Stockwin: Governing Japan: Divided Politics in a Resurgent Economy, 4. Aufl., (Nachdruck der 4. Aufl. von 2008), Malden Mass.: Blackwell 2010, 298 S.

Diese letzte Auflage eines seit 1975 fortgeschriebenen Buches ist ein Standardwerk über Staat und Politik in Japan, verfasst von einem führenden Japanforscher in der amerikanischen Politikwissenschaft. Der besondere Wert dieser Neuauflage liegt darin, dass sie auch die seit den 1990er Jahren eingetretenen Veränderungen im Wahl- und Parteiensystem sowie die Reformen der Regierungsorganisation ausführlich darstellt.

Christian Wagner: Das politische System Indiens, Wiesbaden: VS 2006, 258 S.
E-Book: Springer eBook Collection: Humanities, Social Sciences
DOI: http://dx.doi.org/10.1007/978-3-531-90248-7
Ciando: http://ebooks.ciando.com/book/index.cfm/bok_id/18542

Ausführlich und gut nachvollziehbar informiert Wagners Buch über die auf den ersten und zweiten Blick schwer durchschaubaren Strukturen Indiens. Gebührend werden vor allem das komplizierte Parteiensystem, die politische Kultur und die bundesstaatlichen Beziehungen gewürdigt.

2.8   Autoritäre Systeme und gescheiterte Staaten

Über drei Viertel aller Staaten sind definitiv keine Demokratien. Es handelt sich um die eine oder andere Variante eines autoritären Systems. Im Sammelbegriff des autoritären Systems verbergen sich indes große Unterschiede zwischen stabilen Systemen, instabilen Systemen, Systemen mit beachtlicher Institutionalisierung, personalistische Diktaturen, effektiven Staaten und Staaten, die ein Schlüsselmerkmal des Staates, die effektive Staatsgewalt, verfehlen.

Robert A. Dahl: Polyarchy: Participation and Opposition, 26.Aufl. New Haven [u. a.] : Yale University Press 1998.

Dieses Buch, ein klassisches Werk, entwickelt Kriterien, in denen sich demokratische und autoritäre Systeme – Regime – unterscheiden. Die demokratische Qualität der Regime[18] bestimmt sich nach ihrer mehr oder weniger großen Offenheit für den gesellschaftlichen Pluralismus. Die lupenreinen Demokratien lassen diesen Pluralismus uneingeschränkt in den politischen Raum hinein. Schwache De-

---

18   Der Begriff des Regimes bezieht sich auf den Legitimationsapparat des politischen Systems, auf die Qualität der Wahlen, der Pressefreiheit, des Parteienwettbewerbs und der Organisationsfreiheit gesellschaftlicher Interessen. Demgegenüber bezieht sich der Staat im engeren Sinne – angelehnt an den englischen Begriff des „State" – auf den Regierungs- und Verwaltungsapparat mit seiner typischen, nicht selten auch einen Regimewandel überdauernden Kontinuität. Siehe etwa Robert M. Fishman: Rethinking State and Regime: Southern

mokratien gehen mit diesem Pluralismus nicht pfleglich um. Autoritäre Systeme ersticken ihn dermaßen, dass lediglich die Herrschenden und ihr Unterstützerumfeld am politischen Spiel teilhaben. Sämtliche politische Systeme unterliegen dem Wandel. Demokratische Systeme sind nicht davor gefeit, an Qualität verlieren. Hin und wieder öffnen sich autoritäre Systeme soweit zur Gesellschaft, dass sie in die Zone der Demokratien vorstoßen.

Juan J. Linz: Totalitäre und autoritäre Systeme, 3. Aufl., Potsdam: WeltTrends 2009, 312 S.

Hier handelt es sich um das wichtigste Werk über das autoritäre System. Es grenzt das autoritäre vom totalitären System ab. Der Autor betont nachdrücklich, dass auch in autoritären Systemen pluralistische Strukturen anzutreffen sind. Es lässt Privilegierte – Klassen, Schichten, Gruppen – an der Politik teilhaben.[19] Anderen Klassen oder Gruppen, die in aller Regel große Teile der Gesellschaft umfassen, wird die Teilhabe verwehrt. Für beide, die Privilegierten wie die Benachteiligten, ist dieses System aber berechenbar. Auch totalitäre Systeme verleihen Privilegien. Diese stehen aber jederzeit unter Vorbehalt.[20]

Shmuel N. Eisenstadt: Traditional Patrimonialism and Modern Neopatrimonialism, Beverly Hills und London: Sage 1973, 95 S.

Das autoritäre System hat viele Facetten. Es mag sich um eine geregelte, repressive bürokratische Herrschaft handeln, die für Herrschende, Privilegierte und Unterdrückte, wie im vorgenannten Buch beschrieben, einigermaßen kalkulierbar ist. Autoritäre Herrschaft tritt aber auch in patrimonialer Gestalt auf. Diese Herrschaft wird nach einem von Max Weber geprägten Bild in der Art eines launischen Hausvaters ausgeübt.[21]

Europe's Transition to Democracy, in: World Politics, 42. Jg. (1990), S. 422–440. Dazu auch Michael Zürn: Regime/Regimeanalyse, in: Dieter Nohlen und Rainer-Olaf Schultze (Hrsg.), Lexikon der Politikwissenschaft, Bd.2, 4. Aufl., München: Beck 2010, S. 902–903.

19 Dazu auch Juan J. Linz: Opposition in and Under an Authoritarian Regime, in: Robert A. Dahl (Hrsg.), Regimes and Oppositions, New Haven: Yale University Press 1973, S. 171–259.

20 Insofern setzt sich Linz noch stark mit der Totalitarismustheorie auseinander, die auf die historischen Phänomene der nationalsozialistischen und stalinistischen Herrschaft angelegt war. Dazu das klassische Werk von Carl J. Friedrich und Zbigniew Brzezinski: Totalitarian Dictatorship and Autocracy, Cambridge, Mass.: Harvard University Press 1956, 356 S.

21 Dazu immer noch aktuell und informativ das einleitende Kapitel bei Peter Pawelka: Herrschaft und Entwicklung im Nahen Osten: Ägypten, Heidelberg: Müller 1985, S. 9–128.

Alexander Straßner und Margarete Klein: Wenn Staaten scheitern. Theorie und
Empirie des Staatszerfalls, Wiesbaden: VS 2007, 233 S.
E-Book: Springer eBook Collection: Humanities, Social Sciences
DOI: http://dx.doi.org/10.1007/978-3-531-90554-9
Ciando: http://ebooks.ciando.com/book/index.cfm/bok_id/17218

Robert I. Rotberg (Hrsg.): When States Fail: Causes and Consequences, Princeton:
Princeton University Press 2004, 335 S.

Während das autoritäre System nichts über die Leistungsfähigkeit des Staates besagt, gibt es eine Reihe zumeist autoritärer Systeme, in denen die Staatsautorität verfällt und nicht mehr flächendeckend geltend gemacht werden kann. Hier ist in der Fachsprache vom Failed oder vom Failing state die Rede. Die autoritären Regime dieser Welt treten häufig in Kombination mit einem defekten Staat auf. Das Phänomen des Failed state, des gescheiterten Staates, oder des Staates, der sich auf dem Wege dorthin befindet, des Failing state, ist vor allem in Afrika, aber auch in Teilen Lateinamerikas sowie hier und dort auch im Orient und in Zentralasien anzutreffen.[22] Der intakte Staat besitzt eine Staatsgewalt, d. h. eine Regierung mit einer durchsetzungsfähigen Verwaltung. Er macht seinen Willen im ganzen Staatsgebiet und ohne allzu große Verfälschung durch korrupte Beamte geltend. Ein typisches Merkmal des gescheiterten Staates zeigt sich darin, dass die Regierung ihre Kontrolle über Teile des Staatsgebiets verliert. Statt ihrer üben dort Banden, separatistische Bewegungen oder Stellvertreterorganisationen der Nachbarstaaten die Kontrolle aus. Diese werden in der Literatur als Quasi-Staaten abgehandelt. Das Thema wird in diesen Büchern anhand zahlreicher Beispiele erörtert.

Ulrich Schneckener (Hrsg.): Fragile Staatlichkeit. „States at Risk" zwischen Stabilität
und Scheitern, Baden-Baden: Nomos 2006, 395 S.

Staatsversagen ist ein schleichender Prozess. Nicht jeder Staat ist schon gleich gescheitert, der Anzeichen eines partiellen Staatsversagens erkennen lässt.[23] Dies ist Gegenstand der Beiträge dieses Buches.

---

22   Ira William Zartman: Introduction: Posing the Problem of State Collapse, in: Ira William Zartman (Hrsg.), Collapsed States: The Disintegration and Restoration of Legitimate Authority, Boulder und London: Rienner 1995, S. 1–14.
23   Dazu auch: Charles T. Call: The Fallacy of the ‚Failed State', in: Third World Quarterly, 29. Jg. (2008), S. 1491–1507; Christopher Clapham: Degrees of Statehood, in: Review of International Studies, 24. Jg. (1998), 143–157.

2.9 Außereuropäische Regionen

2.9.1 Orient

Volker Perthes: Der Aufstand. Die arabische Revolution und ihre Folgen, München: Pantheon 2011, 223 S.
E-Book: URN: nbn:de:101:1-201111243371
Ciando: http://ebooks.ciando.com/book/index.cfm/bok_id/281511

Dieses Buch eines herausragenden Orient-Experten schildert den aktuellen, noch anhaltenden Umbruchsprozess in der arabischen Welt. Den größten politikwissenschaftlichen Nutzen entfaltet es in der kombinierten Lektüre mit einem der nachfolgenden Überblickswerke.

Jürgen Hartmann: Staat und Regime im Orient und in Afrika. Regionenporträts und Länderstudien, Wiesbaden: VS 2011, 506 S.
E-Book: Springer eBook Collection: Humanities, Social Sciences
DOI: http://dx.doi.org/10.1007/978-3-531-92832-6

Dieses Buch gibt einen Überblick über die afrikanische und orientalische Staatenwelt bis zu den aktuellen Umwälzungen seit Ende des Jahres 2010.

James A. Bill und Robert Springborg: Politics in the Middle East, 6. Aufl., Reading: Addison Wesley 2002, 368 S.

Kompakte Darstellungen über die politischen Systeme des Orients sind rar gesät. Hier sei auf die Zeitschriftenliteratur hingewiesen. Zwei Werke indes geben eine gute Einführung in die politische Binnenstruktur der orientalischen Staaten. Dieses Buch konzentriert sich auf die Aspekte des Herrschaftssystems und diejenigen Probleme, die ihre Ursache in religiösen und ethnischen Spannungen haben. Gegenstand sind der arabische Kernraum, Nordafrika sowie der Iran und die Türkei.

Allen Richards und John Waterbury: A Political Economy of the Middle East, 3. Aufl., Boulder: Westview 2008, 474 S.

Fragen der politischen Ökonomie, darunter das Problem des Petro-Staates, der seine Aktivität ganz mit dem Verkauf fossiler Energiequellen bestreitet, thematisiert dieses Buch.

Philip Mattar (Hrsg.): Encyclopedia of the Modern Middle East & North Africa, Detroit, 4 Bde., Detroit: Thomson/Gale 2004.

Mit teilweise ausführlichen Artikeln über Länder, Persönlichkeiten, Parteien, historische Ereignisse und die Religion sucht dieses Kompendium seinesgleichen. Es ist lexikalisch angelegt, beinhaltet aber auch ausführliche Artikel und unterstützt den Stichwortapparat mit einer Fülle von Grafiken und Landkarten.

2.9.2 Afrika

Rainer Tetzlaff und Cord Jacubeit: Das nachkoloniale Afrika. Politik – Wirtschaft – Gesellschaft, Wiesbaden: VS 2005, 304 S.

Hier handelt es sich um das am dichtesten informierende Werk über die politischen Systeme Afrikas in der deutschen Literatur.

Mir A. Ferdowsi: Afrika – ein verlorener Kontinent?, München: Fink 2008, 382 S.

Dieser Sammelband behandelt das gleiche Themenspektrum. Auch die Autoren des oben genannten Bandes tragen dazu bei.

Jean-Francois Bayart: The State in Africa : The Politics of the Belly, 2. Aufl., Cambridge: Polity 2010 (Nachdruck der 2. Aufl. von 2009), 370 S.

Dieses erstmals 1993 erschienene Werk gilt bis heute als Basislektüre. Sein Thema ist die Funktion des Staates in Afrika. Der Autor geht auf die Vorbelastungen der kolonialen Ära, auf die Versorgungsbedürfnisse der afrikanischen Familie und auf die Konkurrenz der vielen Völker unter dem Dach eines Staates ein.

Patrick Chabal und Jean-Pascal Daloz: Africa Works: Disorder as Political Instrument, Oxford: Currey 2001 (Nachdruck der 1. Aufl. von 1999), 170 S.

Der Akzent dieses Buches, ebenfalls ein Standardwerk, liegt auf der politischen Funktionsgerechtigkeit von Phänomenen, die in etablierten westlichen Demokratien als kriminell und korrupt verworfen werden.[24] Der Autor setzt sich auch mit den spezifischen Ursachen des Staatszerfalls in Afrika auseinander.

Jacob Mabe (Hrsg.): Das Afrika-Lexikon. Ein Kontinent in 1.000 Stichwörtern, Wuppertal: Hammer 2001, 719 S.

Hier handelt es sich um ein brauchbares Nachschlagewerk. Es enthält Stichworte über Länder, Regionen, Religion und Wirtschaft. Die Informationen über Staat und Politik sind wegen des Erscheinungsdatums zwar weitgehend überholt. Aber die für die aktuelle Politik unvermindert wichtigen Konflikthaushalte (ethnischer Pluralismus, religiöse Unterschiede, Unterentwicklung, Ausbeutung) erschließen sich nach wie vor aus den Stichworten.

2.9.3 Lateinamerika

Nikolaus Werz: Lateinamerika. Eine Einführung, 2. Aufl., Baden-Baden: Nomos 2008, 418 S.

Dieses Buch gibt einen umfassenden Überblick zur Geschichte, zum politischen System einschließlich der politischen Kultur, zu den gesellschaftlichen Gruppen und Parteien, zu den Demokratisierungsprozessen der letzten Jahrzehnte und zum Stand der Lateinamerikaforschung. Ideale Lektüre für interessierte Einsteiger in die Region!

---

24 Siehe auch Chris Allen: Understanding Africa, in: Review of African Political Economy, 65. Jg. (1995), S. 301–350.

Klaus Stüwe und Stefan Rinke (Hrsg.): Die politischen Systeme in Nord- und Lateinamerika. Eine Einführung, Wiesbaden: VS 2008, 604 S.
E-Book: Springer eBook Collection: Humanities, Social Sciences
DOI: http://dx.doi.org/10.1007/978-3-531-90893-9

Dieser Band handelt die politischen Systeme sämtlicher Länder Lateinamerikas ab. Im Mittelpunkt stehen die Regierungssysteme. Sie sind als Schlüssel zum Verstehen der lateinamerikanischen Politik brauchbarer als bei der Betrachtung der politischen Systeme Afrikas und des Orients. Der Grund liegt in den günstigeren Voraussetzungen für verfassungsmäßiges Regieren. Zwar überwiegend katholisch und – nachlassend – unter dem Einfluss der Kirche, hat sich eine von Europa und Nordamerika einströmende liberale, teils auch eine sozialdemokratische Subkultur etabliert. Die Beiträge dieses Bandes arbeiten die Exekutivlastigkeit der lateinamerikanischen Demokratien heraus. Das Buch eignet sich auch gut für Interessierte an der Demokratieforschung.

Peter Birle (Hrsg.): Lateinamerika im Wandel, Baden-Baden: Nomos 2010, 247 S.

Die Beiträge dieses Buches bieten einen Überblick zu jüngeren Entwicklungen in ausgewählten lateinamerikanischen Ländern. Nützlich ist es vor allem für Leserinnen und Leser mit Grundkenntnissen, wie sie etwa von den vorgenannten Titeln vermittelt werden.

2.9.4 Asien

Thomas Heberer und Claudia Derichs (Hrsg.): Einführung in die politischen Systeme Ostasiens: VR China, Hongkong, Japan, Nordkorea, Südkorea, Taiwan, 2. Aufl., Wiesbaden: VS 2008, 465 S.

Die Beiträge dieses Bandes informieren kompakt und verständlich über die Staaten des ostasiatischen Raumes. Sie geben jeweils einen kurzen Abriss der politischen Geschichte, charakterisieren Merkmale der Kultur und behandeln ausführlich politische Institutionen und Entscheidungsprozesse sowie das Verhältnis von Politik und Wirtschaft.

2.9.5 Russland und China

Im Unterschied zur früheren Sowjetunion hat ihr größter Nachfolgestaat, Russland, in der Buchliteratur kaum Niederschlag gefunden. Russland existiert in seiner heutigen Gestalt erst seit gut zwei Jahrzehnten, von denen das erste ausgesprochen turbulent verlief. Erst in der nachfolgenden Dekade fand das Land in eine stabile Lage.

Richard Sakwa: Russian Politics and Society, 4. Aufl., London und New York: Routledge 2009 (Nachdruck der 4. Aufl. von 2008), 585 S.
E-Book: Ebrary
URL: http://site.ebrary.com/lib/alltitles/docDetail.action?docID=10236347

Der Autor dieses Werkes ist der zurzeit bekannteste wissenschaftliche Beobachter der russischen Politik. Sein Buch leistet eine gründliche Gesamtdarstellung des politischen Systems. Das Buch stellt die politischen Strukturen in eine historische Perspektive. Daraus erschließt sich, warum das russische System noch bei weitem nicht so lehrbuchtauglich ist wie die politischen Systeme anderer Länder.

Richard Sakwa (Hrsg.): Power and Policy in Putin's Russia, London und New York: Routledge 2009, 255 S.

Dieses Sammelwerk empfiehlt sich als ergänzende Lektüre. Russlandkenner analysieren Politikfelder, darunter auch die Rohstoff- und Wirtschafts- sowie die Sozialpolitik.

Jürgen Hartmann: Russland. Einführung in das politische System und Vergleich mit den post-sowjetischen Staaten, Wiesbaden: Springer VS 2013, 273 S.
E-Book: Springer eBook Collection: Humanities, Social Sciences
DOI: http://dx.doi.org/10.1007/978-3-658-00175-9

Das Buch gibt einen Überblick über die historischen Voraussetzungen der russischen Politik, das Regierungssystem, die politische Praxis und den ideologischen Überbau des Regierungshandelns. Um Russland im Kontext seines Herkommens aus einem realsozialistischen Systems zu verstehen, schließen sich der Schilderung des russischen politischen Systems kurze Porträts der ukrainischen Politik sowie der kaukasischen und mittelasiatischen Staatenwelt an.

Margareta Mommsen: Das politische System Russlands, in: Wolfgang Ismayr (Hrsg.),
Die politischen Systeme Osteuropas, 3. Aufl., Wiesbaden: VS 2010, S. 419–478

Eine führende Russlandkennerin in der deutschen Politikwissenschaft leistet hier eine kompakte und gleichwohl sehr dicht informierende Darstellung des russischen politischen Systems.

Richard Sakwa: The Crisis of Russian Democracy: The Dual State, Factionalism and the Medvedev Succession, Cambridge: Cambridge University Press 2011, 398 S.
E-Book: Ebrary
URL: http://site.ebrary.com/lib/alltitles/docDetail.action?docID=10433607

Zur informellen Politik, die hinter den Verfassungskulissen abläuft, ist dieses Werk sehr zu empfehlen.[25] Es handelt sich im Wesentlichen um eine Analyse der Machtstruktur in der Ära Putin.

Eric Shiraev: Russian Government and Politics: Comparative Government and Politics, Basingstoke und New York: Palgrave MacMillan 2010, 338 S.

Diese ausführliche Darstellung der politischen Strukturen stellt besonders auf die Bedürfnisse von Interessierten ohne größeres Vorwissen ab.

Die Institutionen, die Regierungsweise und die Verwaltungsstruktur Chinas sind seit gut zwei Jahrzehnten stabil. Dies hat für Interessierte den Vorteil, dass auch ältere Gesamtdarstellungen kaum an Informationswert eingebüßt haben:

Tony Saich: Governance and Politics in China, 3. Aufl., Houndmills und New York: Palgrave MacMillan 2011, 428 S.

Dieses Standardwerk ist in neuester Auflage fortgeschrieben. Es stellt umfassend und stets mit dem Blick auf Historie und politische Kultur die Institutionen, die Eliten und die wichtigsten Politikfelder vor.

---

25 Inhaltlich, obgleich komprimiert, deckungsgleich mit folgendem Aufsatz: Richard Sakwa: The Dual State in Russia, in: Post-Soviet Affairs, 26. Jg. (2010), S. 185–207.

James C. F. Wang: Contemporary Chinese Politics: An Introduction, 7. Aufl., Upper Saddle River: Prentice Hall 2002, 426 S.

Inhaltlich themengleich, doch schon länger nicht neu aufgelegt, ist auch dieses Werk zu empfehlen.

Jürgen Hartmann: Politik in China. Eine Einführung, Wiesbaden: VS 2006, 222 S.
E-Book: Springer eBook Collection: Humanities, Social Sciences
DOI: http://dx.doi.org/10.1007/978-3-531-90477-1
Ciando: http://ebooks.ciando.com/book/index.cfm/bok_id/18530

Dieses Buch geht neben den Institutionen des Regierens auf die historischen und kulturellen Grundlagen des politischen Systems ein.

Sebastian Heilmann: Das politische System der Volksrepublik China, 2. Aufl., Wiesbaden: VS 2004, 313 S.

Hier handelt es sich um das umfassendste Buch zum politischen System Chinas in deutscher Sprache. Es referiert unter anderem ausführlich die wirtschaftliche und soziale Entwicklung, und es enthält eine Fülle von Daten und tabellarischen Darstellungen

Brunhild Staiger, Stefan Friedrich und Hans Wilhelm Schütte (Hrsg.): Das große China-Lexikon, Darmstadt: Wissenschaftliche Buchgesellschaft 2008 (Reprint der Erstaufl. von 2003), 974 S.

Grundlegende und aktuelle Informationen auch über das politische System, darunter wichtige Persönlichkeiten, Institutionen und prägende Ereignisse (Bürgerkrieg, Kulturrevolution) enthält dieses Nachschlagewerk.

2.10 Systemwechsel

Die Erforschung politischer Systeme wandte sich in den 1980er Jahren einem neuen Thema zu, dem Systemwandel. Der Zusammenbruch jahrzehntelanger Diktaturen in Südeuropa und anschließend in Lateinamerika warf die Frage auf, welche Entwicklungen den Zusammenbruch der Diktatur begünstigen und wie es um die Konsolidierung sich entwickelnder demokratischer Strukturen steht. Mit der Entfaltung dieser Forschung fiel der Zusammenbruch der sozialistischen Staatenwelt in Osteuropa zusammen. Da sich im Laufe der Zeit auch in Asien und Afrika autoritäre Strukturen aufgeweicht haben, hat sich inzwischen eine eigene Literaturgattung über dieses Thema etabliert.

Wolfgang Merkel: Systemtransformation. Eine Einführung in die Theorie und Empirie der Transformationsforschung, 2. Aufl., Wiesbaden: VS 2010, 561 S.

Dieses Buch informiert umfassend über den Komplex des Systemwandels. Es eignet sich auch gut zum Nachschlagen. Wer sich mit einem gründlichen Überblick zu diesem Thema begnügen will, ist hier gut bedient.

Adam Przeworski: Democracy and the Market: Political and Economic Reforms in Eastern Europe and Latin America, Cambridge: Cambridge University Press 1999 (Nachdruck der 1. Aufl. von 1991), 210 S.

Die Verlierer haben im demokratischen System immer noch die Chance, bei der nächsten Wahl erneut den politischen Gestaltungsauftrag zu bekommen. Vor diesem Hintergrund stellt der Autor aus akteurstheoretischer Sicht die Frage, was die Verlierer eines wankenden autoritären Systems dazu veranlassen könnte, sich mit dem Systemwandel abzufinden. Zu diesem Zweck entwickelt er Standardszenarien. Gerade im Rückblick von 20 Jahren ist das Buch äußerst anregend. Es ist vor allem für einschlägig Interessierte, weniger für Einsteiger geeignet!

Wolfgang Merkel (Hrsg.): Defekte Demokratie, Bd. 1: Theorie, Opladen: Leske + Budrich 2003, 336 S.

Wolfgang Merkel (Hrsg.): Defekte Demokratie, Bd. 2: Wiesbaden: VS 2006, 484 S.

Autoritäre Systeme verschwinden nicht einfach von heute auf morgen. Die Machtverhältnisse mögen wechseln, aber die Strukturen von Staat und Wirtschaft, auch die neuen Parteien brauchen mehr Zeit, um zur Basis einer nachhaltigen Demokratie zu werden. Der Herausgeber spricht in diesem Zusammenhang von Teilregimen der Demokratie. Diese als Prüfsteine zu verstehenden Teilregime umfassen das Wahlsystem, die Partizipations- und Freiheitsrechte, die Gewaltenteilung und die Funktionstüchtigkeit des Staates. Der Zwischenzustand einer defekten Demokratie ist Gegenstand dieser Bücher. Die defekte Demokratie wird an zahlreichen Länderbeispielen veranschaulicht. Die gut gegliederten und verständlichen Bücher sind auch für Leserinnen und Leser, die keine Vertiefung auf diesem Gebiet suchen, bestens geeignet.

Guillermo O'Donnell: Delegative Democracy, in: Journal of Democracy, 7. Jg., (1994), S. 112–126, (siehe unten 8.2.3).

Den bekanntesten Typus einer defekten Demokratie repräsentiert die delegative Demokratie. Der Autor dieses häufig zitierten Aufsatzes wählt diese Bezeichnung für ein politisches System, das aus dem autoritären Stadium herausgetreten ist. Die demokratische Wahl und der Entscheidungsprozess konzentrieren sich aber auf einen Präsidenten, während das Parlament noch eine nachgeordnete Rolle spielt und auch die Parteien noch nicht als starke politische Akteure hervortreten.

3 Internationale Beziehungen

Die Struktur des Fachgebiets der Internationalen Beziehungen, gleichbedeutend mit der häufig gebrauchten Bezeichnung der Internationalen Politik,[26] unterscheidet sich grundlegend von der Beschäftigung mit den politischen Systemen. Militärische, wirtschaftliche und kulturelle Macht sind immer noch stark an souveräne Staaten gebunden, mögen internationale Organisationen und auch globale Unternehmen auch stärker als je zuvor das internationale Geschehen mitbestimmen. Die internationalen Beziehungen bezeichnen die Gesamtheit der Interaktionen zwischen Staaten und internationalen Institutionen. Sie sind heute stärker verregelt als in der Vergangenheit. Auch internationale Organisationen, feste Vereinbarungen zwischen den Staaten sowie das Know-how der Diplomaten und Experten geben der Weltpolitik ihre Struktur.

Durch die blanke Existenz von gut 200 souveränen Staaten, durch krasse Wohlstandsunterschiede sowie durch Kontroversen über eine internationale Umweltpolitik und fairen Handel kommt es immer wieder zu mehr oder weniger starken Pendelausschlägen in den zwischenstaatlichen Beziehungen. Der informatorische Halbzeitwert von Studien über die Außenpolitik einzelner Länder ist deshalb deutlich geringer als derjenige von Werken über ihr politisches System.

Vor diesem Hintergrund erschließt sich die Wichtigkeit theoriegeleiteter Deutungsmuster. Sie ermöglichen eine strukturierte Auseinandersetzung mit Phänomenen der internationalen Beziehungen. Hier lassen sich drei Theoriestränge un-

---

26 Die Groß- und Kleinschreibung des Begriffs der Internationalen Beziehungen ist uneinheitlich. Im Folgenden wird die Großschreibung gewählt, wenn es um das politikwissenschaftliche Teilgebiet, und die Kleinschreibung, wenn es um das empirische Phänomen der zwischenstaatlichen Beziehungen geht. Die Bezeichnung Internationale Politik wird teils synonym mit Internationale Beziehungen gebraucht. Siehe Reinhard Meyers: Internationale Beziehungen/Internationale Politik, in: Dieter Nohlen und Rainer-Olaf Schultze (Hrsg.), Lexikon der Politikwissenschaft, Bd. 1, 4. Aufl., München: Beck 2010, S. 427–437.

terscheiden, zum einen Konzepte, die eher auf die Erklärung von Konflikten, des Weiteren Konzepte, die eher auf die Erklärung der internationalen Zusammenarbeit ausgelegt sind, und schließlich Theorien, die das außenpolitische Handeln in die Kultur eines Landes einbetten.

Der Begriff der Außenpolitik umschreibt das Handeln einzelner staatlicher Akteure.[27] Die internationalen Beziehungen insgesamt sind mehr als die Summe nationaler Außenpolitiken. Aus diesen Gründen werden Darstellungen zur Außenpolitik im Folgenden sparsam referiert.

3.1 Einführungs- und Übersichtswerke

Frank Schimmelfennig: Internationale Politik, 3. Aufl., Paderborn: Schöningh 2012, 333 S.
E-Book: UTB-Online-Bibliothek
URL: http://www.utb-studi-e-book.de/9783838531076

Als Einführungswerk für Studierende ohne Vorkenntnisse eignet sich besonders gut dieses Buch. Es stellt in verständlicher Weise die wichtigsten Richtungen in der Theorie und die Problemfelder der internationalen Beziehungen dar.

Martin List: Internationale Politik studieren, Wiesbaden: VS 2006, 215 S.
E-Book: Springer eBook Collection: Humanities, Social Sciences
DOI: http://dx.doi.org/10.1007/978-3-531-90181-7
Ciando: http://ebooks.ciando.com/book/index.cfm/bok_id/18578

Auch diese Einführung arbeitet mit der Darstellung einiger Problemfelder, an denen Fragestellungen und Herangehensweisen verdeutlicht werden. Einsteiger, die beide Einführungen lesen, dürften sich doppelt bereichert sehen.

Michael Staack (Hrsg.): Einführung in die internationale Politik, 5. Aufl., München: Oldenbourg 2012, 813 S.

Nach der Vorlektüre eines dieser Bücher, also mit einer soliden Vorkenntnis, ist nachdrücklich dieses Einführungswerk zu empfehlen. Es geht über den Charak-

---

27 Reimund Seidelmann: Außenpolitik, in: Dieter Nohlen und Rainer-Olaf Schultze (Hrsg.), Lexikon der Politikwissenschaft, Bd. 1, 4. Aufl., München: Beck 2010, S. 47–50.

ter einer üblichen Einführung weit hinaus. Dieser Band macht Interessierte bereits hinreichend fit, um in die Spezialliteratur der Internationalen Beziehungen einzusteigen. Die Idee für diesen Band geht auf Gert Krell und Manfred Knapp zurück. Michael Staack führt das Werk in aktueller Auflage fort. Die Autoren des Bandes stellen sich in die Tradition des Analysemodells von Ernst-Otto Czempiel, einem der wichtigsten Vertreter des Teilgebiets der Internationalen Beziehungen in Deutschland. Czempiel betont die Verknüpfung der Innen- und der Außenpolitik und die Gleichrangigkeit der Faktoren Geld und Macht in der Staatenwelt (siehe unten 3.5). Die durchweg sehr ausführlichen Beiträge dieses Band stellen die Theorien der internationalen Beziehungen vor, sie gehen auf Probleme der internationalen Sicherheit und Wohlfahrt ein, skizzieren die regionalen Staatensysteme und porträtieren die Außenpolitik Deutschlands, der USA, Russlands, Japans und Chinas. Weitere Kapitel befassen sich mit den Vereinten Nationen und internationalen Organisationen.

Christiane Lemke: Internationale Beziehungen. Grundkonzepte, Theorien und Problemfelder, 3. Aufl., München und Wien: Oldenbourg 2012, 246 S.
E-Book: Oldenbourg Link
URL: http://www.oldenbourg-link.com/isbn/9783486711240

Die Verfasserin dieses Bandes gibt einen flächendeckenden Einblick in das Teilgebiet der Internationalen Beziehungen. Auch dieses Buch ist sehr gut für Ersteinsteiger geeignet. In verständlicher Sprache werden das Interaktionsgeflecht der internationalen Beziehungen und das Handlungsfeld der – nationalen – Außenpolitik voneinander abgegrenzt. Der Text illustriert die Zusammenhänge anhand jüngerer historischer Entwicklungen und an aktuellen Beispielen.

Jürgen Hartmann: Internationale Beziehungen, Wiesbaden: VS 2009, 225 S.
E-Book: Springer eBook Collection: Humanities, Social Sciences
DOI: http://dx.doi.org/10.1007/978-3-531-91529-6

Für Interessierte, die sich mit einer kurzen Einstiegslektüre begnügen wollen, sei auf das dieses Bändchen hingewiesen, das kurz die Geschichte der internationalen Beziehungen, die wichtigsten Theoriestränge und die Außenpolitik einiger Länder skizziert. Für den vertiefenden Einstieg wird auf die oben referierten Bücher verwiesen.

Christian Reus-Smit, und Duncan Snidal (Hrsg.): International Relations, Oxford und New York: Oxford University Press 2008, 772 S.

Dieser Sammelband ist ein umfassend angelegtes Handbuch, das in aufsatzförmig angelegten Einzelbeiträgen renommierter Autoren sämtliche Aspekte der Internationalen Beziehungen einschließlich der Fachgeschichte behandelt, darunter die Außenpolitik der größten und wichtigsten Staaten, internationale Institutionen, Theorien der internationalen Beziehungen, diplomatiegeschichtliche Schlüsselereignisse, Bündnisse u. ä. m. Der reichhaltige Literaturapparat verweist auf die wichtigsten Bücher zur Vertiefung eines Schlagwortes.

Martin Griffiths (Hrsg.): Encyclopedia of International Relations and Global Politics, New York: Routledge 2008, 911 S.

Hier handelt es sich um ein Nachschlagewerk. Es eignet sich mit Hunderten von Stichworten, die komprimierte Information und Literaturverweise enthalten, perfekt für Nachschlagezwecke.

Wichard Woyke: Handwörterbuch internationale Politik, 12. Aufl., Opladen und Farmington Hills: Budrich 2011, 687 S.
E-Book: UTB-Online-Bibliothek
URL: http://www.utb-studi-e-book.de/9783838507026

Dieses Buch ist eine dicht informierende Kombination von Handbuch und Nachschlagewerk. Es ist verdientermaßen vielfach neu aufgelegt worden. Die Stichworte dieses eher lexikalisch konzipierten Werkes sind nach Problemfeldern der internationalen Politik (z. B. Abrüstung, Umweltpolitik, Nord-Süd-Beziehungen, Menschenrechte) geordnet.

Carlo Masala, Frank Sauer und Andreas Wilhelm (Hrsg.): Handbuch der internationalen Politik, Wiesbaden: VS 2010, 506 S.
E-Book: Springer eBook Collection: Humanities, Social Sciences
DOI: http://dx.doi.org/10.1007/978-3-531-92148-8

Um kein wirkliches Handbuch handelt es sich demgegenüber beim diesem Band, der hauptsächlich Beiträge zur Sicherheitspolitik bzw. zur internationalen Sicherheit aufführt.

3.2 Theorien

3.2.1 Einführungs- und Übersichtswerke

Gert Krell: Weltbilder und Weltordnung. Einführung in die Theorie der internationalen Beziehungen, 4. Aufl., Baden-Baden: Nomos 2009, 449 S.

Dieses Buch ist das Standardwerk in der deutschen Sekundärliteratur über die Theorien der internationalen Beziehungen. Es stellt auch ältere Theorien wie zum Beispiel die Imperialismustheorie vor. Die komplexe Materie wird in diesem sehr überschaubar gegliederten Buch verständlich auseinandergesetzt

Siegfried Schieder und Manuela Spindler (Hrsg.): Theorien der Internationalen Beziehungen, 3. Aufl., Opladen und Farmington Hills: Budrich 2010, 595 S.
E-Book: UTB-Online-Bibliothek
URL: http://www.utb-studi-e-book.de/9783838523156

Auch dieser Sammelband ist Einsteigern wärmstens zu empfehlen. Die Beiträge schildern die Theorien der internationalen Beziehungen in verständlicher Sprache.

Ulrich Menzel: Zwischen Idealismus und Realismus. Die Lehre von den Internationalen Beziehungen, Frankfurt/M: Suhrkamp 2007 (Nachdruck der 1. Aufl. von 2001), 285 S.

Dieses Buch referiert die Theorien der internationalen Beziehungen im Kontext der Geschichte des politikwissenschaftlichen Teilgebiets der Internationalen Beziehungen. Es diskutiert ihre Leistungen und Schwächen. Das Darstellungsprinzip, die Integration der Theorien in die Fachentwicklung, ist originell und lehrreich. Den am Thema Interessierten ist dringend zu empfehlen, nach der Lektüre eines der vorstehenden Werke auch hier nachzulesen.

Martin Griffiths: Fifty Key Thinkers in International Relations, 2. Aufl., London und
New York: Routledge 2009, 404 S.
E-Book: Ebrary
URL: http://site.ebrary.com/lib/alltitles/docDetail.action?docID=10267198

Dieser Band stellt die wichtigsten Autoren der Internationalen Beziehungen in kurzen Porträts und mit einem Abriss ihrer wichtigsten Werke vor. Das Buch eignet sich gut zum Nachschlagen. Besonders gut eignet es sich, um einen Autor zu verorten, der in einem Fachbuch oder Fachaufsatz erwähnt wird, insbesondere dann, wenn die Zeit es nicht erlaubt, sich mit den Originalwerken vertraut zu machen. Die nach Theoriefamilien gegliederte Autorenrevue steigert den Gebrauchswert des Buches zusätzlich.

David Boucher: Political Theories of International Relations: From Thycidides to the Present, Oxford und New York: Oxford University Press 2009 (Nachdruck der 1. Aufl. von 1999), 443 S.

Jürgen Bellers: Klassische Staatsentwürfe. Außenpolitisches Denken von Aristoteles bis heute, Darmstadt: Wissenschaftliche Buchgesellschaft 1996, 257 S.

Beide Bücher stellen Denker vor, die sonst allein unter dem Aspekt des Staatsdenkens referiert, hier aber als frühe Klassiker der internationalen Beziehungen abgehandelt werden. Im Mittelpunkt stehen die Klassiker des Völkerrechts und Theoretiker des Krieges. Mit Karl Marx endet die Revue. Diese Bände transportieren Bildungsgut. Aber sie befassen sich, gemessen am fachlichen Konsens, nicht mit dem, was heute unter der Theorie der internationalen Beziehungen verstanden wird. Die Disziplin hat ihre maßgeblichen Impulse aus den beiden Weltkriegskatastrophen des 20. Jahrhunderts erhalten.[28] Ihre Geschichte beginnt erst lange nach dem Wirken der hier aufgeführten Klassiker.

---

28 Ein bekanntes Auftakt- bzw. Schlüsselwerk ist folgendes: Edward Hallett Carr: The Twenty Years' Crisis, 1919–1939, London: MacMillan 1939 (Neue Ausgabe, Basingstoke: Palgrave 2001, 233 S.).

Stephanie G. Neumann (Hrsg.): International Relations Theory and the Third World, New York: St. Martin's 1998, 244 S.

Die Beiträge dieses Bandes widmen sich einer notorischen Blindstelle der Theorie der internationalen Beziehungen. Traditionell gilt das Augenmerk den Weltmächten und den mittelgroßen Staaten, die wahrnehmbares Eigengewicht auf das internationale Tapet bringen. Hier wird die Frage erörtert, wie weit die einschlägigen Theorien den Verhältnissen in der Dritten Welt Rechnung tragen.

3.2.2 Realismus/Neorealismus

Hans J. Morgenthau: Macht und Frieden. Grundlegung einer Theorie der internationalen Politik, Gütersloh: Bertelsmann 1963, 480 S.

Dieses Buch ist eines der wichtigsten für die Theorie der internationalen Beziehungen: ein Klassiker par excellence! Das hier entworfene Bild der Staatenwelt ist ganz dem Sicherheitsproblem verhaftet. Während im Staat eine Macht verkörpert ist, die Gesetze gibt und Rechtsverstöße ahndet, herrscht zwischen den Staaten Anarchie, will sagen: Es gibt Mächtige, Starke und Schwache in der Staatenwelt. Die Fakten werden von den Mächtigen geschaffen. Die Leitnorm für das Verhalten der Staaten ist das nationale Interesse. Es kommt auf Kalkül und Diplomatie an, um eine Aggression abzuwehren. Strategisches Denken und militärische Macht sind die besten Mittel zur Kriegsverhinderung. Dies ist die Kernthese dieses Buches, das die Grundgedanken der später so genannten realistischen Schule in den Internationalen Beziehungen formuliert. Die deutsche Übersetzung dieses disziplinhistorisch überaus wichtigen Werkes ist erstaunlicherweise nicht neu aufgelegt worden.

Kenneth N. Waltz: Theory of International Politics, Reading: Addison Wesley 2010 (Nachdruck der 1. Aufl. von 1979), 251 S.

Während das vorgenannte Buch auf der klassischen politischen Theorie, insbesondere auf den Gedanken der Klassiker Machiavelli und Hobbes fußt und mit historischen Beispielen argumentiert, analysiert die Fachöffentlichkeit die Probleme der internationalen Sicherheit heute vor allem im Stil dieses Buches von Waltz. Es handelt sich um *das* Schlüsselwerk der neorealistischen Theorie. Das „neo" in der Bezeichnung dieser Theorie leitet sich davon her, dass sie wie der Autor des vorgenannten Werkes das Sicherheitsproblem in den Mittelpunkt der zwischenstaatlichen Beziehungen stellt. Dieses Buch argumentiert mit dem Nutzenkalkül rationaler Akteure. Es fasst die internationalen Beziehungen als einen Machtmarkt auf. Die beste Methode, um die Aggression anderer Staaten abzuwehren, sind militärische Macht und Verteidigungsbereitschaft. Die Schwächeren im Staatensystem sind gut beraten, Sicherheit im Bündnis mit starken Partnern zu suchen.[29]

Stephen D. Krasner: Sovereignty: Organized Hypocrisy, Princeton: Princeton University Press 1999, 264 S.
E-Book: Ebrary
URL: http://site.ebrary.com/lib/alltitles/docDetail.action?docID=10031906

Stephen D. Krasner: Westphalia and All That, in: Judith Goldstein und Robert O. Keohane (Hrsg.), Ideas and Foreign Policy: Beliefs, Institutions, and Political Chance, 2. Aufl., Ithaca und London 1995, S. 235–264.

Stephen D. Krasner: Realism, Imperialism, and Democracy, in: Political Theory, 20. Jg. (1992), S. 38–52, (siehe unten 8.6).

Stephen D. Krasner: Sovereignty: An Institutional Perspective, in: Comparative Political Studies, 21. Jg. (1988), S. 66–94, (siehe unten 8.2).

Der Verfasser dieser Veröffentlichungen ist ein Vertreter der realistischen Schule. Auch bei ihm steht das nationale Interesse im Vordergrund, damit auch die Ausgangsthese eines anarchischen Systems der Staatenbeziehungen. Im Unterschied zu den Autoren der vorgenannten Werke blickt er aber stärker auf wirtschaftliche Macht. Der wirtschaftliche Faktor verlangt eine Korrektur der überlieferten Vorstellung von staatlicher Souveränität. Die Grundgedanken des Autors lassen sich den genannten Aufsätzen oder dem Buch entnehmen.

---

29 Zur Kritik an diesem Ansatz: Robert O. Keohane, (Hrsg.): Neorealism and Its Critics, New York: Columbia University Press 1986, 378 S.

3.2.3 Englische Schule

Herbert Butterfield und Martin Wight (Hrsg.), Diplomatic Investigations: Essays in the Theory of International Relations, London: Allen Unwin 1966, 227 S.

Einen ganz anderen Akzent setzt die Englische Schule. Sie erschließt sich aus den Beiträgen dieses Buches, das von den maßgeblichen Vertretern dieser Schule herausgegeben ist. Auch hier ist der Ausgangspunkt die Anarchie in der Staatenwelt. Die Autoren betonen allerdings eher die Staatskunst, d. h. die klassische Diplomatie im Management der internationalen Beziehungen. Theoretisch hat diese Position nicht allzu viele Anhänger. Doch ein Großteil der Literatur zur Außenpolitik folgt unausgesprochen den Gedanken dieser Schule.

3.2.4 Kooperationstheorien/Regimetheorien/Liberalismus

Mit der Einsicht, dass die internationalen Beziehungen auch von einem globalen Markt strukturiert sind, dessen Auswirkungen keine einzelne Regierung mehr zu beeinflussen vermag, schlug die Stunde der Kooperationstheorien in den internationalen Beziehungen. Sie firmiert unter verschiedenen Bezeichnungen, darunter die bekannteste diejenige des Liberalismus bzw. der Liberalen Schule.

Robert O. Keohane und Joseph S. Nye: Power and Interdependence: World Politics in Transition, 4. Aufl., Boston und Toronto: Longman 2012, 330 S. (Erstausg. 1977).

Robert O. Keohane: International Institutions: Two Approaches, in: International Studies Quarterly, 32. Jg. (1988), S. 379–396, (siehe unten 8.3).

Robert O. Keohane und Lisa L. Martin: The Promise of Institutionalist Theory, in: International Security, 20. Jg. (1995), S. 39–51, (siehe unten 8.3).

Das Thema des oben zuerst aufgeführten Buches sind internationale Regime. Dieses Buch und auch die nachfolgend genannten Aufsätze sind vom bekanntesten Exponenten der Liberalen Schule verfasst: Die Regierungen handeln multilaterale Übereinkünfte aus, denen sie gemeinsam ihr Handeln unterwerfen. Regime sind Palliativkonstruktionen. Sie eröffnen überhaupt noch Mitgestaltungsräume, wo die Staaten im Alleingang machtlos wären. Das Buch ist ein Referenzwerk der neoliberalen Schule der Internationalen Beziehungen. Diese wird auch als Kooperationstheorie bezeichnet.[30] Keohanes Gedanken erschließen entweder aus dem zuerst genannten Buch oder aus den nachfolgend genannten Aufsätzen.

Robert O. Keohane (Hrsg.): Neorealism and Its Critics, New York: Columbia University Press 1986, 378 S.

Robert O. Keohane und Helen V. Milner (Hrsg.): Internationalization and Domestic Politics, Cambridge u. a.: Cambridge University Press 2002 (Nachdruck der 1. Aufl. von 1996), 308 S.

Für Interessierte, die sich in die Liberale Schule vertiefen möchten, bieten sich diese häufig zitierten Bände an, in denen sich Keohane und andere mit ihren Kritikern auseinandersetzen.

Otto Keck: Der neue Institutionalismus in der Theorie der Internationalen Politik, in: Politische Vierteljahresschrift, 32. Jg. (1991), S. 635–653, (siehe unten 8.1).

Dieser Aufsatz stellt kurz und bündig die wichtigsten Thesen der Kooperationstheorien dar.

---

30 Kenneth A. Oye, (Hrsg.): Cooperation under Anarchy, Princeton: Princeton University Press 1986, 260 S. Eine wirkungsmächtige Gegenstimme: John J. Mearsheimer: The False Promise of International Institutions, in: International Security, 19. Jg. (1994/95), S. 5–49.

3.2.5 Konstruktivismus

Alexander Wendt: Social Theory of International Relations, 14. Aufl., Cambridge: Cambridge University Press 2010 (Nachdruck der 1. Aufl. von 1999) 429 S.

Alexander Wendt: Anarchy Is what States Make of It: The Social Construction of Power Politics, in: International Organization, 46. Jg. (1992), S. 391–425, (siehe unten 8.3).

Alexander Wendt: Collective Identity Formation and the International State, in: American Political Science Review, 88. Jg. (1994), S. 384–396, (siehe unten 8.1).

Alexander Wendt: Constructing International Politics, in: International Security, 20. Jg. (1995), S. 71–81, (siehe unten 8.3).

John Gerard Ruggie (Hrsg.): Constructing the World Polity: Essays in International Institutionalization, London und New York: Routledge 2006 (Nachdruck der 1. Aufl. von 1998), 312 S.
E-Book: Ebrary
URL: http://site.ebrary.com/lib/alltitles/docDetail.action?docID=10056012

Die konstruktivistische Theorie der internationalen Beziehungen geht auf Impulse aus der Soziologie und der Kulturwissenschaft zurück. Wie die beiden vorgenannten Theorierichtungen – Realismus/Neorealismus, Kooperationstheorien – fußt auch sie auf der These, dass das außenpolitische Handeln vom Interesse geleitet ist. Nur bettet sie außenpolitische Handlungen in Wahrnehmungsschemata ein, die ihre Ursachen in der Geschichte, in der Religion und in Menschenbildern haben. Das politische Handeln wird zwar als grundlegend rational verstanden, aber nicht im Sinne einer kontextfreien Rationalität, sondern mit Blick auf Prägungen durch Erziehung, Geschichtsbilder, Kulturkreis u. ä. m. Wendt und Ruggie sind die wichtigsten Vertreter dieser Richtung. Das konstruktivistische Denken erschließt sich aus den an erster und letzter Stelle genannten Büchern. Wo kein rascher Zugriff auf diese Bände besteht, lässt sich die Essenz des konstruktivistischen Denkens auch aus den Zeitschriftenartikeln ersehen.

3.2.6 Anwendung der Theorien

Markus M. Müller (Hrsg.): Casebook Internationale Politik, Wiesbaden: VS 2011, 300 S.
E-Book: Springer eBook Collection: Humanities, Social Sciences
DOI: http://dx.doi.org/10.1007/978-3-531-92092-4

Der praktische Nutzen der Theorien der internationalen Politik steht im Mittelpunkt dieses Buches. Es erörtert die Erklärungskraft der neorealistischen, der liberalen und der konstruktivistischen Theorien anhand einer Reihe von Fallstudien aus der Sicherheitspolitik, den Wirtschaftsbeziehungen und der Klimapolitik. Für Studierende ist dieser Band besonders nützlich, weil er am Beispiel dieser Fallstudien vorführt, wie die theoriegeleitete Analyse eines Problems der internationalen Politik vonstatten geht.

3.3   Internationale Regime/Internationale Organisationen

Zwang und Gewalt scheiden als Regelfall bei der Bewältigung internationaler Probleme aus. Hier liegen die Anreize zur internationalen Zusammenarbeit. Für diese Zusammenarbeit genügen oft schon keine in größeren Intervallen getroffenen Übereinkünfte mehr, weil die Probleme ständigen Klärungs- und Regelungsbedarf verlangen. Aus dieser Situation erwächst eine organisierte Zusammenarbeit, die in der Fachsprache als internationales Regime bezeichnet wird (in Unterscheidung zum Regime als Merkmal eines politischen Systems). Die Regierungen einigen sich auf Regeln und verpflichten ihre Bürger und sich selbst, nach diesen Regeln zu handeln. Bedeutungsgleich ist auch von Global Governance die Rede. Selbst funktionierende internationale Regime beherbergen Probleme.[31] Die Einhaltung der Regeln kann in den internationalen Beziehungen nicht erzwungen werden, Sanktionen scheiden im Allgemeinen aus. Regime sind heute allenthalben anzutreffen. Recht erfolgreich arbeiten sie im Handel, weniger erfolgreich bei der globalen Lösung von Umweltproblemen.

---

31   Klaus-Dieter Wolf: Regimeanalyse, in: Dieter Nohlen (Hrsg.), Lexikon der Politik. Bd. 6. Internationale Beziehungen, hrsg. von Andreas Boeckh, München: Beck 1994, S. 422–429.

Harald Müller: Die Chance der Kooperation. Regime in den internationalen Beziehungen, Darmstadt: Wissenschaftliche Buchgesellschaft 1993, 203 S.

Beate Kohler-Koch: Regime in den internationalen Beziehungen, Baden-Baden: Nomos 1989, 493 S.

Diese beiden Bücher handeln die Regimeproblematik an zahlreichen Beispielen und in verständlicher Sprache ab. Das weit zurückliegende Erscheinungsdatum ändert nichts an der Brauchbarkeit dieser Bücher auch für Einsteiger.

Die internationale Kooperation in Gestalt eines Regimes und einer Organisation erlaubt keine klaren Unterscheidungen. Funktionierende Regime brauchen stets eine gewisse Infrastruktur. Wo das Regime eher die Anreize für eine dauerhafte Kooperation in den Vordergrund stellt, steht beim Gegenstand der internationalen Organisationen der formale Aspekt der Organisiertheit im Vordergrund. Internationale Organisationen besitzen eigene Organe und unterhalten ständige Einrichtungen, bisweilen auch Schiedsgerichte. Je weiter die Organisiertheit der Kooperation voranschreitet, desto stärker steigen die Kosten des Ausstiegs bzw. der Kooperationsverweigerung. Allzu viel sollte man aus diesen Abgrenzungen nicht machen. In der Substanz handeln die Veröffentlichungen, die mit „internationale Organisationen" betitelt sind, über internationale Regime. Anders ausgedrückt: Wer internationalen Regimen auf die Spur kommen will, sollte auch die im Folgenden aufgeführten Bücher zur Kenntnis nehmen.

Volker Rittberger: Internationale Organisationen. Politik und Geschichte, 4. Aufl., Wiesbaden: VS 2012, 300 S.
DOI: http://dx.doi.org/10.1007/978-3-322-85156-7

Am besten informiert unter den deutschsprachigen Büchern dieses Standardwerk über den Komplex internationaler Organisationen. Es charakterisiert die Organisationen auf den klassischen internationalen Problemfeldern der nationalen und gemeinsamen Sicherheit, des Handels und der Stabilisierung der Herrschaftssysteme.

Andreas Hasenclever, Klaus-Dieter Wolf und Michael Zürn (Hrsg.): Macht und Ohnmacht internationaler Organisationen, Frankfurt/M. und New York: Campus 2007, 393 S.

Die Beiträge dieses Sammelbandes befassen sich mit Regimen zur Kriegsverhinderung, zur Regulierung des internationalen Handels und zur nuklearen Nonproliferation. Thematisiert wird auch ein Kernproblem der wirtschaftlichen Regime: die Fähigkeit der Regierungen, das international ausgehandelte regimekonforme Verhalten von den private Akteuren zu erzwingen!

Wichard Woyke (Hrsg.): Handwörterbuch Internationale Organisationen, 12. Aufl., Opladen und Farmington Hills: Budrich 2011, 687 S.

Die Entstehungsgründe, die Geschichte, die Struktur und die Probleme der internationalen Organisationen werden in den Beiträgen dieses Handbuches erörtert. Es eignet sich für diesen Themenkomplex auch sehr gut als Nachschlagewerk.

Richard Peet: Unholy Trinity: The IMF, World Bank and WTO, 2. Aufl., London und New York: Zed Books 2009, 287 S.
E-Book: Ebrary
URL: http://site.ebrary.com/lib/alltitles/docDetail.action?docID=10355514

James Raymond Vreeland: The International Monetary Fund: Politics of Conditional Lending, London und New York: Routledge 2009 (Nachdruck der 1. Aufl. von 2008), 172 S.
E-Book: Ebrary
URL: http://site.ebrary.com/lib/alltitles/docDetail.action?docID=10155787

Katherine Marshall: The World Bank: From Reconstruction to Equity, London und New York: Routledge 2009, 191 S.
E-Book: Ebrary
URL: http://site.ebrary.com/lib/alltitles/docDetail.action?docID=10228296

Diese Bücher eignen sich für Interessierte, die sich vertiefend über die internationalen Finanzinstitutionen, also den Internationalen Währungsfonds, die Welthandelsorganisation und die Weltbank informieren wollen.

3.4 Vereinte Nationen

Helmut Volger: Geschichte der Vereinten Nationen, 2. Aufl. München Oldenbourg 2008, 544 S.
E-Book: Oldenbourg Link
URL: http://dx.doi.org/10.1524/9783486711226
Ciando: http://ebooks.ciando.com/book/index.cfm/bok_id/14450

Mit dem Mittel der historischen Schilderung verdeutlicht dieses Buch die Veränderung und die Erweiterung des Aufgabenspektrums der Vereinten Nationen. Nach einer gründlichen Darstellung der Entstehungsgeschichte wechsel der Verfasser zur Rolle der Vereinten Nationen im Kalten Krieg und in der Entspannungsperiode. Ausführlich wird dargelegt, wie mit der Entstehung der so genannten Dritten Welt die Nord-Süd-Beziehungen zum Thema der Vereinten Nationen wurden. Die Weltkonflikte in der Epoche nach dem Zusammenbruch der sozialistischen Staatenwelt, insbesondere diplomatische Missionen und unter dem Mandat der Vereinten Nationen vonstatten gehende militärische Einsätze bilden einen weiteren Schwerpunkt. Abschließend wird der Komplex einer Reform der Vereinten Nationen abgehandelt. Das Besondere dieses Buches ist die gelungene Verbindung von Epochen- und Ereignisschilderung mit einer Analyse der Institutionen der Weltgemeinschaft.

Sven Bernhard Gareis und Johannes Varwick: Die Vereinten Nationen: Aufgaben, Instrumente und Reformen, 4. Aufl., Opladen: Budrich 2006, 381 S.
E-Book: Ciando Library
URL: http://ebooks.ciando.com/book/index.cfm/bok_id/10506

Die Autoren dieses Buches legen ein verständliches und problemorientiertes Einführungswerk zu den Vereinten Nationen einschließlich ihrer Unterorganisationen vor. Der Schwerpunkt liegt auf dem Beitrag der Vereinten Nationen zur Friedenssicherung und zur Bewältigung regionaler Konflikte.

Thomas G. Weiss und Sam Daws (Hrsg.): The Oxford Handbook of the United Nations, Oxford und New York: Oxford University Press 2008, 810 S.

Dieses Handbuch eignet sich gleichermaßen zum Nachschlagen wie zur vertiefenden Lektüre über einzelne Aspekte der Vereinten Nationen. Die Beiträge sind im Format wissenschaftlicher Aufsätze verfasst und handeln im Einzelnen über die

Vereinten Nationen als Gegenstand der Theorien der internationalen Beziehungen, über ihre Institutionen und Unterorganisationen sowie über die Friedenssicherungspolitik, die Entwicklungspolitik und die Menschenrechtspolitik sowie schließlich über die Debatte um eine Reform der Vereinten Nationen.

3.5 Analyse der Außenpolitik

Die internationalen Beziehungen bzw. die internationale Politik blicken gleichsam aus der Vogelperspektive auf die Staatenwelt. Demgegenüber fasst die Analyse der Außenpolitik die Staatenwelt aus der Perspektive eines konkreten Staates ins Auge. Der Staat verfolgt Interessen, wenn er sich an Adressaten jenseits seiner Grenzen wendet. Diese Interessen drehen sich a) um die eigene Sicherheit, also die Integrität des Staatsgebiets, b) die gesellschaftliche Wohlfahrt, d.h. die Voraussetzungen für eine funktionierende Wirtschaft und ggf. die Sozialsysteme und c) die Stabilisierung der politischen Ordnung. Außenpolitik ist also nicht einfach nur Sicherheitspolitik. Sie verfolgt mit den Mitteln der Außenkontakte und Außenbeziehungen auch nach innen gerichtete politische Ziele.

Andreas Wilhelm: Außenpolitik. Grundlagen, Strukturen, Prozesse, München: Oldenbourg 2006, 357 S.
E-Book: Oldenbourg Link
DOI: http://dx.doi.org/10.1524/9783486711301
URL: http://www.oldenbourg-link.com/doi/book/10.1524/9783486711301

Die Außenpolitik entsteht in demselben Regierungssystem, das Entscheidungen zur Innen-, Sozial- und Wirtschaftspolitik trifft. Deshalb widmet sich dieses Buch auch dem politischen System im weitesten Sinne, wozu auch etwa die Wertewelt der Gesellschaft gehört. Der Schwerpunkt liegt freilich auf denjenigen Institutionen, darunter dem diplomatischen Apparat, die vorrangig die Beziehungen zu anderen Staaten und den internationalen Organisationen bearbeiten.

Ernst-Otto Czempiel: Internationale Politik: Ein Konfliktmodell, Paderborn: Schöningh 1981, 268 S.

Der Autor dieses Buches, einer der bekanntesten Vertreter des Fachs in Deutschland, entwirft ein Schema, das auf die Analyse konkreter Probleme der internationalen Beziehungen hinführt: das von ihm so genannte Gittermodell der internationalen Beziehungen. Dieses Modell verknüpft Aspekte der Innen- und der Außenpolitik, im Einzelnen die Zieldimensionen der Sicherheit und des gesellschaftlichen Wohlstands sowie die Tätigkeit staatlicher und nicht-staatlicher politischer Akteure.[32] Die oben zitierte, von Staack herausgegebene Einführung in die Internationale Politik (siehe oben 3.1) ist diesem Ansatz verpflichtet.

Kenneth N. Waltz: Man, the State and War: A Theoretical Analysis, New York und London: Columbia University Press 2001 (Nachdruck der 1. Aufl. von 1959), 263 S.

Dieses Buch ist ein Klassiker zur Analyse der Außenpolitik. Es schildert die internationalen Beziehungen in drei Bildern, erstens dem Menschen- und Weltbild der handelnden Akteure, d. h. ob die Staaten einander wohl oder übel wollen, zweitens der Außenpolitik als Ausdruck innenpolitischer Interessen und drittens der Außenpolitik als Arena souveräner Staaten, die auf Konflikt oder Kooperation gestimmt sind. Als Lektüre geeignet für Interessierte, die Internationale Beziehungen als Vertiefungsfach wählen, weniger für Einsteiger.

Graham T. Allison: Essence of Decision: Explaining the Cuban Missile Crisis, New York: Longman 2010 (Nachdruck der 2. Aufl. von 1999), 416 S.

Auch dieses Buch ist ein Referenzwerk zur Analyse der Außenpolitik, und auch dieses Werk ist eher etwas für Interessierte, die sich nicht mit der Sekundärliteratur begnügen wollen. Am Beispiel der Kuba-Krise des Jahres 1962, einem der Höhepunkte der Weltmächtekonkurrenz im Kalten Krieg, stellt der Autor drei Fragen an das Geschehen. Handelten die Regierungen ganz in der Logik eines Vorteilsgewinns wie in einem Nullsummenspiel? Wie verhielten sich die Institutionen, wie gewohnt oder wichen sie von der Routine ab? Bezogen die Akteure das Interesse des Gegenübers in ihr Kalkül ein? Der Autor fragt also das Vorteilskalkül, die Reaktionsfähigkeit der für die Außenpolitik relevanten Institutionen und schließlich das Hineindenken in die Situation des Anderen ab. Die Illustration am Beispiel der Kuba-Krise ist für Interessierte heute weniger wichtig als die Kombination der Betrachtungsweisen, die allerdings fachliche Standards gesetzt hat.

---

32 Für die Anwendung dieses Ansatzes auf ein konkretes Problem ist allemal lesenswert, mag sich der Gegenstand in der Historie auch verflüchtigt haben: Ernst-Otto Czempiel: Die Machtprobe. Die USA und die Sowjetunion in den achtziger Jahren, München: Beck 1989, 426 S.

James W. Rosenau (Hrsg.): Domestic Sources of Foreign Policy, New York: Free Press 1969 (Nachdruck der 1. Aufl. von 1967), 340 S.

Ein weiteres klassisches Werk ist dieses Buch. Es analysiert das außenpolitische Handeln als Ergebnis einer Akteurswahrnehmung der Innenpolitik und des Staatenumfeldes. Je nachdem, wie die Zwänge der Innenpolitik und die Handlungsmöglichkeiten in der Staatenwelt wahrgenommen werden, stellen sich für den Außenpolitiker unterschiedliche Handlungsräume dar. Das Buch greift psychologisierend ein Kernproblem der Außenpolitik auf, das auch der folgende Aufsatz – mit allerdings ungleich größerer fachwissenschaftlicher Resonanz – handlungstheoretisch thematisiert.

Robert D. Putnam: Diplomacy and Domestic Politics: The Logic of Two-Level Games, in: International Organization, 42. Jg. (1988), S. 427–460, (siehe unten 8.3).

Nicht nur große Monografien, auch Aufsätze machen Fachgeschichte. Dieser Artikel widmet sich dem Zusammenwirken innenpolitischer und diplomatischer Kalküle bei außenpolitischen Entscheidungen. Außenpolitische Entscheidungen, die vom innenpolitischen Publikum nicht akzeptiert werden, können bei der nächsten Wahl die Mehrheit kosten. Umgekehrt gilt: Halten sich die Außenpolitiker ausschließlich an die Verträglichkeit ihrer Entscheidungen mit der Innenpolitik, wird es keine Verständigung mit anderen Regierungen geben. Die Kunst der Außenpolitik besteht darin, für Lösungen einzutreten, die weder den innenpolitischen Rückhalt kosten noch die Einigung mit anderen Regierungen infrage stellen. Dieses Zwei-Ebenenspiel ist nicht nur typisch für die internationale Kooperation, sondern auch für das Regieren in der Europäischen Union.

3.6 Außenpolitik ausgewählter Länder

Lars Colschen: Deutsche Außenpolitik, Paderborn: Fink 2010, 461 S.
E-Book: UTB-Online-Bibliothek
URL: http://www.utb-studi-e-book.de/9783838531953

Nachdem zuerst die wichtigsten theoretischen Ansätze zur Analyse der Außenpolitik und die Rahmenbedingungen der deutschen Außenpolitik vorgestellt worden sind, erörtert dieses Einführungswerk anhand der Westintegration, dem Verhältnis zu Israel, der Wiedervereinigungspolitik, der Handelspolitik und der Menschenrechtspolitik exemplarisch einige Themenfelder der deutschen Außenpolitik. Das höchst empfehlenswerte Buch zielt darauf ab, der Leserin und dem Leser Fragen vor Augen zu führen, die gestellt werden müssen, um bei der Untersuchung eines außenpolitischen Problems die Handlungsmöglichkeiten der Politik abzuschätzen. Insofern führt es ein Stückweit über das Format einer Einführung in die deutsche Außenpolitik hinaus.

Sven Bernhard Gareis: Deutschlands Außen- und Sicherheitspolitik, 2. Aufl., Opladen & Farmington Hills: Budrich 2006, 272 S.
E-Book: UTB-Online-Bibliothek
URL: http://www.utb-studi-e-book.de/9783838528434
Ciando: http://ebooks.ciando.com/book/index.cfm/bok_id/11398

Dieses Buch leistet eine verständliche Einführung in die deutsche Außenpolitik. Nach einer Skizze der Theorieansätze und des außenpolitischen Entscheidungsapparats präsentiert der Autor einige Problemfelder der Außenpolitik. Die Akzente liegen im Unterschied zur vorgenannten Einführung auf den sicherheitspolitischen Themenfeldern.

Wilfried von Bredow: Die Außenpolitik der Bundesrepublik Deutschland, 2. Aufl., Wiesbaden: VS 2008, 306 S.

In chronologischer Abfolge arbeitet dieses Buch Etappen und Themenfelder der deutschen Außenpolitik ab. Es beginnt mit der Gründung des Weststaates und fasst dann das Verhältnis zur DDR und die deutsche Politik im Kalten Krieg in den Blick. Weitere Kapitel sind der Außenpolitik nach der Wiedervereinigung und dem Ende des Kalten Krieges sowie der deutschen Politik in Europa gewidmet. Abschließend werden aktuelle Herausforderungen der Außenpolitik im Verhältnis zu den wichtigsten weltpolitischen Akteuren erörtert. Das Buch informiert dicht und verständlich und lässt sich aufgrund seiner Gliederung auch gut zum Nachschlagen nutzen.

Steven W. Hook und Christopher M. Jones (Hrsg.): Routledge Handbook of American Foreign Policy, New York und London: Routledge 2012, 461 S.

Ausführlich und auf aktuellstem Stand informieren die Beiträge dieses Sammelbandes über die Geschichte, die theoretischen Herangehensweisen, die Akteure, die Instrumente und die Adressaten der amerikanischen Außenpolitik. Es eignet sich hervorragend als Nachschlagewerk.

Ernst-Otto Czempiel: Amerikanische Außenpolitik. Gesellschaftliche Anforderungen und politische Entscheidungen, Stuttgart: Kohlhammer 1979, 188 S.

Diese Studie der amerikanischen Außenpolitik ist betagt. Dessen ungeachtet darf sie in der deutschsprachigen Literatur als ein klassisches Werk gelten. Ungeachtet der Überholtheit der Verhältnisse, die es beschreibt, liegt sein unverminderter Wert in dem Raster, nach dem das politische System auf seine außenpolitisch relevanten Strukturen abgefragt wird.

Christian Hacke: Zur Weltmacht verdammt. Die Amerikanische Außenpolitik von Kennedy bis Bush. Grundzüge amerikanischer Außenpolitik, 3. Aufl., Stuttgart: dva 2005, 831 S.

Hackes Buch referiert die amerikanische Außenpolitik der letzten 50 Jahre als Diplomatiegeschichte. Sie beleuchtet für jede Präsidentschaft außenpolitische Konzeptionen und Kontroversen sowie die Beziehungen zu Russland und China, zu den Verbündeten sowie das Agieren in den wichtigsten Konfliktregionen der Welt.

Simon Koschut und Magnus Kutz (Hrsg.): Die Außenpolitik der USA. Theorie – Prozesse – Politikfelder – Regionen: Opladen: Barbara Budrich 2012, 297 S.

Bei diesem Sammelwerk handelt es sich um die gründlichste deutschsprachige Einführung in alle Aspekte der amerikanischen Außenpolitik. Die Beiträge behandeln, ausgehend von einem Überblick über den Standard der Außenpolitikanalyse, die außenpolitischen Doktrinen, die Bedeutung der politischen Kultur, den Kongress als außenpolitischen Akteur und die wichtigsten einschlägigen Regierungsorganisationen, die wichtigsten Felder der Außenpolitik, darunter Sicherheit, Außenwirtschaft, Menschenrechte und Klimapolitik, und sie stellen die amerikanische Außenpolitik in sämtlichen Weltregionen vor. Ein Muss im deutschen Literaturangebot zur amerikanischen Außenpolitik, zumal die Beiträge bei aller Komplexität der Materie durchweg gut lesbar sind!

Christian Wipperfürth: Russlands Außenpolitik, Wiesbaden: VS 2011, 151 S.
E-Book: Springer eBook Collection: Humanities, Social Sciences
DOI: http://dx.doi.org/10.1007/978-3-531-93412-9

Diese kleine Einführung in die russische Außenpolitik ist besonders gut geeignet für Interessierte ohne Vorkenntnisse. Sie referiert die Außenpolitik in der Periodisierung der drei Präsidentschaften im nachsowjetischen Russland.

Kay Möller: Die Außenpolitik der Volksrepublik China 1949–2004, Wiesbaden: VS 2005, 280 S.

Dieses Buch gibt einen gut lesbaren Überblick der chinesischen Außenpolitik. Diese wird hier allerdings in konventioneller Weise chronologisch bzw. diplomatiegeschichtlich abgehandelt.

Dirk Schmidt und Sebastian Heilmann: Außenpolitik und Außenwirtschaft der Volksrepublik China, Wiesbaden : VS 2012, 201 S.
E-Book: Springer eBook Collection: Humanities, Social Sciences
DOI: http://dx.doi.org/10.1007/978-3-531-93378-8

Der Ausgangspunkt dieses Buches ist der Aufstieg Chinas zu einer Wirtschaftsweltmacht, die zunehmend auch in die Rolle einer politischen Weltmacht tritt. Die Autoren bestimmen zunächst Chinas wirtschaftliche Position in der Welt. Chinas globale Verantwortung wird mit der Frage nach seiner Rolle in der internationalen Umwelt- und Klimapolitik erörtert. Weitere Kapitel befassen sich mit dem Verhältnis zu Taiwan, zu den beiden Koreas, zu den USA, Deutschland und Europa. Ein abschließendes Kapitel konstruiert ein Deutungsmuster der chinesischen Außenbeziehungen: China wird in der Art eines diskreten Imperiums umschrieben. Für Interessierte an der chinesischen Politik in der Welt lässt dieses verständlich verfasste Buch, das auch eine Fülle von Daten präsentiert, keinen Wunsch offen.

Udo Diedrichs (Hrsg.): Die Gemeinsame Sicherheits- und Verteidigungspolitik der EU, Wien: facultus.wuv 2012, 239 S.

Dieses Buch schildert zunächst die Institutionen und Prozesse, in denen sich die Gemeinsame Außen- und Verteidigungspolitik der EU vollzieht, um dann ausführlich auf die Primärzuständigkeiten der mitgliedstaatlichen Regierungen und der Europäischen Kommission einzugehen. Weitere Kapitel befassen sich mit dem Engagement der EU in internationalen Krisenzonen und den Beziehungen der Union zu den Vereinten Nationen. Eines dieser Kapitel schildert die Verknüpfung der europäischen Außen- und Sicherheitspolitik mit derjenigen der Mitgliedstaaten der Union. Diese wird exemplarisch an den Beispielen Deutschlands, Frankreichs und Großbritanniens vor Augen geführt.

3.7 Internationale Politische Ökonomie

Die internationalen Beziehungen und auch die Außenpolitik einzelner Staaten werden immer stärker von Themen der Weltwirtschaft, insbesondere des Welthandels, der Währungsspekulation und den drohenden Szenarien des Bankrotts überschuldeter Staaten bestimmt. Für diesen Komplex hat sich die Bezeichnung der internationalen politischen Ökonomie eingebürgert.

Hans-Jürgen Bieling: Internationale politische Ökonomie. Eine Einführung, 2. Aufl., Wiesbaden: VS 2011, 316 S.
DOI: http://dx.doi.org/10.1007/978-3-531-94176-9
Ciando: http://ebooks.ciando.com/book/index.cfm/bok_id/331353

Der Autor dieses Buches rückt die gegenwärtige Weltwirtschaft zunächst in eine historische Perspektive, dann referiert er die Begriffsgeschichte der internationalen politischen Ökonomie sowie die wichtigsten Theorien. Im Mittelpunkt der Betrachtung stehen die internationalen Handelsbeziehungen und die internationale Währungs- und Schuldenproblematik. Ein charakteristisches Merkmal der internationalen politischen Ökonomie ist die Betrachtung der Nord-Süd-Beziehungen. Wird der Wohlstand des entwickelten Nordens mit verzögerter oder ausbleibender Entwicklung in anderen Teilen der Welt erkauft? Wie verschiebt sich die Tektonik der Weltwirtschaft mit dem wirtschaftlichen Aufstieg Chinas und südostasiatischer Staaten? Die Lektüre dieses Buches versetzt Leserinnen und Leser in die Lage, Strukturen in der Weltökonomie zu erkennen. Sie führt ihm aber auch die unbeständigen Konturen einer im raschen Wandel begriffenen globalen Wirtschaftswelt vor Augen.

Stefan A. Schirm: Internationale Politische Ökonomie. Eine Einführung, 3. Aufl.,
Baden-Baden: Nomos 2012, 330 S.

Dieses Buch handelt die gleichen Themen ab wie der vorgenannte Band. Die Turbulenzen auf den internationalen Geldmärkten, Bankenkrise, Schuldenkrise etc., die seit 2008/2009 die globalen Finanz- und Währungsbeziehungen belasten, sind hier noch nicht berücksichtigt. Dies tut dem Nutzen des Buches wenig Abbruch. Es eignet sich mit Fragen zum Stoffverständnis, mit Zusammenfassungen und gezielten Literaturempfehlungen vor allem für die Aneignung prüfungsrelevanten Wissens.

Europäische Union 4

Die Europäische Union ist in der deutschen und europäischen Politikwissenschaft zum eigenen Teilgebiet geworden. Es gibt gute Gründe, die Union als eine Art Europastaat zu betrachten. Dies gilt jedenfalls für diejenigen Gebiete, auf denen das europäische Recht die Politik der Mitgliedstaaten überlagert, d. h. auf denen der nationalen Politik von Mehrheitsbeschlüssen der europäischen Institutionen eine Grenze gezogen wird. Es gibt freilich auch Gründe, die Europäische Union als eine spezielle Art der internationalen Organisation anzusehen. Für die Staatsähnlichkeit spricht, dass die Union wie ein demokratischer Bundesstaat aufgebaut ist. Doch eine gesamteuropäische Öffentlichkeit existiert nicht. Dafür ist Europa mit seinen vielen Sprachen, nationalen Traditionen und Verwaltungen zu heterogen. Und nach wie vor befinden sich große, für den Alltag der Bürger bedeutsame Politikbereiche in der Regie der Staaten.

4.1 Einführungs- und Übersichtswerke

Wie in der Politik der Europäischen Union das Englische inzwischen zur Hauptgeschäftssprache geworden ist, erscheinen auch die wichtigsten politikwissenschaftlichen Veröffentlichungen zu diesem Komplex in englischer Sprache.

Simon Hix: The Political System of the European Union, 3. Aufl., New York: Palgrave MacMillan 2011, 400 S.

Ganz in der Art eines üblichen politischen Systems schildert dieses Buch die politischen Institutionen und Prozesse der Union. Es wählt also nicht die Perspektive der Union als Phänomen der Staatenzusammenarbeit bzw. der internationalen

Beziehungen. Gleichwohl wird auch bei dieser Art der Darstellung die Differenz zu nationalstaatlichen politischen Systemen deutlich, nicht zuletzt im Vorrang der exekutiven Strukturen. Das mehrfach überarbeitete Buch darf den Rang eines Standardwerks beanspruchen.

Wolfgang Wessels: Das politische System der Europäischen Union, Wiesbaden: VS 2008, 560 S.
E-Book: Springer eBook Collection: Humanities, Social Sciences
DOI: http://dx.doi.org/10.1007/978-3-531-91007-9

Dieses Buch wartet mit detailgesättigten Passagen nicht nur über die Institutionen des europäischen Regierungssystems, sondern auch über diejenigen Politikfelder auf, auf denen die Union tätig ist. Das Buch ist zum Nachschlagen hervorragend geeignet, weil es die formalen Strukturen haarklein aufzeichnet. Was die Schilderung der informellen Strukturen betrifft, die in der europäischen Politik wirken, bleibt dieses Werk hinter dem vorgenannten Buch zurück.

Jeremy J. Richardson (Hrsg.): European Union: Power and Policy-Making, 3. Aufl., London und New York: Routledge 2006, 406 S.
E-Book: Ebrary
URL: http://site.ebrary.com/lib/alltitles/docDetail.action?docID=10272598

Dieses Sammelwerk hat einen ähnlichen Zuschnitt wie das in diesem Abschnitt zuerst aufgeführte. Beiträge über das engere politische System, also Entscheidungen und Prozesse, sowie über Politikfelder halten sich die Waage. Auch dieses Buch gilt als Standardwerk.

Helen Wallace, Mark A. Pollack und Alasdair R. Young (Hrsg.): Policy-Making in the European Union, 6. Aufl., Oxford und New York: Oxford University Press 2010, 597 S.

Dieser Band widmet sich stärker den Eigenarten der europäischen Politikfelder. Wer eine ausführliche Einführung über die europäischen Politikfelder (Policies) sucht, wird in diesem Buch ausführlicher informiert als in den vorgenannten Werken.

Michelle Cini (Hrsg.): European Union Politics, 3. Aufl., Oxford und New York: Oxford University Press 2010, 485 S.

Dieser Band behandelt ausführlich und mit zahlreichen, recht aktuellen Literaturhinweisen die europäischen Institutionen. Auch dieses Buch darf mittlerweile als Standardwerk gelten. Es eignet sich auch gut zum Nachschlagen.

Jürgen Hartmann: Das politische System der Europäischen Union, 2. Aufl., Frankfurt/M. und New York: Campus 2009, 221 S.

Dieses Buch bietet eine kurze Einführung in das politische System. Es unterlegt die Ausführungen mit Daten und Textauszügen aus den europäischen Verträgen.

Siegmar Schmidt und Wolf J. Schünemann: Europäische Union. Eine Einführung, Baden-Baden: Nomos 2009, 441 S.

Die Autoren setzen sich mit der Frage auseinander, ob die Union eine Wertegemeinschaft, eine Wirtschaftsgemeinschaft und eine Rechtsgemeinschaft ist. Sie geben ferner einen Überblick über die von der Union regulierten Politikfelder. Das Buch ist eine gute Einstiegslektüre.

Johannes Pollack und Peter Slominski: Das politische System der EU, Wien: facultas.wuv 2012, 263 S.

Dieses Einführungswerk legt einen besonderen Akzent auf den rechtlichen Rahmen des politischen Systems der EU.

4.2 Theorien

Die erste wichtige Theorie zum Verstehen der Europäischen Union ist die lerntheoretisch inspirierte Integrationstheorie. Sie folgert aus den erfolgreichen Integrationsschritten eine Eigendynamik zum weitergehenden Souveränitätsverzicht der Staaten.

Ernst B. Haas: The Uniting of Europe: Political, Social and Economic Forces, 1950–1957, Notre Dame: University of Notre Dame Press 2004 (Nachdruck der 1. Aufl. von 1958), 552 S.

Dieses Buch ist eines der wichtigsten zur europäischen Integration. Am Beispiel der ersten europäischen Gemeinschaft, der Montanunion, entwickelt der Autor darin die These, dass Integrationserfolge die nationalen Politiker davon überzeugen, dass mehr Integration zu ihrem gemeinsamen Vorteil gereicht. Wichtig ist vor allem, dass eine übernationale Institution immer wieder die Initiative für die Vertiefung der Integration ergreift.

Andrew Moravcsik: The Choice for Europe: Social Purpose and State Power from Messina to Maastricht, London: Routledge 2005 (Nachdruck der 1. Aufl. von 1998), 514 S.

Andrew Moravcsik: Preferences and Power in the European Community, in: Journal of Common Market Studies, 31. Jg. (1993), S. 517 ff. (siehe unten 8.5).

Andrew Moravcsik: Negotiating the Single European Act: National Interests and Traditional Statecraft in the European Community, in: International Organization, 45. Jg. (1991), S. 19–56, (siehe unten 8.3).

Der Autor dieser Publikationen repräsentiert den jüngeren Theoriestrang in der Interpretation der Europäischen Union. Im Unterschied zum Verfasser des vorgenannten Buches vertritt er die These, dass immer nur soviel Integration stattfindet, wie es dem gemeinsamen Interesse der Mitgliedstaaten entspricht. Integration ist demzufolge also vornehmlich vom nationalen Interesse motiviert. Als Wahrer nationaler Interessen bestimmen letztlich also die Regierungen das Tempo der europäischen Politik. Das Buch entwickelt diese These am Beispiel der Entstehung des Vertrags von Maastricht. Weil das Buch im Fernleihverkehr schwer erhältlich ist, lassen sich die darin enthaltenen Thesen auch den beiden Aufsätzen entnehmen. Bei diesen handelt es sich materiell bereits um Vorveröffentlichungen des Buches.

Hans-Jürgen Bieling und Marika Lerch (Hrsg.): Theorien der europäischen Integration, 3. Aufl., Wiesbaden: VS 2012, 396 S.
E-Book: Springer eBook Collection: Humanities, Social Sciences
DOI: http://dx.doi.org/10.1007/978-3-531-90037-7
Ciando: http://ebooks.ciando.com/book/index.cfm/bok_id/16798

Die Beiträge dieses Bandes geben einen ausgezeichneten und gut lesbaren Überblick über den Theorienbestand zur Europäischen Union.

4.3 Institutionen

John Peterson und Michael Shackleton (Hrsg.): The Institutions of the European Union, 3. Aufl., Oxford und New York: Oxford University Press 2012, 390 S.

Die Beiträge dieses Buch sind von einschlägig ausgewiesenen Autoren verfasst. Sie geben einen vollständigen Überblick über die Institutionen des europäischen Regierungssystems, wobei auch die informellen Regierungspraktiken die gebührende Beachtung finden.

Neill Nugent: The Government and Politics of the European Union, 7. Aufl., Houndmills: Palgrave MacMillan 2010, 486 S.

Dieses Buch bearbeitet dasselbe Thema. Es kommt allerdings nüchterner daher und streicht eher die formalen Strukturen des europäischen Regierens heraus.

Fiona Hayes-Renshaw und Helen Wallace: The Council of Ministers, 2. Aufl., Basingstoke: Palgrave MacMillan 2006, 392 S.

Der Rat der Union und der Europäische Rat sind die Schlüsselorgane des europäischen Regierungssystems. Als Institutionen, in denen die Fachminister und die Staats- und Regierungschefs Entscheidungen treffen, bestimmen sie maßgeblich die Richtung und das Tempo der europäischen Politik, mag das förmliche Recht zur Initiativgebung auch bei der Kommission liegen. Das Buch ist ein Standardwerk zum Thema. Es fußt unter anderem auf Interviews und teilnehmender Beobachtung.

Neill Nugent: The European Commission, Basingstoke: Palgrave MacMillan 2002 (Nachdruck der 1. Aufl. von 2001), 366 S.

Von gleicher Qualität ist dieses Buch über die Europäische Kommission. Das Erscheinungsdatum tut dem Informationswert des Werkes keinerlei Abbruch. Struktur und Arbeitsweise der Kommission sind trotz mehrfacher Erweiterung der Union und diverser Vertragsänderungen im Wesentlichen gleich geblieben.

Hussein Kassim, Brainard Guy Peters, und Vincent Wright (Hrsg.): The National Co-Ordination of EU Policy, Oxford: Oxford University Press 2004 (Nachdruck der 1. Aufl. von 2001), 269 S.
E-Book: Oxford Scholarship Online
URL: http://www.oxfordscholarship.com/oso/public/content/politicalscience/9780199248056/toc.html

Yves Mény, Pierre Muller und Jean-Louis Quermonne (Hrsg.), Adjusting to Europe. The Impact of the European Union on National Institutions and Policies, London und New York: Routledge 2007 (Nachdruck der 1. Aufl. von 1996), 181 S.
E-Book: Ebrary
URL: http://site.ebrary.com/lib/alltitles/docDetail.action?docID=10058079

Der Rat der Union ist die Schnittstelle zwischen dem Regierungssystem der Union und den Regierungssystemen der Mitgliedstaaten. Die Brüsseler Vertretungen der Regierungen sind für seine Arbeitsfähigkeit eminent wichtig. Sie entlasten die Minister bei ihren europäischen Verpflichtungen und lassen ihnen genügend Zeit und Aufwand für die nationale Politik. Die einschlägigen Institutionen, Scharniere zwischen Brüssel und den Hauptstädten, sind das Thema dieser Bücher.

Anne Stevens und Handley Stevens: Brussels Bureaucrats? The Administration of the European Union, Basingstoke: Palgrave MacMillan 2001, 277 S.

Die Kommission ist eine reine Ministerialbürokratie. In diesem auf empirischen Untersuchungen basierenden Buch wird der Typus des beamteten Experten vorgestellt, der im Kommissionsmilieu reift.

David Judge und David Earnshaw: The European Parliament, 2. Aufl., Basingstoke: Palgrave MacMillan 2008, 356 S.

Inzwischen ebenfalls ein Standardwerk und in der Art ganz ähnlich wie die oben zitierten Werke über Rat und Kommission, befasst sich dieses Buch mit dem Europäischen Parlament. Das Buch ist ebenfalls gute Einstiegslektüre in die Aktivität der europäischen Parteien.

Andreas Maurer: Parlamente in der EU, Wien: facultas.wuv 2012, 271 S.

Während bei der Verknüpfung der europäischen mit der nationalen Ebene das Augenmerk der wissenschaftlichen Beobachter für gewöhnlich auf der Verzahnung der Regierungs- und Verwaltungsstrukturen liegt, fasst dieses Buch die nationalen Parlamente in den Blick. Die europäischen Verträge räumen diesen Parlamenten beträchtliche Kontroll- und Mitgestaltungsrechte ein. Der Autor geht hier der Frage nach, ob die Parlamente der ihnen zugedachten Rolle, die Unionstätigkeit in stärkerem Maße demokratischer Kontrolle zu unterwerfen, tatsächlich gerecht werden.

Jürgen Mittag und Janosch Steuwer: Politische Parteien in der EU, Wien: facultas.wuv 2010, 314 S.
E-Book: UTB Online Bibliothek
URL: http://www.utb-studi-e-book.de/9783838533056

Die Autoren geben einen ausführlichen und gut lesbaren Überblick über die europäischen Parteien. Sie führen plastisch den parteienbündischen Charakter der Parteien vor Augen und informieren über die organisatorischen Strukturen und das Selbstverständnis der Parteien. Dem fast ausschließlich parlamentarischen Betätigungsfeld dieser Parteien entsprechend werden ausführlich die Fraktionen im Europäischen Parlament dargestellt.

Irina Michalowitz: Lobbying in der EU, Wien: facultas.wuv 2007, 234 S.
E-Book: UTB-Online-Bibliothek
URL: http://www.utb-studi-e-book.de/9783838528984

Dieses Buch stellt die europäischen Verbände und ihre Lobbying-Aktivitäten in den Kontext der Verbändeforschung. Es schildert die europäischen Adressaten organisierter Interessen sowie das Lobbying auf verschiedenen Politikfeldern. Die Verfasserin hält sich dabei an die Lowischen Politiktypen (siehe oben 2.5). Ein Vergleich mit den Verhältnissen in den USA rundet den Überblick ab. Als Einführung in das Thema ist dieses Buch hervorragend geeignet.

David Coen und Jeremy J. Richardson (Hrsg.): Lobbying the European Union. Institutions, Actors and Issues, Oxford: Oxford University Press 2011 (Nachdruck der 1. Aufl. von 2009), 373 S.
E-Book: Ebrary
URL: http://site.ebrary.com/lib/alltitles/docDetail.action?docID=10348660

Justin Greenwood: Interest Representation in the European Union, 3. Aufl., Basingstoke: Palgrave MacMillan 2011, 274 S.

Das Wirken der europäischen Verbände lässt sich auch diesen Bänden entnehmen, die das Thema umfassend erörtern. Vor allem Leserinnen und Leser, die schon ein Vorwissen über die Politik der EU mitbringen, dürften von diesen Büchern profitieren.

Renaud Dehousse: The European Court of Justice: The Politics of Judicial Integration, Basingstoke: Palgrave MacMillan 1998, 213 S.

Die Europäisierung der nationalen Politik wird in beträchtlichem Umfang vom Europäischen Gerichtshof geleistet. Dazu ist dieses Buch immer noch informativ. Es führt vor Augen, welcher Argumente und Techniken sich der Gerichtshof bedient, um in dem engen Rahmen, der ihm von den Europäischen Verträgen gezogen ist, europäische Rechtsnormen durchzusetzen. In diesem Zusammenhang werden das Verhältnis europäischer zu nationalen Rechtsnormen, die Interaktion der nationalen Gerichte mit dem europäischen Gericht und die wichtigsten Grundsatzurteile vorgestellt.

Politische Theorie und Ideengeschichte 5

Die politische Theorie und die Geschichte der politischen Ideen sind im Grunde genommen unterschiedliche Paare Schuhe. Politische Theorie ist ein ambivalentes Treiben. Einerseits handelt es sich um politische Philosophie: um das Denken über eine bessere Ordnung. Andererseits handelt es sich um sozialwissenschaftliche Theorie, die dem wissenschaftlichen Beobachter heuristische Leitfäden für seine Arbeit anbietet. Wieder eine andere Sache ist die Geschichte der politischen Ideen, die zunächst abgehandelt werden soll.

5.1 Ideengeschichte

5.1.1 Einführungs- und Übersichtswerke

Die Geschichte der politischen Ideen interpretiert Theorien und Autoren im Kontext ihrer Epoche und untersucht ihre zeitgenössische und spätere Wirkung.

Arno Mohr: Politische Ideengeschichte, in: Arno Mohr (Hrsg.), Grundzüge der Politikwissenschaft, 2. Aufl., München 1997, S. 143–235.

Für die Einführung in das Studium historischer politischer Ideen eignet sich hervorragend dieser Beitrag in einem Sammelwerk.

Klaus von Beyme: Politische Ideengeschichte. Probleme eines interdisziplinären Forschungsbereiches, Tübingen: Mohr 1969, 59 S.

Dieses ältere Büchlein ist unvermindert instruktiv für den Gegenstand der Ideengeschichte. Es ist allerdings weniger für Einsteiger als für an der Vertiefung Interessierte geeignet.

Iring Fetscher und Herfried Münkler (Hrsg.): Pipers Handbuch der politischen Ideen, 5 Bde., München: Beck 1985–1988, 3250 S.

Die Bände dieses großen Sammelwerks sind *das* Standardwerk zur Ideengeschichte schlechthin. Sie betten die historischen politischen Denker in die Epochen ein. Auch nicht-westliche Denker werden gewürdigt. Die Bände sind denn auch weniger als Autorengeschichte denn als Epochengeschichte angelegt. Band 1 schildert das antike Denken (Hellas, Rom). Besonders hervorzuheben ist hier auch das Kapitel über das politische Denken im Alten China. Band 2 handelt über das Mittelalter und die frühe Neuzeit. Band 3 schildert die Epoche der Entstehung des modernen Staates, im Schwerpunkt das 17. und 18. Jahrhundert, darunter die englischen Vertragstheoretiker (Hobbes, Locke), das Denken am Vorabend der Französischen Revolution (Rousseau) und die Klassiker der Gewaltenteilung (Montesquieu, Federalist Papers). Band 4 kreist um das 19. Jahrhundert, darunter Liberalismus und Marxismus. Band 5 führt schließlich in die politischen Ideen des 20. Jahrhunderts ein. Er zeichnet die Fortentwicklung des Marxschen Denkens nach, referiert die Weimarer Staatsdebatte (Kelsen, Schmitt, Smend, Heller), skizziert die Kritische Theorie (Adorno, Horkheimer, Habermas) und stellt die politischen Ideen im modernen Orient und Asien vor. Die Kapitel aller Bände greifen ineinander über. Sie lassen sich aber auch gut einzeln lesen. Die Bände sind auch eine hervorragende lexikalische Fundgrube.

Hans Maier und Horst Denzer (Hrsg.): Klassiker des politischen Denkens, 2 Bde., 3. Aufl., München: Beck 2007, 508 S..

Diese zweibändige Edition, ebenfalls ein Standardwerk von hoher sprachlicher und inhaltlicher Qualität, ist als Autorengeschichte strukturiert. Hier geht es nicht vorrangig um die Einordnung der Denker in ihre Epochen als vielmehr darum, sie als Staatsphilosophen zu porträtieren. Die Akzente liegen auf den Menschenbildern, auf der Entwicklung des veröffentlichten Werkes und der politikphilosophischen Innovationsleistung. Der Epochenkontext wird allerdings mitreferiert, um die Klassiker angemessen einordnen zu können. Der erste Band erfasst die Spanne des politischen Denkens von Plato bis Hobbes, der zweite Band schließt mit der Würdigung Max Webers ab.

Hans-Joachim Lieber: Politische Theorien von der Antike bis zur Gegenwart, Wiesbaden: Fourier 2000, 1038 S.

Eine gut lesbare Geschichte des politischen Denkens von der Antike bis zur Gegenwart bietet dieses Buch. Die Denker werden in elegant verfassten Beiträgen, die auch den Einsteiger nicht überfordern, im Kontext ihrer Epoche geschildert.

Marcus Llanque: Politische Ideengeschichte. Ein Gewebe politischer Diskurse, München: Oldenbourg 2008, 544 S.
E-Book: Oldenbourg Link DOI: http://dx.doi.org/10.1524/9783486711233
URL: http://www.oldenbourg-link.com/doi/book/10.1524/9783486711233

Originell, anspruchsvoll und gut nachvollziehbar ist dieses Einführungswerk. Es handelt die Klassiker in Diskurszusammenhängen ab. Es schildert, aus welchen Quellen ein Denker schöpft, wie er das Denken der Zeitgenossen und spätere Klassiker beeinflusst hat und wie sich aus den Ideen Richtungen gebildet und diese mit Vertretern anderer Richtungen kommuniziert haben. Es handelt sich hier um das modernste unter den deutschen Einführungswerken! Es dürfte auch die Leserinnen und Leser noch bereichern, der bereits mit einem gerüttelt Maß an Vorwissen an die Lektüre herangehen.

Frank R. Pfetsch: Theoretiker der Politik. Von Platon bis Habermas, 2. Aufl., Paderborn: Fink 2012, 560 S.

In kurzen, gut lesbaren Porträts werden die wichtigsten Klassiker im Epochenkontext abgehandelt. Das Buch ist für Einsteiger gut geeignet. Zur Vertiefung sollte eines der oben aufgeführten Bücher zur Hand genommen werden.

Jürgen Hartmann, Bernd Meyer und Birgit Oldopp: Geschichte der politischen Ideen, Wiesbaden: VS 2002, 249 S.
E-Book: Springer eBook Collection: Humanities, Social Sciences
DOI: http://dx.doi.org/10.1007/978-3-322-80418-1

Für Interessierte, die sich mit einer kurzen Einstiegslektüre begnügen wollen, mag dieses Büchlein nützlich sein, das in kurzen Kapiteln die wichtigsten klassischen Autoren im Kontext ihrer Zeit referiert. Zur Vertiefung sollte eines der oben aufgeführten Werke zur Hand genommen werden.

Christian Schwaabe: Politische Theorie 1: Von Platon bis Locke, 2. Aufl., Paderborn: Fink 2010, 172 S.; Politische Theorie 2: Von Rousseau bis Rawls, 2. Aufl., Paderborn: Fink 2010, 179 S.
E-Book: UTB-Online-Bibliothek
URL: http://www.utb-studi-e-book.de/9783838529318
URL: http://www.utb-studi-e-book.de/9783838529325

Diese Bände enthalten eine komprimierte Werkpräsentation der wichtigsten Klassiker des politischen Denkens. Wie für das oben genannte Werk gilt auch hier, dass für die Vertiefung eines oben aufgeführten Werke zu empfehlen ist. Als Sammlung von Kurzüberblicken zum Werk der bedeutenderen Klassiker ist es gut dafür geeignet, sich in einem ersten Durchgang zu informieren. Als Einführung in die Politische Theorie ist es allerdings weniger geeignet. Der Titel hält nicht ganz, was er verspricht, weil moderne politische Theorien, darunter Theorien der Demokratie sowie ökonomische und sozialwissenschaftliche Theorien der Politik nicht behandelt werden.

5.1.2 Ideengeschichtliche Klassiker

Die Neuzeit und die Moderne fesseln das Interesse der Ideengeschichte in besonderer Weise. Aber auch das Denken des Aristoteles ist noch ein Bezugspunkt der modernen politischen Theorie. Die Klassiker schlagen Themen an und konstruieren Staatsmodelle, die in modernen Theorien fortwirken und verfeinert werden. Die folgende Aufstellung führt ausschließlich Werke der Sekundärliteratur an, die einen Klassiker und sein Werk vorstellen. Übersetzte Originalwerke werden nur soweit berücksichtigt, soweit sie einen Einführungstext enthalten, der ausführlich und verständlich in das Denken des betreffenden Klassikers einführt.

Barbara Zehnpfennig (Hrsg.): Die „Politik" des Aristoteles, Baden-Baden: Nomos 2012, 279 S.

Aus den Beiträgen dieses Bandes erschließt sich das politikwissenschaftlich relevante Denken dieses ersten und ältesten Klassikers des politischen Denkens. Themen sind unter anderem die Staatsformenlehre, die Ethik und die Ökonomie. Weitere Beiträge widmen sich der Wirkungsgeschichte des Aristoteles.

Herfried Münkler: Machiavelli. Die Begründung des politischen Denkens der Neuzeit aus der Krise der Republik Florenz, 2. Aufl., Frankfurt/M: Fischer 2007, 505 S. (Erstausg. 1982).

Der Titel dieses exzellenten Werkes beschreibt bereits vollständig den Gegenstand. Machiavelli entwickelt das Streben nach Macht und Herrschaft als Bewegkraft der Politik. Er bricht auf diese Weise mit dem antiken und mittelalterlichen Denken.

Michael Hereth: Montesquieu zur Einführung, Hamburg: Junius 1995, 199 S.

Dieses Buch macht mit dem Denken Montesquieus vertraut und eignet sich sehr gut als Vorlektüre zu den Originaltexten.

Crawford B. MacPherson.: Die politische Theorie des Besitzindividualismus, 3. Aufl., Frankfurt/M.: Suhrkamp 1990 (Erstausg. 1962), 347 S.

Der Auftakt zu einem politischen Denken, das um die Begründung des Staates und individueller Rechte kreist, verbindet sich mit den Namen Hobbes' und Lockes. Dieses Buch nimmt unter anderen diese Denker ins Visier. Es ist bereits selbst ein klassisches Buch der ideengeschichtlichen Literatur geworden.

Herfried Münkler: Thomas Hobbes, 2. Aufl., Frankfurt/M. und New York: Campus 2001, 180 S.
E-Book: http://www.sub.uni-hamburg.de/ebook/ebook.php?act=b&cid=2616

Iring Fetscher (Hrsg): Thomas Hobbes: Leviathan oder Stoff, Form und Gewalt eines kirchlichen und bürgerlichen Staates, hrsg. von Iring Fetscher, 13. Aufl., Frankfurt/M.: Suhrkamp 2006, 578 S.

Münklers Buch gibt einen runden, verständlich verfassten Überblick über die Hobbessche Staatstheorie. Hobbes ist der Begründer des Vertragsdenkens: Die Menschen kommen überein, auf ihre Freiheit zu verzichten, um als Gegenleistung den Schutz des Staates zu erkaufen. Der Staatszweck ist Sicherheit für Leib und Leben der Vertragschließenden. Wo der Staat selbst diese Güter in Frage gestellt, endet der Anspruch auf den Gehorsam der Herrschaftsunterworfenen. Interessierte mögen sich auch durch die Lektüre von Fetschers ausführlicher Einleitung zu Hobbes' Hauptwerke mit den Grundgedanken dieses Klassikers vertraut machen.

Walter Euchner: Naturrecht und Politik bei John Locke, Frankfurt/M.: Suhrkamp 1979, 316 S.

Walter Euchner: John Locke: Zwei Abhandlungen über die Regierung, hrsg. und eingeleitet von Walter Euchner, 13. Aufl., Frankfurt/M.: Suhrkamp 2010 (Nachdruck der 13. Aufl.), 360 S.

Sprachlich keine ganz leichte Kost ist die Analyse des Lockeschen politischen Denkens im ersten oben aufgeführten Buch. Dieses bietet dem Interessierten lohnende Lektüre, auch wenn hier und dort mehrfach Anlauf genommen werden muss, um den komplizierten Text zu verstehen. Locke ist nach Hobbes der zweite wichtige Vertragsdenker. Seine Staatskonstruktion hebt auf den Schutz des Eigentums ab und stellt die Vorteile der besitzenden Klasse in den Vordergrund. Um der Sicherheit des Eigentums willen wird der Staat ins Leben gerufen. Die Eigentümer selbst wirken aber in der Art eines Parlaments an der Gesetzgebung mit, um die Kontrolle über Eigentumsrechte und Steuern zu behalten. Wer es von demselben Autor gern kürzer und sprachlich besser lesbar als in dem oben aufgeführten Buch hätte, dem sei Euchners ausführliche Einleitung zu Lockes politischem Hauptwerk empfohlen.

Ideengeschichte

Iring Fetscher: Rousseaus politische Philosophie. Zur Geschichte des demokratischen Freiheitsbegriffs, 8. Aufl., Frankfurt/M.: Suhrkamp 2009 (Nachdruck der 8. Aufl. von 1999), 383 S.

Die fortlaufende Neuauflage dieses Buches über Rousseau weist bereits darauf hin, dass es sich um ein Standardwerk handelt. Der Verfasser schildert, wie Rousseau das Modell einer Selbstregierung der Bürger entwickelt, die in der Art einer direkten Demokratie ausgeübt wird. Der von Rousseau entworfene Staat ist eine moralische Anstalt, in der die Bürger ihre Entscheidungen im Blick auf ein Gemeinwohl treffen. Das Bürgerideal ist aufgeklärt und egalitär. Das Buch ist eine sehr gute Vorlektüre für den Einstieg in Rousseaus Originalschriften.

Michael Hereth: Tocqueville zur Einführung, Hamburg: Junius 2001, 144 S.

Dieses Buch führt knapp und prägnant in das Denken Tocquevilles ein. Es bietet sich als Vorlektüre in die Originaltexte seiner Werke an.

Alexander Hamilton, John Madison und John Jay: Die Federalist Papers, hrsg. und übers. von Barbara Zehnpfennig, München: Beck 2007, 583 S.

Die Herausgeberin stellt ihrer Übersetzung der Federalist Papers eine ausführliche Einleitung voran. Diese erläutert Hintergründe und Intentionen dieser berühmten Essays, die maßgeblich die frühe amerikanische Verfassungsdebatte prägen sollten.

Shlomo Avineri: Hegels Theorie des modernen Staates, Frankfurt/M.: Suhrkamp 1976, 331 S.

Der Autor dieses Buches leistet eine verständliche Einführung in das höchst komplizierte und sprachlich für den philosophisch nicht Vorgebildeten geradezu unverdauliche politische Denken Hegels. Die Leistung des Buches liegt nicht zum Geringsten darin, dass es den Begriffsrealismus Hegels herausschält, die Verdichtung historisch-empirischer Phänomene in abstrakte Begriffe, mit denen dann so gearbeitet wird, als handele es sich um eine greifbare Realität. Für Interessierte: Wer das Marxsche Denken verstehen will, tut gut daran, sich mit den Grundzügen des Hegelschen Denkens vertraut zu machen.

Iring Fetscher: Karl Marx und der Marxismus. Von der Ökonomiekritik zur Weltanschauung, 4. Aufl., München: Piper 1985, 351 S. (Erstausg. 1967).

Auch hier sagt der Titel bereits alles über den Inhalt. Das Buch ist nach wie vor eine der kompaktesten Darstellung des Marxschen Werkes und der auf Marx zurückgehenden Denkschule! Das Marxsche Menschen- und Gesellschaftsbild, Marx' politische Ökonomie und seine Ideen über Staat und Politik haben das spätere 19. und das 20. Jahrhundert maßgeblich mitgeprägt. Dieses Buch führt in das Denken von Karl Marx ein und skizziert die Denkrichtungen, die sich auf ihn berufen. Nach der Lektüre dieses Buch lassen sich die Marxschen Originalschriften und der ganze sich auf Marx berufende Ideenkomplex besser verstehen.

Klaus von Beyme: Politische Theorien im Zeitalter der Ideologien, Wiesbaden und Opladen: Westdeutscher Verlag 2002, 1001 S.

Politische Ideen, die es geschafft haben, geschichtsmächtige Ideologien hervorzubringen, sind das Thema dieses Bandes. Dieser referiert im Einzelnen das ideologische Denken in der deutschen, französischen, italienischen, britischen und russischen Tradition.

5.2 Politische Theorie

5.2.1 Gegenstandsbereich

Die folgenden Titel weisen dem Leser Wege zum nicht ganz einfach zu fassenden Gegenstandsbereich der modernen politischen Theorie.

Hubertus Buchstein und Gerhard Göhler (Hrsg.): Politische Theorie und Politikwissenschaft, Wiesbaden: VS 2007, 194 S.
E-Book: Springer eBook Collection: Humanities, Social Sciences
DOI: http://dx.doi.org/10.1007/978-3-531-90419-1

Die Vielschichtigkeit dessen, was unter der Bezeichnung der politischen Theorie abgehandelt wird, macht es nicht ganz leicht, in die Literatur einzuweisen, mit der sich dieses Gebiet erschließen lässt. Dazu sehr aktuell und im Kontext des Gesamtzuschnitts der Politikwissenschaft dieses Buch.

John G. Gunnell: Political Theory: The Evolution of a Sub-Field, in: Ada F. Finifter (Hrsg.), Political Science: The State of the Discipline, 2. Aufl., Washington, D. C. 1993 (Nachdruck der 1. Aufl. von 1983), S. 3–45.

Besonders wichtig zum Verständnis der modernen Theorie ist dieser Artikel. Der Autor unterscheidet einmal große Theorie, d. h. politische Philosophie, und ferner kleine Theorie, die auf die Analyse der politischen Wirklichkeit zielt.

Stephen K. White und J. Donald Moon (Hrsg.): What Is Political Theory?, London, Thousand Oaks and New Delhi: Sage 2004, 222 S.
E-Book: Ebrary
URL: http://site.ebrary.com/lib/alltitles/docDetail.action?docID=10080906

Jürgen Hartmann: Politische Theorie. Eine kritische Einführung für Studierende und Lehrende der Politikwissenschaft, 2. Aufl., Wiesbaden: VS 2012, 203 S.
E-Book: Springer eBook Collection: Humanities, Social Sciences
DOI: http://dx.doi.org/10.1007/978-3-531-94309-1

Diese Bücher stellen die Frage nach dem Sinn und Zweck einer politischen Theorie. Politische Theorie wird als Label sowohl für das philosophische politische Denken als auch für sozialwissenschaftliche Konzepte gebraucht. Beide Bücher neigen dazu, schärfer zwischen einer als politische Philosophie verstandenen und einer auf die Entschlüsselung der Realität angelegten politikwissenschaftlichen Theorie zu unterscheiden.

5.2.2 Einführungs- und Übersichtswerke

André Brodocz und Gary S. Schaal (Hrsg.): Politische Theorien der Gegenwart, 2 Bde., 3. Aufl., Wiesbaden: VS 2009.
E-Book: UTB-Online-Bibliothek
URL: http://www.utb-studi-e-book.de/9783825222192/1/0
Ciando: http://ebooks.ciando.com/book/index.cfm/bok_id/9180

Gleichermaßen philosophische wie sozialwissenschaftliche Politiktheoretiker werden in diesem Werk abgehandelt, darunter die Vertreter der Systemtheorie, Demokratietheoretiker, politische Philosophen im angelsächsischen Raum und die französischen Sozialphilosophen der Gegenwart. Die Beiträge sind reichhaltig mit Empfehlungen zu vertiefender Literatur versehen. Für Einsteiger ist dieses Werk ausgezeichnet geeignet.

John S. Dryzek, Bonnie Honig und Anne Phillips (Hrsg.): The Oxford Handbook of Political Theory, Oxford: Oxford University Press 2008, 883 S.

Die in diesem Handbuch anzutreffende und disparat anmutende Zusammenstellung teils von Autoren, deren Namen sich sonst eher in der Referenzliteratur empirischer Arbeiten finden, teils von Autoren philosophischen Zuschnitts, ist ein Spiegel dessen, was alles als politische Theorie firmiert. In ausführlichen Beiträgen werden alle Sujets abgehandelt, die Gegenstand politiktheoretischer Bücher und Fachjournale sind. Die Beiträge sind nichts für Einsteiger. Wer sich allerdings bereits ein taugliches Orientierungswissen im unübersichtlichen Gelände der Theorie angeeignet hat, wird diesem Band als Vertiefungsliteratur viel abgewinnen können.

Gary S. Schaal und Felix Heidenreich: Einführung in die politischen Theorien der Moderne, Opladen: Budrich 2009, 323 S.

Die Autoren wählen den demokratischen und liberalen Staat, um die älteren Klassiker des politischen Denkens nach ihrem Beitrag zum politischen Denken der Moderne zu befragen. Mit diesem Vorgehen gelingt es den Autoren, das Bleibende in den Ideen der Vergangenheit herauszuarbeiten. Didaktisch ist das Buch auf die Bedürfnisse von Einsteigern ausgelegt.

Jürgen Hartmann und Bernd Meyer: Einführung in die politischen Theorien der Gegenwart, Wiesbaden: VS 2005, 227 S.

Für Interessierte, die sich mit einer kurzen Einstiegslektüre begnügen wollen, mag dieses Buch nützlich sein, das in kurzen Kapiteln die wichtigsten Theoretiker des 20. Jahrhunderts referiert. Für die Vertiefung empfiehlt sich eines der oben referierten Werke.

5.2.3 Nachschlagewerke

Gerhard Göhler, Matthias Iser und Ina Kerner (Hrsg.): Politische Theorie. 25 umkämpfte Begriffe zur Einführung, 2. Aufl., Wiesbaden: VS 2011, 441 S.

Begriffe sind vor allem im Bereich der politischen Theorien die Währung des wissenschaftlichen Diskurses. Viele Begriffe sind unterschiedlich belegt und werden je nach theoretischer Position in unterschiedlicher Weise verwendet. Für die Begriffsklärung ist dieses verständlich verfasste Buch sehr nützlich.

Theo Stammen, Gisela Riescher und Wilhelm Hofmann (Hrsg.): Hauptwerke der politischen Theorie, 2. Aufl., Stuttgart: Kröner 2007, 608 S.

Die wichtigsten Werke der älteren wie der neueren politischen Theorie stellt dieses Sammelwerk in Kurzabrissen vor.

Gisela Riescher (Hrsg.): Politische Theorie der Gegenwart in Einzeldarstellungen von Adorno bis Young, Stuttgart: Kröner 2004, 508 S.

Dieser lexikalische Band porträtiert in separaten Beiträgen Vertreter der politischen Theorie im 20. Jahrhundert. Die Auswahl weist einen starken Überhang deutscher Autoren auf. Auch werden mit Politikwissenschaftlern, die ihre Spuren in der Regierungsforschung, im Politikvergleich und in den internationalen Beziehungen hinterlassen haben, Fachvertreter aufgeführt, die üblicherweise nicht als Exponenten der politischen Theorie verstanden werden.

5.2.4 Systemtheorie

Jan Fuhse: Theorien des politischen Systems: David Easton und Niklas Luhmann. Eine Einführung, Wiesbaden: VS 2005, 129 S.

Zur Kommentierung dieses Werkes siehe oben Kapitel 2.2

David Easton: A Systems Analysis of Political Life, 2. Ausg., Chicago: University of Chicago Press 1979 (Erstausg. 1965), 507 S.

Gabriel A. Almond und John B. Powell: Comparative Politics: A Theoretical Framework, 5. Aufl., New York: Pearson Longman 2008 212 S. (Erstausg. 1966 unter dem Titel Comparative Politics: A Developmental Approach)

Zur Kommentierung dieser Werke siehe oben Kapitel 2.2

Niklas Luhmann: Soziale Systeme. Grundriss einer allgemeinen Theorie, Frankfurt/M: Suhrkamp 2010 (Nachdruck der 1. Aufl. von 1987), 674 S.

Der Verfasser dieses Buches wird in der Politikwissenschaft vor allem mit seiner Theorie des sozialen Systems rezipiert: Systeme sind auf eine Umwelt bezogen. Diese Umwelt ist komplex. Um Probleme und Herausforderungen, die dort entstehen, zu bewältigen, wird ein Aspekt dieser Umwelt artifiziell abgegrenzt und einem System anvertraut, das dort tätig wird. Wird dem System die Komplexität seines Aufgabenspektrums zu groß, differenziert es sich in Subsysteme, die je für sich einen kleineren Ausschnitt bearbeiten. Systeme haben ihre eigene Sprache und ihr eigenes Verhaltensprogramm. Deshalb sind sie nicht geeignet, Umweltaspekte zu bearbeiten, auf die andere Systeme eingestellt sind. Das Medium der Problembewältigung ist im System der Ökonomie das Geld, im System der Politik die Macht, im System der Verwaltung das Recht und im System der Unterhaltung der Publikumsgeschmack. Dazu dieses Grundlagenwerk. Es verlangt Leserinnen und Lesern, was Umfang und Sprachniveau betrifft, allerdings einiges ab.

Niklas Luhmann: Politische Theorie im Wohlfahrtsstaat, München: Olzog 2011, 176 S. (Erstausg. 1981).

Für die Politikwissenschaft besonders interessant ist dieses kleine Buch, in dem der Verfasser des vorgenannten Buches seine Theorie am Beispiel des Staates exemplifiziert. Dieses Buch enthält eine Kritik des Wohlfahrtsstaates. Sie entzündet sich daran, dass der Politik die Fähigkeit abgesprochen wird, politische Probleme mit Geld zu lösen. Das Buch ist als Polemik verfasst und höchst anregend. Sprachlich ist es verständlicher als das zuvor referierte Werk.

5.2.5 Ökonomische und sozialwissenschaftliche Politiktheorien

Die im Folgenden vorgestellten Theorien erhalten ihre Impulse aus der ökonomischen und soziologischen Theorie. Sie werden in das Teilgebiet der Politischen Theorie hineindefiniert, obgleich sie eher dem Gegenstandsbereich des politischen Verhaltens verhaftet sind. Sie gehören durchweg der Familie der Handlungstheorien an, die das politische Geschehen den Absichten und Aktivitäten Einzelner zuschreiben.

5.2.5.1 Ökonomische Theorien

Guy Kirsch: Neue politische Ökonomie, 5. Aufl., Stuttgart: Lucius & Lucius 2004, 445 S.

Dieses Überblicksbuch zur ökonomischen Theorie der Politik ist verständlich verfasst und enthält eine flächendeckende Revue sämtlicher ökonomischer Theoreme, die bei der Analyse politischer Phänomene anwendbar sind. Wer nicht gerade an der Historie der ökonomischen Theorien der Politik interessiert ist und nicht eigens in den Originalwerken der einschlägigen Autoren nachlesen will, weiß nach der Lektüre dieses Buches, worum es in der ökonomischen Theorie der Politik geht.

Brian M. Barry: Neue politische Ökonomie. Ökonomische und soziologische Demokratietheorie, Frankfurt/M. und New York: Campus 1975, 238 S.

Dieses Buch stellte als erstes die ökonomischen Politiktheorien in der deutschen Fachliteratur vor; es ist auch heute noch lesenswert.

Anthony Downs: Ökonomische Theorie der Demokratie, Tübingen: Mohr 1968, 303 S.

Dieses Buch, ein Klassiker der ökonomischen Politiktheorie, ist vom Werk Joseph Schumpeters inspiriert (siehe unten 5.2.7). Ausgehend von der Basisannahme der ökonomischen Theorie, dass der Einzelne seinen Nutzen zu mehren bestrebt ist, analysiert dieser Klassiker das Wählerkalkül, das Parteienverhalten und das Koalitionsverhalten. An die theoretische Ökonomie angelehnt, verlangt die Lektüre des Buches der- oder demjenigen, der nicht mit ökonomischer Literatur vertraut ist, einiges ab.

Mancur Olson: Die Logik des kollektiven Handelns. Kollektivgüter und die Theorie der Gruppen, 5. Aufl., Tübingen: Mohr 2004, 181 S. (Erstausg. 1965).

Der Autor dieses Buches, ein weiterer Klassiker der politischen Ökonomie, hat sich mit der Analyse des Verhaltens von Verbänden und Gewerkschaften und des wirtschaftspolitischen Erfolgs von Volkswirtschaften einen Namen gemacht. Kleine Interessengruppen holen viel für ihre Mitglieder heraus. Aber sie handeln gesamtwirtschaftlich unvernünftig, weil sie auf den kurzfristig größtmöglichen Vorteil aus sind. Große Interessengruppen, die von einem professionellen Management geführt werden, unterliegen weniger starker Kontrolle durch die Mitglieder. Die Mitglieder werden mit Nebenleistungen wie Mitgliederzeitschrift, Rechtsberatung oder Einkaufsrabatte motiviert, der Organisation treu zu bleiben, während das Verbandsmanagement, das um die wirtschaftlichen Zusammenhänge weiß, gesamtwirtschaftlich verantwortlichere Lösungen verfolgt.

Mancur Olson: Aufstieg und Niedergang von Nationen. Ökonomisches Wachstum, Stagflation und soziale Starrheit, 2. Aufl., Tübingen: Mohr 2004, 328 S. (Erstausg. 1982).

In diesem Buch wird das Thema des vorgenannten Werkes fortgeführt. Es wendet sich allerdings den Interessenkonstellationen in den Nationalstaaten zu. Es geht ihm darum zu eruieren, warum einige Länder in der historischen Rückschau erfolgreich waren, andere aber weniger.

Mancur Olson: Dictatorship, Democracy, and Development, in: American Political Science Review, 87. Jg. (1993), 567–576 (siehe unten 8.1)

In diesem Aufsatz wird der Zusammenhang von Diktatur und ökonomischer Entwicklung erörtert. Der Verfasser kommt zu der Schlussfolgerung, dass ein Diktator, der wie ein Bandit sein Reich ausplündert, die wirtschaftliche Entwicklung zum Stillstand bringt, dass aber ein Diktator, der sein Reich in die Hände eines Nachfolgers zu legen gedenkt, eine umsichtige und vorausschauende Politik betreiben wird. Dank einer langfristigen Perspektive wird Letzterer auch planvoller handeln können als demokratische Politiker, die ihr Handeln nach dem Wahlkalender ausrichten.

Albert O. Hirschman: Abwanderung und Widerspruch, Tübingen: Mohr 2004 (unveränderte Neuausgabe der Aufl. von 1974), 130 S.

Der Verfasser dieses Buches stellt eine Analogie der Politik mit einem Markt her, auf dem Politiker und Parteien ihre Produkte anbieten. Sind die Nachfrager, hier also die Bürger, mit dem Gesamtangebot nicht mehr zufrieden, haben sie zwei Optionen. Entweder widersprechen sie, indem sie auf die Straße gehen oder Protestparteien wählen oder in anderer Weise ihre Unzufriedenheit kundtun. Kurz: Sie beteiligen sich weiterhin, auch wenn ihnen das Angebot nicht mehr passt. Oder sie ziehen die andere Konsequenz, dass sie einfach nicht mehr mitmachen, nicht mehr zur Wahl gehen und sich nicht informieren: kurz, indem sie aus dem öffentlichen Leben aussteigen.

W. A. Niskanen: Bureaucracy and Representative Government, Chicago: Aldine Atherton 2007 (Paperback-Ausgabe der 1. Aufl. von 1971), 241 S.

Über die Budgetmaximierungstendenz und das Selbsterhaltungsinteresse staatlicher Bürokratien handelt dieses Buch. Es gehört zu den Standardtiteln der ökonomischen Politikanalyse. Der Verfasser unterstellt staatlichen Institutionen – in Analogie zum Marktteilnehmer, der auf Nutzenmaximierung programmiert ist – den Willen, ihren Anteil am Staatshaushalt und ihr Personal um jeden Preis zu halten, wenn nicht gar zu steigern.

5.2.5.2 Theorien der Rational choice

Die ökonomische Theorie der Politik ist im Laufe der Zeit von einer allgemeineren Theorie der rationalen Wahl, der Rational choice, absorbiert worden. Streng genommen gibt es zwischen beiden aber keinen Unterschied. Das Axiom der theoretischen Ökonomie, das auf den eigenen Vorteil gerichtete Handeln, lässt sich ohne Weiteres auf Kalküle übertragen, in denen es nicht um den materiellen Vorteil geht, sondern um psychische Satisfaktion.

Dietmar Braun: Theorien rationalen Handelns in der Politikwissenschaft. Eine kritische Einführung, Opladen: Leske + Budrich 1999, 283 S.

Einen anschaulichen Überblick über die Theorien der Rational choice in der Politikwissenschaft, der sich auch mit dem rationalen Kalkül staatlicher Akteure in den internationalen Beziehungen befasst, bietet dieses Buch. Es ist neben dem Buch von Kirsch (siehe oben 5.2.5.1) die wohl beste deutschsprachige Einführung in die auf die Politik angewandten Theorie der rationalen Wahl.

Kenneth A. Shepsle und Mark A. Bronchek: Analyzing Politics: Rationality, Behavior, and Institutions, 2. Aufl., New York und London: Norton 2010, 548 S.

Kenneth A. Shepsle: Studying Institutions: Some Lessons from the Rational Choice Approach, in: Journal of Theoretical Politics, 1. Jg. (1989), S. 131–147, (siehe unten 8.6).

Wo das seelische Befinden stärker gewichtet wird als der Wohlfahrtsgewinn, ist es rational, den materiellen Vorteil hintanzustellen, um das Wohlbefinden zu steigern. Auf diese Weise lässt sich sogar vordergründig altruistisches Verhalten als rational, als auf den eigenen Vorteil gerichtet entschlüsseln. Wo sich Situationen wiederholen und dieselben Akteure im Spiel sind, entstehen Institutionen – Institutionen jetzt nicht im förmlichen Sinne, als Organisationen, sondern als stabile Verhaltenssysteme. Sind die Präferenzen der Akteure bekannt, erhebt die Rational choice den Anspruch, jegliches Verhalten erklären zu können. Die Autoren führen mit dem an erster Stelle genannten Buch in dieses Denken ein. Wer es gern etwas kürzer hat, mag den Aufsatz lesen, der im Grunde genommen das Gleiche leistet.

Gary S. Becker: Der ökonomische Ansatz zur Erklärung menschlichen Verhaltens, 2. Aufl., Tübingen: Mohr 1993, 351 S.

Nur für an der Vertiefung Interessierte: Dieses Buch macht besonders deutlich, dass die ökonomische Methode keinen Unterschied zwischen der Analyse ökonomischer und derjenigen politischer Phänomene keinen Unterschied gelten lässt.

George Tsebelis: Veto Players. How Political Institutions Work, New York: Russell Sage 2002, 317 S.

George Tsebelis: Decision-Making in Political Systems: Veto Players in Presidentialism, Parlamentarism, Multicameralism and Multipartyism, in: British Journal of Political Science, 25. Jg. (1995), S. 289–325 (siehe unten 8.1).

Zur Kommentierung dieses Buches siehe oben Kapitel 2.3

5.2.5.3 Neo-Institutionalistische Theorien

Auch bei den neo-institutionalistischen Theorien waltet der handlungstheoretische Ausgangspunkt: der Einzelne. Im Unterschied zu den oben zitierten Autoren wird das Handeln des Einzelnen aber in soziale Kontexte eingebettet und in einen sozialpsychologischen Deutungsrahmen eingespannt.

> Herbert A. Simon: Administrative Behavior: A Study of Decision-Making Processes in Administrative Organisations, 4. Aufl., New York: Free Press 1997, 368 S. (Erstausg. 1947)

> Herbert A. Simon: Human Nature in Politics: The Dialogue of Psychology with Political Science, in: American Political Science Review, 79. Jg. (1985), S. 293–304, (siehe unten 8.1).

Der Autor dieser Veröffentlichungen betrachtet den auch von ihm zentral gestellten politischen Akteur nicht als kompromisslosen Kostenrechner. Sein Ausgangspunkt ist die organisierte Politik. Politik und Verwaltung verlangen fortlaufend kleine und große Entscheidungen. Die Entscheider kalkulieren aber nicht, wie die ökonomische Theorie behauptet, in jeder Entscheidungssituation, wie sie noch den letzten kleinen Vorteil herausschlagen können. Der erforderliche Aufwand an Zeit und Mühe geriete in ein Missverhältnis zum erwartbaren Ertrag. Wenn die Akteure glauben, genügend Information für eine Entscheidung zu haben, wenn sie also ihr Gedächtnis und den Aktenbestand auf vergleichbare Fälle durchforstet haben, treffen sie ihre Entscheidung. Aus diesem Verhalten bilden sich wieder Institutionen, worunter hier abermals, ganz ähnlich wie beim Rational choice Theoretiker Shepsle – (siehe oben 5.2.5.2) – Verhaltenssysteme zu verstehen sind. Der Verfasser, ein Ökonom und Politikwissenschaftler, zählt inzwischen zu den Klassikern der sozial- und verwaltungswissenschaftlichen Literatur. In der Politikwissenschaft wurde er mit dem zitierten Aufsatz allerdings stärker zur Kenntnis genommen als mit dem in erster Auflage viel früher erschienenen Buch.

James G. March und Johan P. Olsen: Rediscovering Institutions: The Organizational Basis of Politics, New York und London: Free Press 1989, 227 S.

James G. March und Johan P. Olsen: The New Institutionalism: Organizational Factors in Politics, in: American Political Science Review, 78. Jg. (1984), 734–749, (siehe unten 8.1).

Nicht allein die blanke Tatsache eines von vielen im Kollektiv eingeübten Verhaltens, sondern auch die visuelle Umgebung der Akteure, Hauptstadtarchitektur, Treffpunkte u. ä. m. trägt zur Erwartungssicherheit politischen Verhaltens bei. Die zentralen Thesen dieses Buches mögen Interessierte auch dem zitierten Aufsatz entnehmen, der in der Fachwelt merklicher zur Kenntnis genommen wurde als das Buch dieser Autoren.

5.2.6 Moderne Staatstheorien/Moderne politische Philosophie

5.2.6.1 Neo-Aristotelismus

Die antike Staatstheorie, vor allem die des Aristoteles, ragt insbesondere durch Denker in die politische Theorie hinein, die sich an der sozialwissenschaftlichen Ausrichtung der modernen Politikwissenschaft stören. Dieser neo-aristotelische Strang der Theorie ist heute randständig. Seine Kenntnis ist dennoch wichtig, um neuere Theoriedebatten zu verstehen.

Hannah Arendt: Über die Revolution, 4. Aufl., München 2011, 425 S. (Erstausg. 1963).

Hannah Arendt: Vita activa oder Vom tätigen Leben, 10. Aufl., München 2011, 484 S. (Erstausg. 1958).

Die Verfasserin dieser Bücher ist die wohl wichtigste Klassikerin, die sich auf antike Ideale bezieht. Sie wendet das aristotelische Denken, den gemeinschaftsbezogenen Diskurs, kritisch auf die liberale Demokratie an, und verortet die Ursachen für die weltanschaulichen Diktaturen der jüngeren Vergangenheit in der Diskursunfähigkeit bindungsloser Individuen.

Leo Strauss: Naturrecht und Geschichte, 2. Aufl., Frankfurt/M.: Suhrkamp 1989, 339 S. (Erstausg. 1956).

Hier handelt es sich um ein wichtiges Buch auch wieder für Interessierte, die ihr Wissen über die ältere Tradition des politischen Denkens vertiefen wollen! Strauss ist ein kämpferischer Aristoteliker, für den Plato und Aristoteles, also die klassische praktische Philosophie, die Maßstäbe für die Aufgabe der Politikwissenschaft gesetzt haben. Dem Individualismus und dem modernen politischen Denken abhold, das sich endgültig mit dem Vertragstheoretikern (Hobbes, Locke, Rousseau) durchsetzte, durchwandert Straus in diesem Buch die Epochen und zeigt die fortschreitende Abkehr vom Ideal der antiken Politik auf.

Wilhelm Hennis: Politik und praktische Philosophie. Eine Studie zur Rekonstruktion der politischen Wissenschaft, Neuwied: Luchterhand 1963, 131 S.

Hennis' Buch veranschaulicht den Wandel des Politikwissenschaftsverständnisses vom Denken in den Bahnen der antiken Klassiker zur modernen, auf Sozialforschung, Messung und politiksoziologische Erklärung ausgelegten Politikanalyse. Das Buch ist knapp gehalten, sprachlich fordert es dem Interessierten einiges ab. Keine Einsteigerlektüre! Wer aber den Gegenstand der politischen Theorie vertiefen möchte, dem sei dieses Buch empfohlen. Hennis gehört noch zur Gründergeneration der Politikwissenschaft in Deutschland.

5.2.6.2 Rawls

Mit John Rawls' Entwurf einer gerechten Gesellschaft lebte nach den Klassikern Hobbes, Locke und Rousseau das Vertragsdenken wieder auf.

John Rawls: Eine Theorie der Gerechtigkeit, 17. Aufl., Frankfurt/M.: Suhrkamp 2010, 674 S. (Erstausg. 1971).

Dieses Buch ist ein epochales Werk der modernen Staatstheorie! In Anlehnung an das Vertragsdenkens Hobbes' und Kants konstruiert der Verfasser eine rationale Herleitung der repräsentativen Demokratie und des demokratischen Sozialstaates. Sein Ausgangspunkt ist wie bei diesen Klassikern der Einzelne. Die Menschen legen in einem fiktiven Urzustand ihre Biografien ab, um frei vom Wissen über soziale Unterschiede zu beraten, welchen Zustand sie wählen würden, wenn sie im wirklichen Leben weder bedürftig noch unfrei sein wollen.

Wolfgang Kersting: John Rawls zur Einführung, 3. Aufl., Hamburg: Junius 2008, 236 S.

Dieses Buch leistet eine verständliche Einführung in das Rawlssche Werk. Es eignet sich sowohl zur Vor- als auch zur Nachbereitung der Rawlsschen Originaltexte.

5.2.6.3 Kommunitarismus

Die im Folgenden aufgeführten Werke widersprechen der Rawlschen Theorie. Sie sind dem breiten Strom des Kommunitarismus zuzurechnen. Dieser diskutiert eine gerechte Gesellschaft mit Blick auf eine gemeinschaftliche Disposition der Menschen. Der Kommunitarismus ist freilich eine uneinheitliche Strömung. Hier seien nur einige der wichtigsten Autoren erwähnt.

Axel Honneth (Hrsg.): Kommunitarismus. Eine Debatte über die moralischen Grundlagen moderner Gesellschaften, 3. Aufl., Frankfurt/M. und New York: Campus 1995, 226 S.

Walter Reese-Schäfer: Was ist Kommunitarismus?, Frankfurt/M. und New York: Campus 1995, 191 S.

Aus der Lektüre dieser Bücher lassen sich die Grundzüge der Kommunitarismusdebatte bzw. die wichtigsten Vertreter des Kommunitarismus entnehmen (Barber, Galston, Sandel, Taylor, Walzer). Sie eignen sich gut als Parallellektüre für lexikalische und Handbuchartikel über diese Richtung der politischen Philosophie.

Michael J. Sandel: Liberalism and the Limits of Justice, Cambridge: Cambridge University Press 2008 (Nachdruck der 2. Aufl.), 231 S.

Der Autor dieses Buches wendet gegen Walzer ein, jede Persönlichkeit habe eine Biografie, von der sie sich nicht lösen könne. Verantwortung in der Gemeinschaft und das Prinzip eines sozialen Staates lassen sich nicht von biografiefreien Persönlichkeiten entwickeln. Ohne konkrete Moral lässt sich keine gerechte Gesellschaft herbeiführen.

William Galston: Justice and the Human Good, Chicago und London: University of Chicago Press 1980, 324 S.

Dieses Buch argumentiert auf der gleichen Linie wie das zuvor referierte. Die Institutionen der liberalen Demokratie sind zu schätzen und schützenswert. Doch es handelt sich um bloße Instrumente der Politik. Ebenso wichtig ist es, dass die Personen, die in diesen Institutionen handeln, liberale Tugenden verinnerlichen, dass sie aus Überzeugung, auch mit Leidenschaft für die Werte eintreten, um deretwillen diese Institutionen existieren.

Michael Walzer: Sphären der Gerechtigkeit. Ein Plädoyer für Pluralität und Gleichheit, Frankfurt/M.: Campus 2006, 478 S. (Erstausg. 1983).

Auch dieses Buch wendet sich gegen die abstrakte Konstruktion einer gerechten Gesellschaft. Die Maßstäbe für das, was angemessen ist, in der Ökonomie, in der Politik, in der Wissenschaft und in anderen Bereichen, können nur aus der vernunftgeleiteten Erfahrung gewonnen werden, dass es keine universellen Standards für das Gerechte gibt; stets ist die Funktionsgerechtigkeit mit zu bedenken. In der Wirtschaft ist die Leistung, letztlich also Ungleichheit, ein angemessener Maßstab, in der Politik die Gleichheit vor dem Gesetz. Die legitimen Unterschiede in den Gesellschaftsbereichen werden durch einen übergreifenden Gemeinschaftsgeist ausbalanciert.

Benjamin Barber: Starke Demokratie. Über die Teilhabe am Politischen, Hamburg: Rotbuch 1994, 322 S. (Erstausg. 1984).

Bürgersinn, so dieses Buch, kann sich schwerlich in der repräsentativen Demokratie entfalten. Vielmehr ist es wichtig, Willensbildungsprozesse und Entscheidungen in kleine, überschaubare Einheiten zu verlagern, in denen alle Bürger über ihre Angelegenheiten beraten. Bei diesem Autor werden Anklänge an Hannah Arendt erkennbar.

5.2.7 Demokratietheorie

Manfred G. Schmidt: Demokratietheorien, 5. Aufl., Wiesbaden: VS 2010, 574 S.

Über die gesamte Bandbreite der Demokratietheorie, aber auch über die Anwendungsbereiche der Demokratieforschung informiert dieses Standardwerk, das sich auch gut für Nachschlagezwecke eignet.

Joseph A. Schumpeter: Kapitalismus, Sozialismus und Demokratie, 8. Aufl., Tübingen: Francke 2005, 542 S. (Erstausg. 1942).

Der Verfasser, ein gelernter Ökonom, verfasste eines der politikwissenschaftlich wichtigsten Bücher. Seine im dritten Kapitel dieses Buches dargelegte realistische Theorie der Demokratie hat Widerspruch provoziert, aber auch methodisch ambitionierte Nachahmer angeregt. Schumpeter setzt die demokratische Politik mit einem Waren- und Leistungsmarkt gleich, auf dem die Nachfrager, definiert als die Parteien, beim Konsumenten, definiert als dem Wähler, um Stimmen werben. Dabei verhalten sich die Parteien nicht anders als Produzenten, die den Verbraucher mit Versprechungen von ihrem Produkt umwerben. Die Spitzen der Parteien füllen die Rollen der Regierung und der Opposition aus. Die fachlichen Entscheidungen werden in der politischen Verwaltung vorbereitet, die Politik entscheidet nur noch zwischen Optionen. Die Demokratie behelligt die Bürger nur periodisch mit Politik: wenn sie zur Wahl aufgerufen werden!

Robert A. Dahl: Vorstufen zur Demokratietheorie (Originaltitel: A Preface to Democratic Theory), Tübingen: Mohr 1976, 149 S. (Erstausg. 1956).

Dieses Buch ist als Beitrag zur Demokratieforschung ebenfalls ein Klassiker. Es thematisiert das Thema der politischen Partizipation in einer Gesellschaft, die so komplex geworden ist, dass eine kontinuierliche und flächendeckende Bürgerbeteiligung gar nicht mehr möglich ist. Der Verfasser setzt einen deutlichen Kontrapunkt zur Marktanalogie im vorgenannten Buch. Auch die repräsentative Demokratie, so der Verfasser, lebt aus dem politischen Interesse und Engagement ihrer Bürger, mag die Politik auch nicht im Mittelpunkt ihres Lebens stehen.

Robert A. Dahl: Democracy and Its Critics, New Haven und London: Yale University Press 1991 (Nachdruck der 1. Aufl. von 1989), 397 S.

Dieses Buch ist ein Spätwerk des Verfassers. In dialogischer Form, angelehnt an die Ausdrucksweise der europäischen Antike, arbeitet der Verfasser darin alle relevanten Probleme der modernen Demokratie ab, darunter auch die berühmt gewordene Unterscheidung zwischen dem Demos, dem Volk rechtsgleicher Bürger, und dem Ethnos, einem Volksbegriff, der Mehrheit und Minderheit definiert und Letztere ausgrenzt. Selbst für Einsteiger ist das Buch eine gute Lektüre. Der Autor vermeidet in bester Tradition amerikanischer Wissenschaftsbücher den Fachjargon.

Ernst Fraenkel: Deutschland und die westlichen Demokratien, 9. Aufl., Baden-Baden: Nomos 2011, 379 S. (Erstausg. 1964).

Diese Aufsatzsammlung ist ein Stück klassische Politikliteratur. Von der Staatsrechtslehre und der frühen Politikwissenschaft in der Weimarer Republik herkommend und im amerikanischen Exil mit der zeitgenössischen Politikanalyse vertraut geworden, kombiniert der Verfasser wie kein zweiter Wissenschaftler die auf die Wirklichkeitsanalyse angelegte amerikanischen Politikforschung und die aufgeklärte deutsche Staatslehre. Die von ihm geprägten Begriffe einer pluralistischen Gesellschaft und eines kontroversen und eines nicht-kontroversen Sektors der Politik, d.h. a) eines Konsenses über Regeln, Verfahren und Institutionen und b) einer durch diesen Konsens gebändigten politischen Auseinandersetzung sind fachlicher Standard geworden.

Methoden 6

Die Literatur über politikwissenschaftliche Methoden ist in den letzten Jahren geradezu explodiert. Sie soll hier nur mit einigen Titeln zitiert werden. Die politikwissenschaftlichen Methoden sind lediglich eine Variante der Methoden der empirischen Sozialforschung. Ihre Besonderheit ist das Arbeiten mit Anwendungsbeispielen aus der Politikwissenschaft. Im Mittelpunkt der Methodenbücher stehen Datenverarbeitung und Messung. Die Autorin und der Autor dieses Buches sind der Ansicht, dass die Methodenliteratur keinen brauchbaren Einstieg in die Politikwissenschaft bietet. Es handelt sich um Technik, und diese Technik kann nur fruchtbar werden, wenn der Gegenstand geläufig ist, auf den sie angewandt wird – und zwar geläufig nicht nur als Vermessungsobjekt, sondern als ein Phänomen der sozialen Wirklichkeit, das sich nur mit Kenntnis der Historie, der politischen Ideen und der soziologischen Tatsachen erschließen lässt.

Gary King, Robert O. Keohane und Sidney Verba: Designing Social Inquiry: Scientific Inference in Qualitative Research, Princeton: Princeton University Press 2012 (Nachdruck der 1. Aufl. von 1994), 247 S.
E-Book: Ebrary
URL: http://site.ebrary.com/lib/alltitles/docDetail.action?docID=10435954

Hier handelt es sich um *das* Modellbuch für alle weiteren Methodenwerke. Von drei renommierten Politikwissenschaftlern verfasst, ist dieses in den USA verbreitete Standardwerk eine Revue der Methoden, die darauf angelegt sind, mit messbarem Material zu einem schlüssigen Ergebnis zu kommen. Das Kredo der Autoren: Die Methode ist die Essenz der Disziplin, nicht der Gegenstand. Nach der gleichen Devise sind die folgenden Titel verfasst.

Bettina Westle (Hrsg.): Methoden der Politikwissenschaft, Baden-Baden: Nomos 2009, 391 S.

Joachim Behnke, Nina Baur und Natalie Behnke: Empirische Methoden der Politikwissenschaft, 2. Aufl., Paderborn: Schöningh 2010, 493 S.
E-Book: UTB-Online-Bibliothek
URL: http://www.utb-studi-e-book.de/9783838526959

Diese Bücher nach dem Stand der Kunst, die auch mit Methoden der empirischen Sozialforschung betitelt sein könnten, sind schwere Kost für Einsteiger. Dies liegt in der Natur der Sache Aber wer diese Werke zur Hand nimmt und sich durcharbeitet, weiß anschließend, was sich hinter den politikwissenschaftlichen Methoden verbirgt und ob es ihm liegt, sich in dieses Gebiet zu vertiefen.

Hans-Joachim Lauth, Gert Pickel und Susanne Pickel: Methoden der Vergleichenden Politikwissenschaft, Wiesbaden: VS 2009, 290 S.
E-Book: Springer eBook Collection: Humanities, Social Sciences
DOI: http://dx.doi.org/10.1007/978-3-531-91331-5

Auch dieses Buch ist sehr anspruchsvoll. Es referiert flächendeckend und in enger Kommunikation mit der führenden amerikanischen Literatur den Stand der Methodenliteratur. Als Einführung deklariert, ist es doch eher eine Einführung für Fortgeschrittene, also Literatur für Interessierte, am besten mit methodischen Vorkenntnissen. Die Inhalte werden sehr komprimiert dargestellt. Die mit dem Stoff nicht vertrauten Leserinnen und Leser müssen gelegentlich mehrfach Anlauf nehmen, um die Passagen aufzunehmen. Nichts für Anfänger!

Dirk Berg-Schlosser und Lasse Cronquist: Aktuelle Methoden der Vergleichenden Politikwissenschaft: Einführung in konfigurationelle und makroquantitative Verfahren, Opladen & Farmington Hills: Budrich 2012, 247 S.
E-Book: UTB-Online-Bibliothek
URL: http://www.utb-studi-e-book.de/9783838535777

Dieses Buch gilt demselben Gegenstand wie der vorgenannte Titel. Es bemüht sich jedoch, soweit es die Sache zulässt, um eine für Einsteiger verständliche Darstellung.

Detlef Jahn: Einführung in die Vergleichende Politikwissenschaft, Wiesbaden:
VS 2006, 547 S.
E-Book: Springer eBook Collection: Humanities, Social Sciences
DOI: http://dx.doi.org/10.1007/978-3-531-90673-7

Jahns immens umfangreiches Buch ist allenfalls für einschlägig Vorgebildete mit großem methodischem Vorwissen geeignet. Zum Gegenstand der Vergleichenden Politikwissenschaft, Ländern, politischen Systeme, Regionen und Kulturen erfahren die Leserinnen und Leser hier nichts. In der Sache handelt es sich um eine auf hohem Niveau gehaltene Einführung in die quantitativen Methoden der Vergleichenden Politikwissenschaft. Für Einsteiger in die vergleichenden Methoden ist das vorgenannte Buch besser geeignet.

Techniken politikwissenschaftlichen Arbeitens 7

In dieser Rubrik werden Bücher aufgeführt, die den Studierenden vor Augen führen, wie sie im Studienalltag an eine schriftliche wissenschaftliche Arbeit heranzugehen ist und wie Material erhoben und ausgewertet werden muss, um zu formal korrekten und inhaltlich tragfähigen Schlussfolgerungen zu gelangen.

Petra Stykow, Christopher Daase, Janet Mackenzie und Nikola Moosauer: Politikwissenschaftliche Arbeitstechniken, 2. Aufl., Paderborn: Fink 2010, 286 S.
E-Book: UTB-Online-Bibliothek
URL: http://www.utb-studi-e-book.de/9783838531373

Dieses Buch hat die Zielgruppe der Studienanfänger im Auge. Die Verfasser haben es auf die Bedürfnisse der Bachelor-Studiengänge zugeschnitten. Es werden Lese- und Schreibtechniken vorgestellt, die Planung einer Recherche mit Fragestellung und Informationsbeschaffung skizziert, schließlich auch Tipps zur Online- und Offline-Suche nach der infrage kommenden Literatur gegeben. Das Buch ist verständlich verfasst und bietet eine ausgezeichnete Orientierung für Einsteiger in das wissenschaftliche Arbeiten.

Georg Simonis und Helmut Elbers: Studium und Arbeitstechniken der Politikwissenschaft, 2. Aufl., Wiesbaden: VS 2011, 238 S.
E-Book: Springer eBook Collection: Humanities, Social Sciences

Auch dieses Buch ist wärmstens zu empfehlen. Es arbeitet dieselben Themen ab wie das vorgenannte Buch. Die überaus verständliche Sprache, die Gliederung und die Schilderung der kleinen und großen Herausforderungen politikwissenschaftlichen Arbeitens machen dieses Buch für Einsteiger zur geradezu idealen Lektüre. Das Buch fußt auf der Erfahrung der Autoren mit der Lehre im Fernstudium an der Fern-Universität Hagen. Deren Markenkern ist die verständliche, aber keineswegs versimpelnde Vermittlung des Fachwissens.

Ulrich von Alemann und Erhard Forndran: Methodik der Politikwissenschaft, 7. Aufl., Stuttgart: Kohlhammer 2005, 193 S.

Dieses Büchlein, das erste seiner Art und seit gut 40 Jahren immer wieder neu aufgelegt und überarbeitet, ist verständlich geschrieben und für Anfänger empfehlenswert. Wer sich über den Aufbau einer wissenschaftlichen Arbeit, wie sie im Lehrbetrieb verlangt wird, über Arbeitstechniken und die Erschließung von Daten und Informationen bis hin zum Führen einfacher Interviews informieren möchte, findet auch hier alles, was er braucht.

Zeitschriften 8

Politikwissenschaftliche Zeitschriften werden hier gesondert aufgeführt.[33] Fachzeitschriften sind wichtig, ja unverzichtbar für die politikwissenschaftliche Recherche, ob nun für eine Masterarbeit oder für eine Seminararbeit. Zeitschriften sind keine Einsteigerliteratur. Dennoch können auch Studierende der ersten Semester aus der Arbeit mit Fachzeitschriften einen Nutzen ziehen. Dieser liegt im Kurzformat der Artikel, in der Vorstellung von Neuerscheinungen, in der Vielfalt der Autoren und ganz besonders in der hohen Aktualität der Forschungsergebnisse. Im Unterschied zur Monografie eröffnet eine regelmäßig, in relativ kurzen Abständen erscheinende Zeitschrift früher neue Themenfelder und reagiert auf aktuelle Debatten. Diese Vorteile werden noch durch die Praxis der Verlage gesteigert, die auf ihren Zeitschriftenplattformen elektronische Pre-Prints einzelner Artikel oder gar komplette Ausgaben als *virtual issue* anbieten. Dieses Angebot ermöglicht es den Leserinnen und Lesern, noch vor der Drucklegung neueste Arbeiten zur Kenntnis zu nehmen

Wer ein vor einigen Jahren erschienenes Buch gründlich oder in Teilen gelesen hat, ist gut beraten, die Inhaltsverzeichnisse der Fachzeitschriften zu durchforsten, um sich einen schnellen Überblick über den aktuellen Stand zu verschaffen. Dies ist über die online gestellten Zeitschriftenverzeichnisse der Bibliotheksverbünde heute ohne Weiteres möglich. Sie können auch von Studierenden kostenfrei eingesehen werden (siehe unten 9.3 und 9.4). Das Durchsuchen der Inhaltsverzeichnisse und der Artikel nach bestimmten Stichworten ist inzwischen recht einfach geworden: Die meisten wichtigsten wissenschaftlichen Zeitschriften stehen als elektronische Dokumente zur Verfügung, und die Recherche ist in den elektronischen Volltexten weniger aufwändig als in den Druckversionen. Führt die

---

33 Ausführliche Porträts politikwissenschaftlicher Zeitschriften findet man in Luise Sanders: Zeitschriften der Politikwissenschaft: ein Kompendium, Berlin: de Gruyter 2012, 641 S.

eigene Bibliothek die betreffende Zeitschrift im Bestand, gibt es sogar die Möglichkeit, den gesuchten Artikel am Bildschirm einzusehen und ihn eventuell auszudrucken.[34] Die meisten Universitätsbibliotheken besitzen heute die wichtigsten Lizenzen für die Volltextarchive der Verlage (siehe unten 9.7). Die Zeitschriftenlektüre trägt besonders dann Früchte, wenn ein brauchbares Grundwissen über ein Thema vorhanden ist. Dieses erschließt sich aus den oben vorgestellten Einführungs- und Übersichtswerken.

Die folgende Zeitschriftenrevue empfiehlt sich für Interessierte, die keine Einsteiger mehr sind. Für fortgeschrittene Studierende dürften vor allem die Debatten, die in Zeitschriften ausgetragen werden, von Interesse sein, ebenso die Berichte über laufende Forschungsprojekte, Konferenzen und Tagungen. Kurze Abstracts der Aufsätze und biografische Informationen über die Verfasser tragen dazu bei, den Inhalt auf einen Blick zu erkennen und den Hintergrund der Autorin bzw. des Autors abzuschätzen. In Buchbesprechungen werden Neuerscheinungen vorgestellt und kritisch bewertet. Der Rezensionsteil einer Zeitschrift lässt sich als eine Art fortlaufende kommentierte Bibliografie nutzen. Schon der regelmäßige Blick in die Inhaltsverzeichnisse der Fachzeitschriften klärt darüber auf, welche Themen an Interesse verlieren und welche deutlich an Beachtung gewinnen. Von besonderem Wert sind auch Schwerpunkthefte, die einige Zeitschriftenherausgeber in Abständen veröffentlichen. Dort wird im Unterschied zum üblichen Format ein ganzes Heft unter einen thematischen Schwerpunkt gestellt, das dann unter verschiedenen Gesichtspunkten abgehandelt wird. Themenhefte ergänzen die Buchliteratur. In den folgenden Zeitschriftenprofilen wird eine Auswahl von Themenheften vorgestellt.

Noch eine letzte Vorbemerkung: Wurden oben, bei der Buchliteratur, vorzugsweise deutsche Titel vorgestellt, lässt sich dies bei der Präsentation der Zeitschriften nicht durchhalten. Es käme einfach zu wenig zusammen. Wie auf allen Wissenschaftsgebieten ist Englisch die Sprache der internationalen Politikwissenschaft.

---

[34] Die Zugangsberechtigungen zu den elektronischen Ausgaben, sind über die EZB festzustellen. In der ZDB lassen sich die Besitznachweise der gedruckten Ausgaben und die URLs der elektronischen Ausgaben ermitteln.

Kurze Definitionen

Allgemeine Fachzeitschriften publizieren Beiträge aus allen Teilgebieten der Politikwissenschaft, ohne sich auf bestimmte Teilgebiete zu konzentrieren.

Spezialzeitschriften publizieren ausschließlich aus ihrem jeweiligen Teilgebiet.

Interdisziplinäre Zeitschriften publizieren Beiträge aus verschiedenen Fachdisziplinen, die für die umfassende Darstellung eines Themengebietes relevant sind. Zeitschriften dieser Art sind vor allem in den Area studies verbreitet. Sie beleuchten ein Land oder eine Region in historischer, wirtschaftlicher, sozialer und kultureller Hinsicht.

Multiplikatorenzeitschriften sind keine genuin wissenschaftlichen Zeitschriften. Sie sprechen in der Regel ein breites nicht-wissenschaftliches Publikum an und informieren in verständlicher Weise über politische Ereignisse.

Reviewzeitschriften enthalten Aufsätze, die wertend über aktuelle Publikationen und Forschungsergebnisse berichten. Sie eignen sich insbesondere zur Erarbeitung des aktuellen Forschungsstands.

Rezensionszeitschriften enthalten kritisch wertende Besprechungen einzelner oder mehrerer Publikationen (Einzel- oder Sammelrezensionen).

8.1 Allgemeine Zeitschriften

Im Folgenden werden Zeitschriften vorgestellt, in denen Beiträge über alle Teilgebiete der Politikwissenschaft veröffentlicht werden. Vorweg sei angemerkt, dass diese allgemeinen Zeitschriften, wie sie hier genannt werden, sämtlich einen gewissen Drall hin zu den Themen des politischen Systems ihres Erscheinungslandes haben und sich darüber hinaus auch häufig mit dem Systemvergleich, mit politikwissenschaftlichen Methoden und mit der politischen Theorie befassen. Hier liegt der Grund, warum sich im Laufe der Zeit eine Reihe von Spezialzeitschriften etabliert haben, die ausschließlich Beiträge zur Teildisziplin der Internationalen Beziehungen bzw. der Internationalen Politik veröffentlichen. Beginnen wir mit einer der ältesten politikwissenschaftlichen Fachzeitschriften, die 1906 vom amerikanischen Fachverband gegründet wurde:

American Political Science Review (APSR); 1906 ff., Hrsg. American Political Science Association, New York, NY [u. a.]: Cambridge University Press.
URL: http://journals.cambridge.org/jid_PSR
Archive: Cambridge Journals Digital Archive, JSTOR

Die *American Political Science Review* ist das wichtigste Periodikum der American Political Science Association (APSA). Sie repräsentiert seit über 100 Jahren den Stand und die Entwicklung der amerikanischen Politikwissenschaft. Dort publizieren die wichtigsten Vertreter des Fachs. Die *APSR* ist eine der weltweit wichtigsten Zeitschriften für Politikwissenschaft. Sie veröffentlicht Beiträge aus allen Teilgebieten der Politikwissenschaft. Allerdings ragen Analysen der „American Politics" im Themenspektrum heraus. Im hundertsten Jubiläumsjahr erschien ein Themenheft über die Geschichte und Entwicklung der amerikanischen Politikwissenschaft (4/2006).[35] Lange war die *APSR* das unbestrittene Flaggschiff der international führenden amerikanischen Politikwissenschaft. Seit geraumer Zeit ist sie unter Fachwissenschaftlern umstritten. Der Grund: Sie kaprizierte sich vor über 40 Jahren immer stärker auf Methodenfragen. Daran entzündete sich eine Kritik, die beklagte, es würden kaum noch Themen aufgegriffen, die sich nicht mit statistischen Methoden bearbeiten ließen. Für methodisch Interessierte ist die *APSR* unverändert eine Fundgrube. Um die Kritik der Abonnenten zu dämpfen, beschloss der Fachverband der amerikanischen Politikwissenschaftler als Herausgeber, seinen Mitgliedern zur Wahl zu stellen, weiterhin die *APSR* zu beziehen oder aber eine neue Zeitschrift, die eher problemorientierte Artikel veröffentlichen sollte. Daraus entstand die folgende Zeitschrift:

Perspectives on Politics; 2003 ff., Hrsg. American Political Science Association, New York, NY [u. a.]: Cambridge University Press.
URL: http://journals.cambridge.org/jid_PPS
Archive: Cambridge Journals Digital Archive, JSTOR

Die *Perspectives on Politics* sind thematisch ein Gegenprogramm zur *APSR*. Methodisch zwar nicht unambitioniert, steht hier doch die Generierung neuen Wissens und die Vielfalt der Erklärungsansätze im Mittelpunkt. Amerikanische Politik, der Vergleich politischer Systeme, Fragen der internationalen Beziehungen und der politischen Theorie bestimmen die Themenpalette. Themenvielfalt, ferner lebhafte Diskussionen über aktuelle akademische und politische Fragen, aber

---

35 The Evolution of Political Science: APSR Centennial Volume, 100. Jg. (2006), in: American Political Science Review.

auch über die Praxis der eigenen Profession und schließlich die Einbeziehung einer breiten interessierten Leserschaft außerhalb der Fachzeitschriften – dies alles zeichnet die *Perspectives on Politics* aus. Gleichzeitig hebt sie sich damit auch von den meisten übrigen amerikanischen Fachzeitschriften ab. In der Märzausgabe wird regelmäßig die *APSA Presidential Address* veröffentlicht. Eigenständige Themenhefte werden nicht herausgegeben. Doch einzelne Hefte haben thematische Abschnitte.

Politics and Society (Pol Soc); 1970 ff., Thousand Oaks, Calif. [u. a.]: Sage Periodicals Press.
URL: http://pas.sagepub.com/
Archiv: SAGE Journals Online

Als Gegenentwurf zur etablierten Forschung entstand auch die Zeitschrift *Politics and Society*. Ihr breites Themenspektrum umfasst wirtschaftliche, soziale und politische Entwicklungen. Gegründet Anfang der 1970er Jahre als Alternative zu den methodenbeflissenen sozialwissenschaftlichen Journalen, versteht sich diese Zeitschrift auch heute noch als kritische Stimme der Sozialwissenschaften. Sie befasst sich mit konkreten Problemen in Politik und Gesellschaft und ist einer kritisch-linken Gesellschaftsanalyse verpflichtet. Ihre Themen sind u. a. Arbeitsmarkt, Finanzpolitik, Klassenpolitik, Gender-Politik, Zukunft von Kapitalismus und Sozialismus. Die Autoren fragen nach den gesellschaftlichen Hintergründen und sozialen Folgen politischer Entwicklung und richten den Blick auf alle Teile der Welt. Einige aktuelle Ausgaben sind als Themenhefte konzipiert oder sie enthalten eine besondere Rubrik über ein Thema. Beispiele:

Relational Work in Market Economies (2/2012); In the Spotlight of Crisis: How Social Policies Create, Correct, and Compensate Financial Markets (1/2012); Special Section on Global Governance Reconsidered (3/2011); Special Section on Income Inequality in the United States over the past 30 years (2/2010); Special Section on Patterns of Wartime Sexual Violence (1/2009).

International Political Science Review (IPSR); 1980 ff., Hrsg. International Political Science Association, London [u. a.]: Sage.
URL: http://ips.sagepub.com/
Archive: JSTOR, SAGE Journals Online

Als Organ der Weltvereinigung der politikwissenschaftlichen Fachvereinigungen (International Political Science Association – IPSA) bietet die *International Political Science Review* eine außerordentlich breite Themenpalette und steht für alle methodischen Ansätze offen. Die Artikel behandeln die gesamte Spannweite der Politik. Im internationalen Kontext geht es um die Analyse demokratischer Prozesse, um Wahlsysteme, um wirtschaftlichen Internationalismus, Militärausgaben, die politische Wirkung der IWF-Kredite in Lateinamerika und die europäische Integration. Die Artikel behandeln Probleme aus allen Weltregionen. Jährlich erscheint zusätzlich zu den Quartalsheften eine fünfte Ausgabe, die ausschließlich Review-Artikel führender Experten aus allen Ländern enthält. Hier wird auch über Werke berichtet, die in Französisch, Spanisch, Italienisch, Polnisch, Tschechisch, Portugiesisch, Japanisch und Koreanisch verfasst sind und für die (noch) keine englische Übersetzung vorliegt. Neben der Information über den Inhalt wird dabei auch bewertet und kritisiert. Zu den Autoren der *IPSR* zählen renommierte Wissenschaftler aus der ganzen Welt.

Political Studies (PS); 1953 ff., Hrsg. Political Studies Association, Oxford: Wiley-Blackwell.
URL: http://onlinelibrary.wiley.com/journal/10.1111/%28ISSN%291467-9248
Archiv: Wiley Online Library

Hauptsächlich Fragen der britischen und amerikanischen Innenpolitik, des politikwissenschaftlichen Vergleichs und der Policy-Forschung stehen im Mittelpunkt dieses Organs der britischen Fachvereinigung. Die Beiträge thematisieren die Beziehung zwischen Innen- und Außenpolitik und befassen sich mit Fragen, die Europa und Großbritannien betreffen. Auch Beiträge zur Wahl- und Parteienforschung finden sich in den Artikeln. Aus dem Zuschnitt der *Political Studies* wird deutlich, dass das Studium der Klassiker und der britischen Innenpolitik auch heute noch ein wesentlicher Bestandteil des britischen Fachkanons ist.[36] Die Zeitschrift beansprucht, die Vielfalt der Disziplin als Ganzes zu repräsentieren, unab-

---

36 Siehe auch Jürgen Hartmann: Geschichte der Politikwissenschaft: Grundzüge der Fachentwicklung in den USA und in Europa. Nachdruck der 1. Auflage, Wiesbaden: VS 2006, S. 201, 205.

hängig von Theorie, Methodologie oder empirischer Substanz. Unterrepräsentiert sind jedoch Arbeiten über Afrika, Asien und Amerika und die Politik der Dritten Welt. Innerhalb der *Schriftenreihe Political Studies* erscheinen frühere Themenhefte als Monografien. Eine Auswahl:

Online Only Supplement on Parties and Elections (S1/2013); British Political Theory in the Twentieth Century (2010); The Development of a Discipline: The History of the Political Studies Association (2010); Political Ideas and Political Action (2000); British Political Science: Fifty Years of Political Studies (2000); Sovereignty at the Millennium (3/1999).

British Journal of Political Science (BJPolS); 1971 ff., London: Cambridge University Press.
URL: http://journals.cambridge.org/jid_JPS
Archive: Cambridge Journals Digital Archive, JSTOR

Das *British Journal of Political Science* sollte ursprünglich britischen Politikwissenschaftlern ein Forum bieten, die sich an der Fachentwicklung in den USA orientierten und Gefallen an der methodenstrengen Analyse gefunden hatten. Es kam dann dazu, dass in diesem Journal viele amerikanische Politikwissenschaftler publizierten. Alles in allem näherte sich das *BJPolS* damit ein gutes Stück dem Format der *APSR* an, ohne allerdings den Methodenschwerpunkt derart zu verabsolutieren, wie es dort geschah. Thematisch ist die Zeitschrift sehr breit angelegt. Es werden Beiträge aus allen Bereichen der Politikwissenschaft einschließlich politischer Theorie und Philosophie, internationaler Politik und Verwaltungswissenschaft publiziert. Häufig finden sich auch Aufsätze aus den Nachbardisziplinen wie Soziologie, Sozialpsychologie, Wirtschaft und Philosophie. Trotz des internationalen Anspruchs beziehen sich die Themen jedoch hauptsächlich auf Westeuropa und auf die USA.

Politische Vierteljahresschrift (PVS); 1960 ff., Hrsg. Deutsche Vereinigung für
Politische Wissenschaft, Baden-Baden: Nomos.
URL: http://www.pvs.nomos.de/
Archiv: http://www.pvs.nomos.de/archiv/ (2011 ff.)
URL: http://link.springer.com/journal/11615
Archiv: SpringerLink (2000-2010)

Die *Politische Vierteljahresschrift*[37] ist das repräsentative Organ der Deutschen Vereinigung für Politische Wissenschaft (DVPW). Sie deckt das gesamte politikwissenschaftliche Spektrum ab. Die klassischen Schwerpunkte sind Politische Theorie und Ideengeschichte sowie das politische System der Bundesrepublik Deutschland. Die vergleichende Forschung nimmt ebenfalls breiten Raum ein. Der Akzent liegt dabei auf dem Vergleich demokratischer und staatlicher Institutionen.[38] Weitere Beiträge kommen aus der empirischen Sozialforschung, aus der Methodenlehre und aus der internationalen Politik. Auch Beiträge von Vertretern benachbarter Disziplinen wie Soziologie, Philosophie und Rechtswissenschaft finden sich in den Heften. Aktuelle politische Ereignisse und Entwicklungen werden in der *PVS* selten behandelt. Sie ist auch kein Ort fachlicher Kontroversen.[39] Ein Teil der Publikationstätigkeit schlägt sich in den *PVS-Sonderbänden* nieder, die Konferenzbeiträge der Fachvereinigung und ihrer Sektionen veröffentlichen. Eine Auswahl:

Autokratien im Vergleich (2013)[40]; Politik als Beruf (2011); Politikwissenschaft in Deutschland : eine Bestandsaufnahme zu 50 Jahren PVS (2009); Politik in der Mediendemokratie (2009); Identität, Institutionen und Ökonomie: Ursachen innenpolitischer Gewalt (2009); Die Europäische Union: Governance und Policy-Making (2008); Transfer, Diffusion und Konvergenz von Politiken (2007); Politik und Umwelt (2007); Politik und Recht (2006); Politik und Verwaltung (2006); Dimensionen politischer Korruption (2005); Politik und Markt (2004); Politik und Religion (2003); Föderalismus: Analysen in entwicklungsgeschichtlicher und, vergleichender Perspektive

---

37 Siehe unten *PVS-Literatur* (8.7).
38 Siehe auch Manuel Dethloff, Gero Erdmann und Susanne Pickel: Aktuelle Schwerpunkte und Trends der Vergleichenden Politikwissenschaft: Deutschland, Großbritannien und USA, in: Zeitschrift für Vergleichende Politikwissenschaft, 1. Jg. (2007), S. 43-65.
39 Das zeigen die Ergebnisse einer 2008 unter den Mitgliedern der DVPW durchgeführten Umfrage. Siehe Thorsten Faas und Rüdiger Schmitt-Beck: Die Politische Vierteljahresschrift im Urteil der Profession: Ergebnisse einer Umfrage unter den Mitgliedern der DVPW in: Politische Vierteljahresschrift, 50. Jg. (2009), S. 627-645.
40 Auch als E-Book erschienen: http://dx.doi.org/10.5771/9783845244655

(2002); Politik und Technik (2001); 50 Jahre Bundesrepublik Deutschland: Rahmenbedingungen, Entwicklungen, Perspektiven (1999).

Zeitschrift für Politik (ZfP); 1907 ff., Hrsg. Hochschule für Politik, München, Baden-Baden: Nomos.
URL: http://www.zfp.nomos.de/
Archiv: http://www.zfp.nomos.de/archiv/(2004 ff.)

Nach einer langen und wechselvollen Geschichte firmiert die ZfP heute als Organ der Hochschule für Politik in München. Die Themen, die in dieser Zeitschrift aufgegriffen werden, folgen der Gliederung der Lehrbereiche an der HfP: Politische Theorie, Recht und Staat, Wirtschaft und Gesellschaft, Internationale Politik und Neuere Geschichte. Die Zeitschrift fühlt sich keiner politikwissenschaftlichen Schule verbunden. Offenheit für aktuelle politische Themen prägt das Profil der ZfP. Zu ihren Schwerpunkten zählen die politischen Herausforderungen der Gegenwart und die Bedeutung moralisch-religiöser Werte für die Integration der Gesellschaft. Die Beiträge schöpfen aus einem breiten Reservoir politikwissenschaftlicher Forschungsrichtungen, darunter auch empirisch-analytische Methoden. Auch Themen aus den Nachbardisziplinen werden aufgenommen.[41] In der deutschen Zeitschriftenlandschaft gehört die ZfP zu den eher konservativen Organen. Regelmäßig erscheinen Sonderbände der ZfP als Monografien. Eine Auswahl:

Der entmachtete Leviathan: Löst sich der souveräne Staat auf? (2013); Bildungspolitik im Umbruch (2010); Deutschlands Rolle in der Welt des 21. Jahrhunderts (2009); Globale Probleme und Zukunftsaufgaben der Vereinten Nationen (2006); Möglichkeiten und Grenzen Europas (2004); Globalisierung (2001); Bürgerbeteiligung und repräsentative Demokratie: Symposium anlässlich des 50-jährigen Bestehens der Hochschule für Politik (2002); 50 Jahre Bundesrepublik Deutschland: 1949–1999 (1999).

---

41 Theo Stammen: 100 Jahre Zeitschrift für Politik, 1. Aufl., Baden-Baden: Nomos 2008 (Zeitschrift für Politik: Sonderband; 2).

Zeitschrift für Politikwissenschaft (ZPol); 1996 ff., Baden-Baden: Nomos. Früherer Titel: Jahrbuch für Politik (1991–1995).
URL: http://www.zpol.nomos.de/
Archiv: http://www.zpol.nomos.de/archiv/

Die *Zeitschrift für Politikwissenschaft*[42] versteht sich wie die vorgenannten Journale als Forum für die gesamte Politikwissenschaft mit allen ihren Teilgebieten und Richtungen. Die Herausgeber und Autoren – durchweg deutsche Fachwissenschaftler – sind keine Anhänger einer methodenstrengen Politikwissenschaft. Sie setzen vielmehr einen Gegenakzent zur empirischen Methodenarbeit der behavioralistischen Politikwissenschaft. In der *ZPol* stehen Aktualität, Praxisorientierung und kritische Diskussion im Vordergrund. Die Autoren mischen sich auch in politische Debatten ein und wollen Diskussionen anregen. Neben den Fachartikeln enthält die *ZPol* Tagungsberichte und Abstracts. Essays nehmen in kurzer Form Stellung zu aktuellen politischen und politikwissenschaftlichen Themen. Tagungsberichte referieren in loser Folge über die Ergebnisse wissenschaftlicher Konferenzen, Workshops und Symposien. In unregelmäßigen Abständen erscheinen Sonderbände als Monografien. 2009 erschien aus aktuellem Anlass eine Schwerpunktausgabe zu Fragen des Wahlrechts und Wahlsystems, in dem unter anderem Befürworter und Gegner von Verhältnis- und Mehrheitswahlrecht zu Wort kamen: *Wahlsystemreform, Hrsg. Gerd Strohmeier (2009)*. Ein aktueller Sonderband befasst sich mit innerparteilicher Willensbildung: *Wie entscheiden Parteien: Prozesse innerparteilicher Willensbildung in Deutschland, Hrsg. Karl-Rudolf Korte und Jan Treibel (2012)*.

Auch die im Folgenden aufgeführten Zeitschriften werden von den Fachvereinigungen ihres Landes herausgegeben. Sie bedienen ebenfalls die gesamte Themenpalette der politikwissenschaftlichen Teilgebiete. Sonst setzen sie, wie es schon im Titel zum Ausdruck kommt, einen Themenschwerpunkt in der Politik des eigenen Landes.

---

42 Siehe auch Annotierte Bibliografie zur Politikwissenschaft (8.7).

Acta Politica (AP): An International Journal of Political Science; 1965 ff., Hrsg. Nederlandse Kring voor Wetenschap der Politiek. Basingstoke [u. a.]: Palgrave MacMillan.
URL: http://www.palgrave-journals.com/ap/index.html
Archiv: Palgrave Online Journal Archives

Die *Acta Politica* erscheinen in den Niederlanden. Sie vertreten ein breites Methoden- und Themenspektrum und berücksichtigen alle Teilbereiche der Disziplin. Die Themen umfassen die Innenpolitik der Niederlande, Fragen der internationalen Politik, politische Theorie, öffentliche Verwaltung und Fallstudien über andere Länder, hauptsächlich in Europa. Theoretische Arbeiten und empirische Forschung finden ebenfalls Beachtung. Seit 2003 wird die Zeitschrift vollständig in englischer Sprache publiziert. In den letzten Jahren erschienen einzelne Themenhefte, die sich mit Problemen der Zivilgesellschaft befassten: *Populism and Civil Society (1/2011/1); Civil Society on the Rise (2/2010)*.

Revue Française de Science Politique (RFSP); 1951 ff., Hrsg. Association Française de Science Politique, Paris: Presses de Sciences PO.
URL: http://www.afsp.msh-paris.fr/publi/rfsp/rfsp.html
Archive: Presses de Sciences Po, CAIRN, Persée

Die *Revue Française de Science Politique* ist eine multidisziplinäre Zeitschrift. Sie zeichnet sich durch ein breites Themenspektrum und einen internationalen Autorenkreis aus. Die Themen sind juristische und soziologische Analysen politischer Institutionen, die politische Ideenforschung und der Vergleich politischer Systeme sowie die Europäische Union. Veröffentlicht werden auch Beiträge zu den Fachkonferenzen der Association Française de Science Politique. Im Rahmen der Wahlforschung werden Wahlanalysen veröffentlicht und Probleme der Wahlkampffinanzierung erörtert. Weitere Themen sind der Korporatismus, der Systemwechsel und der Verfassungswandel in Frankreich.[43] Der Anteil der Aufsätze, die quantitative Methoden anwenden, ist insgesamt gering.[44] Für jeden Aufsatz liegen ein französisches und ein englisches Abstract vor. Neben den Aufsätzen nehmen Rezensionen von Neuerscheinungen aus dem In- und Ausland, Zusammenfassungen von Aufsätzen aus internationalen Fachzeitschriften sowie ein um-

---

43 Siehe auch Hartmann 2006, S. 231–32.
44 Siehe auch Thibaud Boncourt: Is European Political Science Different from European Political Sciences?: A Comparative Study of the *European Journal of Political Research, Political Studies* and the *Revue Française de Science Politique*, in: European Political Science, 7. Jg. (2008), S. 366–381.

fangreicher bibliografischer Apparat breiten Raum ein. In regelmäßigen Abständen erscheinen Schwerpunkthefte. Eine Auswahl:

Retour sur les situations révolutionnaires Arabes (5-6/2012); Entretiens collectifs: nouveaux usages? (3/2011); L'action publique au prisme de ses intruments (1/2011) ; Regards croisés sur les élections (5/2010); Sociologie politique de l'Europe du droit (2/2010) ; Passé et présent de la politisation (1/2010); L'étranger ou la question des modèles et transferts (4/2009); Retour au Parlement (3/2009); Le genre à la frontière entre Policy et Politics (2/2009); L'élection présidentielle de 2007: Premiers aperçus (3-4/2007); Politiques publiques et relations internationales (3/2006); La transformation des groupes d'intérêt en France (2/2006) ; Idées, politiques de défense et stratégie (5/2004); Sur la formation des sciences de gouvernement (2/2003) ; Les approches nationales des politiques publiques (1/2002); L'union européenne: une démocratie diffuse? (6/2001); Italie et Japon aujourd'hui (4/2001); Les transitions démocratiques regards sur l'état de la „transitologie" (4-5/2000); Les approches cognitives des politiques publiques (2/2000); Les institutions de la Cinquième République ont-elles fini d'exercer leurs effets? (5/1997); La Commission européenne. Cultures, politiques, paradigmes (3/1996).

Österreichische Zeitschrift für Politikwissenschaft (ÖZP); 1972 ff., Hrsg. Österreichische Gesellschaft für Politikwissenschaft, Wien: facultas.wuv.
URL: http://www.oezp.at/
Archiv: http://www.oezp.at/getMagazines.php

Diese Zeitschrift ist das maßgebliche Publikationsorgan für politikwissenschaftliche Arbeiten aus und über Österreich. Das Themenspektrum ist sehr breit gefächert; es deckt alle Aspekte der Politikwissenschaft ab: Politische Parteien, politische Theorie, internationale Politik. Die ÖZP erschließt einem breiten, fachlich interessierten Leserkreis politikwissenschaftliche Analysen, die Österreich zum Gegenstand haben. Ursprünglich war jedes Heft einem bestimmten Themenschwerpunkt gewidmet; freie Beiträge außerhalb des jeweiligen Schwerpunktes waren selten. 2011 wurde auf eine offene Struktur umgestellt. Betrachtet man die Schwerpunkthefte seit 1996, so sind die ausgewählten Themen breit gefächert. Die Inhalte haben jedoch stets einen engen Bezug zu Österreich. Dessen ungeachtet ist die ÖZP eine Zeitschrift internationaler Ausrichtung für den ganzen deutschsprachigen Raum. Die Artikel werden in deutscher oder englischer Sprache publiziert. Themen zu internationalen Beziehungen und zu Europa bilden einen weiteren Schwerpunkt. Auch Leserinnen und Lesern, die vornehmlich an internationaler Politik interessiert sind, bietet die österreichische Zeitschrift einen ergiebigen Fundus. Eine Auswahl von Themenheften:

Public Policy Analysis und die interpretative Wende (4/2011); Herausforderungen und Gefährdungen der Demokratie durch neue Bedingungen und AkteurInnen (2/2011); Demokratietheorie vor dem Hintergrund neuer Phänomene. Klassische und neue Perspektiven (1/2011); Political Leadership (3/2010); Emotionen in der Politik(-wissenschaft) (2/2010); Praxis der Theorie (1/2010); Europäische Energiepolitik (4/2009); Politische Bildung revisited (3/2009); Mikroanalysen politischer Praktiken (1/2009); Islam im öffentlichen Raum. Debatten und Regulationen in Europa (4/2008); Europäische Parteien und die Europäisierung nationaler Parteien(systeme) (3/2008); Vergleichende Parteienforschung: Trends und Probleme (1/2008); Interessenvermittlung: Trends und Veränderungen in Forschung und Praxis (4/2007); EU-Ratspräsidentschaft: Zwischen Management und Vision (2/2007); Perspektiven politischer Theorie (1/2007) Medien und Politik (4/2006); Wahlrechtsentwicklung im internationalen Vergleich (1/2005); Liberale Grundrechte im Zeitalter der neuen Informations- und Kommunikationstechnologien (4/2004); Aufstieg und Fall der FPÖ – Zwischen europäischem Trend und österreichischem Sonderweg (3/2004); Beiträge zu politischen Entscheidungsfindungsprozessen, Föderalismus, Regionalpolitik und zum Links- (2/2004); Demokratie, Rechtsstaat und innere Sicherheit (1/2004); Vertrauen. Mikrofundierung sozialer und politischer Ordnungen (4/2002); Rechtspopulismus und Rechtsradikalismus in Europa (3/2002); Methodische Innovationen in der Politikwissenschaft (2/2002); Parteienfinanzierung im internationalen Vergleich (1/2002).

Swiss Political Science Review (SPSR) – Schweizerische Zeitschrift für Politische Wissenschaft (SZPW); 1995 ff., Hrsg. Schweizerische Vereinigung für Politische Wissenschaft, Hoboken.
URL: http://onlinelibrary.wiley.com/journal/10.1002/%28ISSN%291662-6370
Archiv: Wiley Online Library

Die Schweizer Fachzeitschrift befasst sich mit allen Aspekten der theoretischen oder empirischen Politikwissenschaft unabhängig vom methodischen Ansatz. Besonderes Gewicht wird auf die Analyse des schweizerischen Regierungssystems gelegt. Zu den Themenschwerpunkten gehören die Analyse des schweizerischen Politiksystems einschließlich der Parteigeschichte, der Außenpolitik und der internationalen Beziehungen, ferner die Policy-Analyse, Wahlen und Abstimmungen, direkte Demokratie, Föderalismus und Konkordanzdemokratie. Die *SPSR* veröffentlicht als einzige Zeitschrift der Fachdisziplin ihre Beiträge auf Englisch, Deutsch, Französisch und Italienisch. Zu allen Artikeln gibt es englische, deutsche und französische Zusammenfassungen. Ein neueres Heft widmet sich einem Schwerpunktthema: *The (Democratic) Legitimacy of Global Governance: New Theoretical and Empirical Perspectives (2/2012).*

Scandinavian Political Studies (SPS); 1966 ff., Hrsg. Nordic Political Science Association: Denmark, Finland, Iceland, Norway and Sweden, Oxford: Blackwell.
URL: http://www.onlinelibrary.wiley.com/journal/10.1111/(ISSN)1467-9477
Archiv: Wiley Online Library, Tidsskrift.dk

Mit der Politik im skandinavischen Raum befassen sich die *Scandinavian Political Studies*. In dieser Zeitschrift publizieren skandinavische Autoren ihre Arbeiten über Regierungssystem, Parteiensystem, Policies und Wahlen sowie Demokratieverständnis, Wohlfahrtsstaat und über aktuelle politische Ereignisse. Fragen der internationalen Politik werden oftmals in Beziehung zu Skandinavien gesetzt. Die Zeitschrift bietet außerdem ausführliche Informationen über den Stand der politikwissenschaftlichen Forschung in Skandinavien.

Multiplikatorenjournal

Leviathan: Berliner Zeitschrift für Sozialwissenschaft; 1973 ff., Hrsg. Freie Universität Berlin, Humboldt-Universität zu Berlin, Wissenschaftszentrum Berlin für Sozialforschung, Hertie School of Governance, Baden-Baden: Nomos.
URL: http://www.leviathan.nomos.de/
Archiv: http://www.leviathan.nomos.de/archiv/
URL: http://link.springer.com/journal/11578
Archiv: SpringerLink (2000-20011)

Der *Leviathan* ist eine kritische sozialwissenschaftliche Zeitschrift und zugleich ein „politisch interessiertes" Organ. Es versucht, Wissenschaft und Politik zusammenzuführen.[45] Sie ist als Zeitschrift konzipiert, die eine kritische Haltung gegenüber staatlicher und ökonomischer Macht einnimmt. Prominente Vertreter aus den Geistes- und Sozialwissenschaften veröffentlichen Beiträge aus allen sozial-

---

45 Bodo von Greiff: Editorial: Die Berliner Zeitschrift für Sozialwissenschaft, in: Leviathan: Zeitschrift für Sozialwissenschaft, 33. Jg. (2005), S. 417-419.

wissenschaftlichen Disziplinen. Die Leitthemen der Beiträge sind Gesellschaftskritik, europäische Integration, Industrialisierung, Globalisierung, Krieg und Frieden, die Entwicklung der Wissenschaft und der Universitäten.

8.2 Politische Systeme

8.2.1 Vergleich politischer Systeme

Für den Vergleich politischer Systeme haben die beiden amerikanischen Fachzeitschriften *Comparative Politics* und *Comparative Political Studies* weltweite Bedeutung. Bei beiden Journalen handelt es sich um die ersten Zeitschriften, die sich ausschließlich mit dem Vergleich politischer Systeme befassen. Ihre Gründung fiel mit dem raschen Wachstum dieses politikwissenschaftlichen Teilgebiets zusammen. Das Veröffentlichungsprofil beider Zeitschriften ist ähnlich. Sie beschäftigen sich mit Themen des politischen Systems in allen Regionen der Welt. Im Zeitverlauf lässt sich die Entwicklung dieses Teilgebiets im Themenwandel beider Zeitschriften gut verfolgen.[46]

Comparative Politics (CP); 1968 ff., Hrsg. City University of New York, New York, NY: City University.
URL: http://web.gc.cuny.edu/jcp/
Archiv: JSTOR

Comparative Politics veröffentlicht vergleichende Analysen politischer Systeme und Institutionen in verschiedenen Ländern und Regionen. Neben europäischen politischen Systemen werden vor allem Lateinamerika, Afrika, der Nahe Osten und Asien in den Blick genommen. Zumeist handelt es sich um Einzelfallstudien oder um Fallvergleiche, die auch soziale, kulturelle und wirtschaftliche Faktoren berücksichtigen. Hinsichtlich der methodischen Ausrichtung gibt es keine Einschränkungen. Die Publikation von Themenheften wurde nach dem Jahrgang 1997 eingestellt.

---

46 Siehe auch Lee Sigelman und George H. Gadbois: Contemporary Comparative Politics: An Inventory and Assessment, in: Comparative Political Studies, 16. Jg. (1983), S. 298–299.

Comparative Political Studies (CPS); 1968 ff., Thousand Oaks, Calif. [u. a.]: Sage.
URL: http://cps.sagepub.com/
Archiv: SAGE Journals Online

Diese Zeitschrift deckt ebenfalls ein breites Themenspektrum ab, darunter die europäische Integration und Währungspolitik, Demokratisierung in der Dritten Welt, Krisengebiete im Nahen Osten, Menschenrechtsfragen, Arbeitsmärkte, Friedensbewegungen, Parteipolitik und Wahlsysteme bis hin zur Betrachtung der politischen Ökonomie Lateinamerikas. Die Beiträge sind stark theoriegeleitet. Im Vergleich zu den *Comparative Politics* ist die *CPS* auch stärker methodenorientiert. In einer besonderen Rubrik kommen Vertreter der qualitativen und der quantitativen Richtungen in der vergleichenden Politikwissenschaft zu Wort. Die *CPS* hat die Veröffentlichung von Themenheften beibehalten. Eine Auswahl:

The Dynamics of Policy Change in Comparative Perspective (8/2011); Globalization and the Politics of Natural Resources (6/2011); The Historical Turn in Democratization Studies (8/9, 2010); Quantitative Methods, The View from the Subfields (2/2007); Courts, Democracy, and Governance (1/2006); Globalization, Democracy and Effective Welfare Spending (9/2005).

Government and Opposition (Govt Opp): An International Journal of Comparative Politics; 1965 ff., Oxford: Wiley-Blackwell.
URL: http://onlinelibrary.wiley.com/journal/10.1111/%28ISSN%291477-7053
Archiv: Wiley Online Library

Mit dem Vergleich politischer Systeme befasst sich auch dieses Journal, das eine große Themenbreite aufweist. Die Autoren behandeln die Themen im traditionellen Stil der britischen Politikwissenschaft, schreiben also die Messung und Methoden klein. Themen sind die Demokratieforschung einschließlich der Wahlen, die Entwicklung politischer Parteien in Westeuropa, die Europäische Union, Demokratisierungsprozesse in Ost- und Mitteleuropa, die Weltwirtschaft und die politischen Auswirkungen der Globalisierung. Die Autoren nehmen auch Afrika, Asien sowie die mittleren und südlichen Teile des amerikanischen Kontinents in den Blick. Bei der Analyse aktueller Probleme wird großer Wert auf den historischen Hintergrund gelegt. Die Länderberichte thematisieren auch die Policies industrieller und postindustrieller Gesellschaften, etwa die Asyl- und Flüchtlingspolitik, die Verteilung der Energieressourcen und die Rolle internationaler Organisationen. Viele Beiträge – und zum Teil auch Themenhefte – analysieren die Fähigkeit moderner Staaten, mit den Herausforderungen der Globalisierung umzugehen. Gelegentlich werden Konferenzbände veröffentlicht, die Vorträge wissenschaftlicher Tagungen enthalten. Eine Auswahl:

Politics as Compromise (3/2012); Territory and Power and the Study of UK and Comparative Politics (3/2010); The Refugee: in Trans/national Politics and Society (2/2008); Resource Politics (2/2005); Global Governance and Public Accountability (2/2004).

European Journal of Political Research (EJPR); 1973 ff., Hrsg. European Consortium for Political Research, Oxford: Wiley-Blackwell.
URL: http://onlinelibrary.wiley.com/journal/10.1111/%28ISSN%291475-6765
URL: http://link.springer.com/journal/11112
Archive: Springer Link, Wiley Online Library

Diese Zeitschrift ist die wichtigste periodische Veröffentlichung des European Consortium for Political Research (ECPR).[47] Dieser Verbund von Forschungsinstituten ist ein wichtiges Netzwerk für europäische Fachwissenschaftler. Das *EJPR* ist stark methodenorientiert und, was ihre Themen betrifft, breit ausgestaltet. Der Schwerpunkt liegt in der Europaforschung. Breiten Raum nehmen ferner die Parteien- und Wählerforschung ein. Zum Themenspektrum gehört auch die Policy-Analyse, bei der quantitative wie auch qualitative Methoden zum Zuge kommen. Themenhefte erscheinen in größeren Abständen. Eine Auswahl:

Innovative, Participatory, and Deliberative Procedures in Policy- Making: Democratic and Effective? (4/2007); The Greens in Power (2006/Supplement); Interests, Information, Voting in Referendums (6/2002); Parliamentary Democracy and the Chain of Delegation (3/2000).

---

47 Das Konsortium gibt mehrere Zeitschriften heraus: *European Journal of Political Research, European Journal of International Relations, European Political Science* und *European Political Science Review*.

European Journal of Political Research/Political Data Yearbook; 1991–2001, 2002 ff.,
Hrsg. European Consortium for Political Research, Oxford: Wiley-Blackwell.
URL: http://onlinelibrary.wiley.com/journal/10.1111/%28ISSN%292047-8852
Archiv: Wiley Online Library

Das *Political Data Yearbook* ist ein fester Bestandteil des *EJPR*. Es erscheint als Doppel-Ausgabe am Ende eines Jahres und umfasst politisch relevante Daten und Statistiken europäischer Staaten. Ferner werden Dokumente über Wahlergebnisse, nationale Referenden, Regierungsbildung und über institutionelle Reformen veröffentlicht. Zusätzlich enthalten sind Daten aus Australien, Kanada, Island, Israel, Japan, Neuseeland, Norwegen, der Schweiz und den Vereinigten Staaten.

Pouvoirs: Revue Française d'Études Constitutionnelles et Politiques; 1977 ff., Paris: Seuil
URL: http://www.revue-pouvoirs.fr/
Archiv: CAIRN

Die *Pouvoirs* zeichnen sich durch ein internationales Themenspektrum und einen internationalen Autorenkreis aus. Jedes Heft ist ein Themenheft, in dem sich die Autoren auf aktuellem Stand mit einem Themenkomplex befassen. Der Gebrauchswert der Hefte kommt deshalb demjenigen eines fundierten Fachbuches sehr nahe. Die Artikel behandeln im Einzelnen Themen der französischen Politik, der politischen Theorie und politische Aspekte der Wirtschaft, des sozialen Lebens und der Kultur. Die politischen Institutionen werden in verfassungsrechtlicher und politikwissenschaftlicher Perspektive analysiert. Jede Ausgabe enthält eine Chronik des politischen Geschehens in Frankreich und der Welt, die sich als Datensammlung und zum Nachschlagen eignet.

Die beiden folgenden Zeitschriften haben sich ausdrücklich auf Probleme des Parlamentarismus spezialisiert; beide sind auch vergleichend orientiert.

Parliamentary Affairs (Parl Aff): A Journal of Representative Politics; 1947 ff., Hrsg. Hansard Society for Parliamentary Government, London: Oxford University Press.
URL: http://pa.oxfordjournals.org/
Archiv: Oxford Digitized Journals Archive

Themen rund um Parlament und Parlamentarismus im internationalen Vergleich stehen im Mittelpunkt dieser britischen Zeitschrift. Sie hebt darauf ab, einerseits dem interessierten Laien das parlamentarische System verständlich zu machen und andererseits die Forschung über den britischen Parlamentarismus zu dokumentieren. Obwohl die Beiträge auch parlamentarische Systeme in aller Welt analysieren, liegt der Schwerpunkt auf dem parlamentarischen System Großbritanniens. Themen sind die Parlamentsarbeit, Wahlen und Parteienfinanzierung. Es wird Wert darauf gelegt, den Parlamentarismus in seinem kulturellen und sozialen Kontext darzustellen. Soweit quantitative Methoden einem nichtwissenschaftlichen Publikum verständlich erläutert werden können, kommen in den Beiträgen auch Techniken der empirischen Sozialforschung zum Einsatz.[48] Die Zeitschrift verbindet Aktualität mit Verständlichkeit. Gelegentlich erscheinen Themenhefte:

French Presidential and Parliamentary Elections 2012 (1/2013); How Elected Members Learn Parliamentary Skills (3/2012); Britain Votes 2010 (4/2010); The Politics of Britishness (2/2010); Devolution: Ten Years On (2/2010); Charter 88 and the Constitutional Reform Movement: Twenty Years On (4/2009).

Zeitschrift für Parlamentsfragen (ZParl); 1969/1970 ff., Hrsg. Deutsche Vereinigung für Parlamentsfragen, Baden-Baden: Nomos.
URL: http://www.zparl.de/
URL: http://www.zparl.nomos.de/
Archiv: http://www.zparl.nomos.de/archiv/

Bei der Gründung dieser Zeitschrift stand die vorgenannte britische Zeitschrift Pate. Weit über das hinaus, was der Titel ankündigt, handelt die *ZParl* das politi-

---

48 Siehe Hartmann 2006, S. 205, 212; Jocelyn Evans und Steven Fielding: Editorial, in: Parliamentary Affairs, 64. Jg. (2011), S. 1–3; Jocelyn Evans und Steven Fielding: Editorial, in: Parliamentary Affairs, 63. Jg. (2010), S. 1–3.

sche System der Bundesrepublik Deutschland in seiner ganzen Breite ab. Mit ihren Dokumentationen zum politischen Geschehen in den Parlamenten, Parteien und Institutionen ist die *ZParl* zum zentralen Forum für die Erörterung sämtlicher Fragen zur Geschichte und Gegenwart des Parlamentarismus in Deutschland geworden. Der besondere Charakter und die Attraktivität der Zeitschrift verdanken sich der Tatsache, dass hier Experten aus den unterschiedlichsten wissenschaftlichen Fachdisziplinen ebenso wie Politiker, Journalisten und Angehörige der Parlaments- und Fraktionsverwaltungen zu Wort kommen. Thematische Schwerpunkte sind Fragen des Parlamentarismus im Bund und in den Ländern sowie in ausländischen Parlamenten. Parlamentsrelevante Entscheidungen der oberen Gerichte werden ebenfalls diskutiert. Neben den Kernbereichen der Parlamentsforschung ist die *ZParl* auch ein Forum der Wahl- und Parteienforschung.

Zeitschrift für Vergleichende Politikwissenschaft (ZfVP); 2007 ff., Hrsg. Arbeitskreis Demokratieforschung der Deutschen Vereinigung für Politische Wissenschaften, Wiesbaden: VS.
URL: http://link.springer.com/journal/12286
Archiv: SpringerLink

Mit methodischem Anspruch bearbeitet diese noch sehr junge Zeitschrift thematisch die ganze Breite des Teilgebietes der vergleichenden Politikwissenschaft. Unter den Beiträgen finden sich Studien über Institutionen, Prozesse und Policies. Konstruktivistische und inhaltsanalytische Auswertungsverfahren sind ebenso anzutreffen wie statistische und makro-qualitative Methoden (QCA). Die Themen des ersten Heftes [49] beschäftigen sich mit historischen, methodischen und theoretischen Aspekten der vergleichenden Politikwissenschaft. Sie referieren den Stand der komparatistischen Forschung in Deutschland, Großbritannien und in den USA. Nach ihrem Anspruch klammert diese Zeitschrift keine Weltregion aus der Betrachtung aus. In den bisherigen Ausgaben der *ZfVP* konzentrieren sich die Beiträge aber noch stark auf Westeuropa. In der Ausgabe 2/2010 befassen sich zwei Aufsätze mit postkommunistischen Entwicklungen in Mittel- und Osteuropa. Ein weiterer großer Themenbereich ist die Demokratie. Insgesamt hat die Zeitschrift zurzeit das Format eines Journals zur vergleichenden Demokratieforschung. Inzwischen ist ein Sonderband erschienen: *Die Messung von Indizes in der Vergleichenden Politikwissenschaft*, Hrsg. Gert Pickel, Wiesbaden: VS, 2012, 251 S.

---

49 Auch erschienen als Supplement in englischer Sprache: *The Historical Development of Comparative Politics (4/2010 Supplement)*. URL: http://link.springer.com/journal/12286/4/1/suppl/page/1

8.2.2 Ausgewählte Länder und Regionen

8.2.2.1 USA

Über den Themenkomplex der „American Politics" existiert eine Vielzahl von Zeitschriften, die hier allein schon aus Platzgründen nicht alle aufgeführt werden können. Neben den bereits oben genannten Zeitschriften *American Political Science Review* und *Perspectives on Politics* sind für solche Themen folgende Zeitschriften zu empfehlen:

Political Science Quarterly (PSQ): The Journal of Public and International Affairs; 1886 ff., Hrsg. Academy of Political Science, New York, NY: Academy of Political Science.
URL: http://www.psqonline.org/
Archiv: JSTOR

Die *Political Science Quarterly* gehört zu den ältesten politikwissenschaftlichen Fachzeitschriften überhaupt. Sie wurde 1886 an der Columbia Universität gegründet. Bis heute veröffentlicht das Journal Aufsätze aus allen Bereichen der Politikwissenschaft. Ihr Markenzeichen sind zeitnahe Analysen innen- und außenpolitischer Themen sowie die politischen Institutionen der USA. Zum Konzept der Zeitschrift gehört seit ihrer Gründung das Anliegen, das Verständnis für die Politik der USA zu fördern. Sie leistet dies mit gut lesbaren Texten ohne fachwissenschaftlichen und methodischen Jargon und stets mit Bezug auf aktuelle Themen.

Journal of Politics (JOP); 1939 ff., Hrsg. Southern Political Science Association, New York, NY [u.a.]: Cambridge University Press.
URL: http://www.journalofpolitics.org/
URL: http://journals.cambridge.org/jid_JOP
Archive: Cambridge Journals Digital Archive, JSTOR

Das *Journal of Politics* gehört seit 1939 zu den wichtigsten Zeitschriften für allgemeine politikwissenschaftliche Themen. Das Journal widmet sich allen Facetten des Faches und bietet eine Mischung der verschiedenen Methodenrichtungen. Die Beiträge befassen sich mit Themen aus allen Teilgebieten der Politikwissenschaft: Amerikanische Politik, politische Theorie, vergleichende Politikwissenschaft, internationale Beziehungen, öffentliche Verwaltung und Public policy. Dessen ungeachtet liegt der Schwerpunkt auf der amerikanischen Innenpolitik und dem

Regierungssystem der USA. Die beliebtesten Themen befassen sich mit den Gerichten und der Verwaltung sowie mit Parteien und Wahlen. Die Beiträge streichen Methodenfragen nicht groß heraus.

Political Research Quarterly (PRQ); 1993 ff., Hrsg. Western Political Science Association, Pacific Northwest Political Science Association, Southern California Political Science Association, Northern California Political Science Association, Thousand Oaks, Calif.: Sage. Früherer Titel: The Western Political Quarterly (1948–1972).
URL: http://prq.sagepub.com/
Archive: JSTOR, SAGE Journals Online

Auch diese Zeitschrift behandelt die gesamte Bandbreite der Themen und Problemstellungen der Politikwissenschaft: Amerikanische Innenpolitik inklusive öffentlicher Verwaltung, Justiz und Kongressforschung. Daneben geht es um die amerikanische Außenpolitik, Geschlechterpolitik und ethnische Fragen. Die amerikanische Innenpolitik ist das wichtigste Themenfeld, gefolgt von vergleichenden Studien. Politische Theorie und Methoden spielen im Themenmix eine eher geringe Rolle. In der *PRQ* publizieren vorwiegend amerikanische Wissenschaftler.

American Journal of Political Science (AJPS); 1973 ff., Hrsg. Midwest Political Science Association, Hoboken, NJ: Wiley. Früherer Titel: Midwest Journal of Political Science (1957–1972).
URL: http://www.ajps.org/
URL: http://www.onlinelibrary.wiley.com/journal/10.1111/(ISSN)1540-5907
Archiv: JSTOR, Wiley Online Library

Im Vergleich zu den beiden vorgenannten Zeitschriften ist das *American Journal of Political Science* methodisch sehr ambitioniert. Dennoch vereint es eine breite Palette von Beiträgen über alle Themen der amerikanischen Politik, so die Public policies, die internationale Politik, die vergleichende Politikwissenschaft, Methoden und politische Theorie. In der Rubrik „AJPS Workshop" finden Interessierte Exposés statistischer oder mathematischer Analyseverfahren sowie die Präsentation innovativer Messungsstrategien.

Die drei zuletzt genannten Zeitschriften erscheinen in der Trägerschaft regionaler Fachvereinigungen in den USA. Ursprünglich befassten sie sich stark mit Themen der regionalen Politik. Heute sind diese Zeitschriften zu Fachzeitschriften über die gesamte amerikanische Innenpolitik, d. h. Institutionen, Prozesse und Politikfelder geworden. Die Vorlieben für statistisches Material kommen besonders stark in der *American Political Science Review* (siehe oben 8.1) und im *American Journal of Political Science* zum Zuge. Offener und pluralistischer sind in dieser Hinsicht das *Journal of Politics* und das *Political Research Quarterly*.[50]

8.2.2.2 Westeuropa

West European Politics (WEP); 1978 ff., Basingstoke [u. a.]: Routledge, Taylor & Francis.
URL: http://www.tandfonline.com/loi/fwep20
Archiv: Taylor & Francis Online

Die politischen Systeme Europas stehen im Mittelpunkt dieser Zeitschrift. Sie veröffentlicht seit gut 20 Jahren auch Artikel über die Politik der Europäischen Union, und zwar in einem breiten Themenspektrum von den Institutionen der Regierungssysteme über die Parteien und Verbände bis hin zu den Policies. Darüber hinaus enthalten die Hefte Analysen der nationalen Wahlen. In den letzten Jahren wurden die postsozialistischen Demokratien Polens, Tschechiens und Ungarns in das Themenspektrum integriert [51] In größeren Abständen erscheinen Themenhefte. Eine Auswahl:

The Party Politics of Territorial Reforms in Europe (2/2013); Assessing Political Representation in Europe (6/2012); From Europeanization to Diffusion (1/2012); Understanding Electoral Reform(3/2011); Linking Inter- and Intra-institutional Change in the European Union (1/2011); Accountability and European Governance (5/2010); The Structure of Political Competition in Western Europe(3/2010); Governing the European Union: Policy Instruments in a Multi-Level Polity (1/2010); The Politics of Conflict Management in EU Regulation (4 2009); France's Political Institutions at 50 (2/2009); Italy: A Contested Polity (4/2007); Norway: The Transformation of a Political System (4/2005); The Challenge of Modernisation: Politics and Policy in Greece (2/2005); The Swiss Labyrinth Institutions, Outcomes and Redesign (2/2001); Politics and Policy in Democratic Spain: No Longer Different? (4/1998).

---

50   Siehe auch Sanders 2012, S. 116 ff. , 123 ff. , 128 ff. , 209.
51   Siehe auch Hartmann 2006, S. 212.

Die folgenden Zeitschriften widmen sich der landeskundlichen Betrachtung eines Landes oder einer Region nicht nur unter politischen, sondern auch unter geografischen, historischen, wirtschaftlichen, sozialen und kulturellen Aspekten.

German Politics (GP): Journal of the Association for the Study of German Politics;
1992 ff., Hrsg. International Association for the Study of German Politics, Philadelphia, Pa: Routledge: Taylor & Francis Group.
URL: http://www.tandfonline.com/loi/fgrp20
Archiv: Taylor & Francis Online

Die *German Politics* publizieren speziell zum politischen System der Bundesrepublik Deutschland. Die Artikel befassen sich mit dem ganzen Spektrum der Innenpolitik, und zwar in einem breiten Themenmix von den Institutionen des Regierungssystems über Parteien und Verbände bis hin zu den Policies. Behandelt wird auch die Rolle Deutschlands in den internationalen Beziehungen und in der Europäischen Union. Viele Ausgaben sind als Themenhefte konzipiert, die sich detailliert unter verschiedenen Blickwinkeln mit einem Thema befassen. Eine Auswahl:

Gender, Intersectionality and the Executive Branch: The Case of Angela Merkel (3/2011); Grand Coalition as Systemic Transformation? The German Experience (3-4/2010); Germany at 60: Stability and Success, Problems and Challenges (1/2010); Estimating the Policy Preferences of Political Actors in Germany and Europe: Methodological Advances and Empirical Applications (3/2009); German Federalism in Transition? (4/2008); Between Consensus and Conflict: Law-Making Processes in Germany (2/2008); Policy Convergence in the UK and Germany (1/2007); From „Modell Deutschland" to Modell Europa: Europe in Germany and Germany in Europe (3/2005); The Politics of Economic Reform in Germany: Global, Rhineland or Hybrid Capitalism? (2/2005).

British Politics (BP); 2006 ff., Basingstoke: Palgrave MacMillan.
URL: http://www.palgrave-journals.com/bp/index.html
Archiv: Palgrave Online Journal Archives

Diese Zeitschrift zielt auf ein ganzheitliches Verständnis der britischen Politik. Sie publiziert aktuelle und historische Analysen. Thematisch ist sie sehr breit angelegt: Politische Entwicklungen, institutioneller Wandel und politisches Verhalten, Kultur- und Sozialpolitik, Wahlforschung, politische Ökonomie und vergleichende Studien. Vorrang haben Beiträge, die aktuelle Entwicklungen betrachten. Bisher vertiefen drei Sonderhefte die Darstellung britischer Politik:

Current and Future Directions of the Discipline (7/2012); General Election (5/2010); Britain in Crisis (4/2009).

French Politics (FP): 2003 ff., Basingstoke: Palgrave MacMillan.
URL: http://www.palgrave-journals.com/fp/index.html
Archiv: Palgrave Online Journal Archives

Auf die politischen Institutionen Frankreichs konzentriert sich diese Zeitschrift, in der internationale Autoren publizieren. Schwerpunktthemen sind politisches Verhalten, öffentliche Verwaltung und Fragen des öffentlichen Rechts. Die Beiträge wählen eine vergleichende bzw. länderübergreifende Perspektive, darunter institutionelle Analysen (historisch, empirisch, soziologisch), Verhaltensstudien (Erhebungsdaten und Zeitreihen-Analysen), Rational choice und postmoderne Ansätze. Ein spezieller Datenteil: *Data, Measures and Methods* präsentiert jeweils in tabellarischer Form die wichtigsten politischen, wirtschaftlichen und sozialen Daten. Er ist für Abonnenten auch als elektronische Datenbank zugänglich.

8.2.2.3 Mittel- und Osteuropa

Seit dem Zusammenbruch der sozialistischen Staatenwelt hat sich eine Reihe qualitativ hochstehender Zeitschriften auf die Veränderungen im Osten Europas, im Kaukasus und in Zentralasien eingestellt.

Communist & Post-Communist Studies: An International Interdisciplinary Journal; 1993 ff., Orlando, Fla. [u. a.]: Elsevier. Frühere Titel: Communist Affairs (1962–1968); Studies in Comparative Communism (1968–1992).
URL: http://www.journals.elsevier.com/communist-and-post-communist-studies
Archiv: Elsevier Science Direct

Die *Communist & Post-Communist Studies* widmen sich kommunistischen und post-kommunistischen Staaten und kommunistischen Bewegungen in den Nachfolgestaaten der Sowjetunion. Autoren aus verschiedenen Disziplinen kommen zu Wort. Im Fokus stehen Ideologie, Wirtschaft und Gesellschaft einschließlich der Innen- und Außenpolitik. Die Beiträge ermitteln die Ursachen der politischen Umbrüche, und sie bewerten die Reformen hin zu Markt und Demokratie Alle Beiträge nehmen eine vergleichende Perspektive ein. Eine Auswahl der Themenhefte:

Disintegration of the Soviet Union. Twenty Years Later. Assessment. Quo Vadis? (3-4/2012); In Search of Legitimacy: Post-Soviet De Facto States Between Institutional Stabilization and Political Transformation (1-2/2012); The New Authoritarianism in the Former Soviet Union (4/2010); Curriculum and Mass Media in Post-Communist Russia & Ukraine Legacies and the Radical Right in post-1989 Central and Eastern Europe (4/2009); The Ghosts of the Past: 20 years after the Fall of Communism in Europe (2/2009); Comparative Studies of Communist Successor Parties in Central and Eastern Europe (4/2008); Conflict and Conflict Resolution in Central Asia: Dimensions and Challenges (2/2007); Democratic Revolutions in Post-Communist States (3/2006).

East European Politics; 2012 ff., Abingdon: Taylor & Francis. Frühere Titel: The Journal of Communist Studies (1985–1993); Journal of Communist Studies & Transition Politics (1994–2011).
URL: http://www.tandfonline.com/loi/fjcs21
Archiv: Taylor & Francis Online

Ein ähnliches Format hat diese Zeitschrift. Ursprünglich der Analyse kommunistischer Systeme gewidmet, hat sie ihr inhaltliches Profil dem gegenwärtigen politischen Umfeld angepasst. Sie richtet ihr Augenmerk auf die Prozesse des Regimewechsels und auf die gegenwärtige Regierungspolitik im postsowjetischen Raum. Der geografische Rahmen umspannt Ost- Mittel- und Südosteuropa, Russland und alle übrigen Nachfolgestaaten der ehemaligen Sowjetunion. Die Leserinnen und Leser finden Länderstudien und vergleichende Studien über das regionale Staatensystem bzw. über die internationalen Beziehungen in Osteuropa. Die Themenhefte werden vom Verlag auch als Buchveröffentlichungen herausgebracht. Eine Auswahl:

Russian Party Politics (3/2012); The Eastern Partnership Initiative (1/2011); Federalism and Inter-governmental Relations in Russia (2/2010); Does EU Membership Matter? Party Politics in Central & Eastern Europe (4/2009); Rethinking the ‚Coloured Revolutions' (2-3/2009); Unholy Alliance: Muslims and Communists (1/2009); Models of Power Relationships in Post-Soviet Societies (1/2008); European Union: Enlargement and After (4/2007); Democratic Revolution in Ukraine: From Kuchmagate to Orange Revolution (1/2007); Political Parties and the State in Post Communist Europe (3/2006); Transnational Issues, Local Concerns: Insights from Russia, Central and Eastern Europe and the UK (1/2006); Policy Transfer and Programmatic Change in the Communist Successor Parties of Eastern and Central Europe (1/2005); Centre-Right Parties in Post-Communist East-Central Europe (3/2004).

Post-Soviet Affairs; 1993 ff., Hrsg. Joint Committee on Soviet Studies of the American Council of Learned Societies and the Social Science Research Council, Columbia, Md.: Bellwether Publishing.
URL: http://bellwether.metapress.com/content/120755/
URL: http://www.metapress.com/content/120755/

In dieser Zeitschrift befassen sich vorwiegend US-amerikanische Autoren mit Entwicklungen in den Nachfolgestaaten der Sowjetunion. Sie bietet vorzugsweise aktuelle Analysen zum Zustand der russischen Wirtschaft und Gesellschaft. Obwohl der Titel eine Fokussierung auf die Nachfolgestaaten der Sowjetunion vermuten lässt, umfasst der geografische Rahmen auch die Länder Ostmitteleuropas, die früher zur sozialistischen Staatenwelt gehörten.

Problems of Post-Communism (PPC); 1993 ff., Washington, DC: Sharpe. Früherer Titel: Problems of Communism 1952–1992, Hrsg. International Communication Agency, Washington, DC: US Government Printing Office.
URL: http://www.mesharpe.com/mall/results1.asp?ACR=PPC
Archiv: Problems of Post-Communism

Auch diese Zeitschrift widmet sich dem politischen Wandel in der vormals sozialistischen Staatenwelt. Die Themenauswahl spiegelt unter anderem die Perspektive der amerikanischen Außenpolitik im Verhältnis zu Russland, Zentralasien und China, ohne dabei den wissenschaftlichen Anspruch zu vernachlässigen. Die Beiträge sind mit dem Bemühen um Verständlichkeit verfasst und bringen einem breiten Publikum fundierte Informationen und Debatten nahe. Die Texte eignen sich auch als Lehrmittel für den Unterricht in Einführungskursen.

8.2.3 Demokratieforschung

Journal of Democracy (JoD); 1990 ff., Hrsg. National Endowment for Democracy and International Forum for Demographic Studies, Baltimore, Md.: Johns Hopkins University Press.
URL: http://www.journalofdemocracy.org/
URL: http://www.press.jhu.edu/journals/journal_of_democracy/index.html
Archiv: Project MUSE

Das *Journal of Democracy* ist ein einflussreiches internationales Forum der Demokratieforschung. Es richtet sich an eine breite Leserschaft. Publiziert werden

Beiträge, die sich mit den institutionellen und kulturellen Voraussetzungen der Demokratie befassen. Auch Probleme der Demokratieforschung werden erörtert. Zu den Autoren zählen bekannte Sozialwissenschaftler, Historiker, Politiker und NGO-Aktivisten in aller Welt. Jede Ausgabe enthält wissenschaftliche Analysen, Berichte über demokratische Aktivisten, aktuelle Wahlergebnisse, ausgewählte Primärquellen und Auszüge aus Reden und Dokumenten. Auch die aktuelle Literatur auf diesem Gebiet wird referiert.

Democratization; 1994 ff., Abingdon: Routledge.
URL: http://www.tandfonline.com/loi/fdem20
Archiv: Taylor & Francis Online

Diese interdisziplinäre Zeitschrift beschäftigt sich mit der Transformation autoritärer Systeme in demokratischen Gesellschaften. Der Akzent liegt auf der vergleichenden Betrachtung von Regionen und Ländern, in denen sich ein Wandel zur Demokratie abzeichnet. Besondere Beachtung finden entsprechende Prozesse in der Dritten Welt und in postsozialistischen Gesellschaften. Die Zeitschrift richtet sich an eine breite Leserschaft mit dem Ziel, ein besseres Verständnis für Prozesse der Demokratisierung zu vermitteln. Besonders hervorzuheben sind die beiden jährlich regelmäßig erscheinenden Schwerpunkthefte, die sich ausführlich mit einer ausgewählten Region befassen. Eine Auswahl:

Unpacking Autocracies: Explaining Similarity and Difference (1/2013); Democracy, Democratization and Climate Change (5/2012); Do all good Things go together? Conflicting Objectives in Democracy Promotion (3/2012); Reassessing Coloured Revolutions and Authoritarian Reactions (1/2012); Political Opposition and Democracy in Sub-Saharan Africa (5/2011); Democracy Promotion in the EU's Neighbourhood: From Leverage to Governance (4/2011); Democratization in Africa: Challenges and Prospects (2/2011); Promoting Party Politics in Emerging Democracies (6/2010); Ethnic Party Bans in Africa (4/2010); Democracy and Violence (2/2010); Religion and Democratizations (6/2009); Democracy Promotions before and after the Coloured Revolutions (4/2009); The European Union's Democratization Agenda in the Mediterranean: A Critical Inside-Out Approach (1/2009).

8.2.4 Wahl- und Parteienforschung

Über Parteien und Themen der Wahlforschung finden sich auch Beiträge in den allgemeinen Zeitschriften (siehe oben 8.1) und in den Zeitschriften über politische Systeme (siehe oben 8.2). So ist die deutschsprachige *Zeitschrift für Parlamentsfragen* auch ein Forum der Wahl- und Parteienforschung (siehe oben 8.2). Hier sei noch auf zwei Zeitschriften hingewiesen, die sich exklusiv mit diesem Themenfeld befassen.

Electoral Studies: An International Journal; 1982 ff., Amsterdam [u. a.]: Elsevier Science Früher: Guildford: Butterworth.
URL: http://www.journals.elsevier.com/electoral-studies/#description
Archiv: http://www.sciencedirect.com/science/journal/02613794

Die Wahlforschung steht im Zentrum der internationalen Zeitschrift *Electoral Studies*. Sie widmet sich allen Aspekten der Wahlsystemen und Wahlen. Die Zeitschrift bietet ein Forum für die unterschiedlichen theoretischen oder empirischen Forschungsansätze. Viele Aufsätze sind in vergleichender Perspektive verfasst. In der Rubrik „Notes on Recent Elections" liefert die Zeitschrift Informationen über nationale Wahlen in der demokratischen Welt. Klassische Themenhefte gibt es nicht, aber es werden hin und wieder Vorträge auf Fachsymposien in einer Rubrik zusammenfassend wiedergegeben.

Party Politics: An International Journal for the Study of Political Parties and Political Organizations; 1995 ff., Hrsg. APSA Section Political Organizations and Parties, London [u. a.]: Sage Publications.
URL: http://partypolitics.org/
Archiv: http://partypolitics.org/annual.htm
URL: http://ppq.sagepub.com/
Archiv: SAGE Journals Online

Die amerikanische Zeitschrift *Party Politics* beschäftigt sich überwiegend mit politischen Parteien und vergleichbaren politischen Organisationen. Sie bietet ein Forum für die Diskussion über den Charakter und die Organisation der politischen Parteien unter den Aspekten ihrer historischen Entwicklung, der politischen Programme, der Wahlkampfstrategien und des Stellenwerts der Parteien in verschiedenen politischen Systemen. Der geografische Rahmen umfasst Staaten in aller Welt. Viele Themen werden in vergleichender Perspektive abgehandelt. Seit 2009 ist die Zeitschrift das offizielle Forum der APSA Sektion „Political Organizations and Parties." Gastherausgeber editieren regelmäßig Themenhefte:

Religious Parties and the Inclusion-moderation Thesis (2/2013); Political Parties and Interest Groups: Qualifying the Common Wisdom (1/2012); Outsider Parties (4/2011); Ethnic Parties (2/2011); Catch-All Party in the Twenty-First Century? (5/2009); Decentralization and State-Wide Parties (2/2009); Parties, Media and Voters: Challenges of Direct Democracy (2/2007); Parties, Media and Voters: Challenges of Direct Democracy (5/2006); Post-Authoritarian Parties (3/2006); Emerging Party Systems (6/2005); Comparing Party Finance Across Democracies – Broadening the Debate (6/2004); Party Members and Activists (4/2004); Party Organization and Campaigning at the Grass Roots (5/2003); The Europeanization of Party Politics (4/2002); Change in the Role of Parties in Democratization (5/2001); Democratizing Candidate Selection; Causes and Consequences (3/2001); Party Democracy and Direct Democracy (3/1999); Party Systems and Democracy in Latin America (4/1998); Political Change and the 1996 General Election in Japan (2/1998); Party Change (3/1997); Party Politics in Eastern Europe (4/1995).

8.2.5 Interdisziplinäre Zeitschriften über Länder und Regionen

Die Ursprünge der Regionalwissenschaften liegen in den Vereinigten Staaten. Dort sind sie mit einem beträchtlichen politikwissenschaftlichen Anteil als Area studies bekannt geworden. Typische Veröffentlichungen im Format der Area studies beschäftigen sich mit Anthropologie, Geografie, Gesellschaft, Kultur und Geschichte einer bestimmten Weltregion bis hin zur Literatur. Die in diesem Kapitel aufgeführten Zeitschriften zeichnen sich insgesamt durch ihren interdisziplinären Zuschnitt aus. Sie enthalten eine Vielzahl politikwissenschaftlicher Artikel, in denen häufig die Kerninhalte späterer Buchveröffentlichungen vorpubliziert werden.

8.2.5.1 Russland und post-sozialistische Staaten

Osteuropa: Zeitschrift für Gegenwartsfragen des Ostens; 1925–1939 und 1951 ff., Hrsg. Deutsche Gesellschaft für Osteuropakunde, Berlin: Berliner Wissenschafts-Verlag.
URL: http://www.osteuropa.dgo-online.org/issues/

Dieses Organ der Deutschen Gesellschaft für Osteuropakunde (DGO) ist eine der wichtigsten Fachzeitschriften in der deutschen und internationalen Osteuropaforschung. Ihre Beiträge befassen sich mit den zeitgenössischen politischen Entwicklungen in Russland und im östlichen Mittel- und Südeuropa. Der geografische und politische Bezugsraum ist inzwischen auf die EU ausgeweitet worden. Zu den charakteristischen Merkmalen dieser Zeitschrift gehören die thematische Breite, der Gegenwartsbezug und die Erscheinungsweise. Als Monatsschrift reagiert sie schnell und gezielt auf aktuelle Themen und wird deshalb zügig zum Ort wissenschaftlicher Debatten. Charakteristisch für *Osteuropa* ist, dass es sich auf kein tagesaktuelles Verständnis von Politik einlässt, sondern stets die historische Sicht integriert. Neue Erkenntnisse der historischen und zeitgeschichtlichen Forschung gehören ebenfalls zu den zentralen Themen der Zeitschrift. Als interdisziplinäre Zeitschrift informiert sie unter anderem über Außen- und Innenpolitik, Wirtschaft, Nationalitätenkonflikte, Gesellschaft, Kultur, Literatur, Bildungswesen. Die osteuropäische Kultur erhält ebenfalls große Aufmerksamkeit. In jüngster Zeit hat die Zeitschrift mit einer Vielzahl hervorragender Themenhefte [52] auf sich aufmerksam gemacht. Hinsichtlich der Methoden wird eine Verbindung zwischen komparatistischer Methodik und traditioneller Regionalforschung (Area studies) angestrebt.[53] Eine Auswahl:

Schieflage: Macht und Recht in Ungarn und Russland (4/2013); Zeit im Spiegel: Das Jahrhundert der Osteuropaforschung (2-3/2013); Mythos Erinnerung: Russland und das Jahr 1812 (1/2013); Kopfsache: Sicherheitspolitik in Europa (2/2012); Davon schwimmende Felle: Autokratie und Aufbruch in Russland (1/2012); Die Leningrader Blockade: Der Krieg, die Stadt und der Tod (8-9/2011); Ressourcenfluch, Ressource Buch: Erkundungen in raffiniertem Terrain (7/2011); Denkfabrik Polen: Europäisch aus Erfahrung (5-6/2011); Logbuch Arktis: Der Raum, die Interessen und das Recht (2-3/2011); Fixstern Amerika: Ideal und Illusion Mitteleuropas (1/2011); Der Fall Belarus: Gewalt, Macht, Ohnmacht (12/2010); Vorbild, Abbild, Zerrbild: Institutionentransfer von West nach Ost Osteuropa (9/2010); Schichtwechsel: Politische Metamorphosen in der Ukraine (2-4/2010); Ausstieg: Repression oder Innovation (1/2010).

---

52 Die Inhalte der Themenhefte werden auf der Website der DGO und im Fachinformationssystem für Historiker H-Soz-Kult mit einer Inhaltsbeschreibung fortlaufend vorgestellt. Siehe URL: http://hsozkult.geschichte.hu-berlin.de/beitraeger/id=18934
53 Siehe hierzu Sanders 2012, S. 417–423.

Europe-Asia Studies (EAS); 1993 ff., Hrsg. University of Glasgow, Department of
Central & East European Studies, Abingdon: Routledge. Früherer Titel: Soviet
Studies (1949–1992).
URL: http://www.tandfonline.com/loi/ceas20
Archiv: JSTOR, Taylor & Francis Online

Die *Europe-Asia Studies* führen die frühere Zeitschrift *Soviet Studies* mit einem erweiterten Themenspektrum fort. Sie widmen sich aktuellen politischen, sozialen und wirtschaftlichen Entwicklungen in den Ländern der ehemaligen Sowjetunion, in Osteuropa und in Asien. Besonders Russland und die Ukraine, in gelegentlichen Beiträgen auch der Kaukasus und Zentralasien, sind Gegenstand dieses Journals. Die *EAS* bringen auch gern kurze Vorveröffentlichungen späterer Bücher. Die Beiträge liefern fundierte Analysen und beleuchten alle Aspekte der Transformation der politischen Strukturen sowie der Wirtschaftssysteme und der Gesellschaften. Sie thematisieren weiterhin den sich verändernden Charakter der Beziehungen zum übrigen Europa und Asien. Auch rücken zunehmend Themen über China ins Blickfeld der *Europe-Asia Studies*. Eine Reihe von Themenheften vertiefen die Informationen über die Entwicklungen in dieser Region. Eine Auswahl:

Transition Economies after the Crisis of 2008: Actors and Policies (3/2013); Perestroika: A Reassessment (2/2013); Special Section on: ‚Location, Agency and Change in Provincial Russia' (10/2012); Many Faces of the Caucasus (9/2012); New Media in New Europe-Asia (8/2012); Russia and the World (3/2012); Unconditional Conditionality?: The Impact of EU Conditionality in the Western (10/2011); 1989 and Eastern Europe: Reflections and Analyses (9/2011); Elites and Identities in Post-Soviet Space (6/2011); Russia's Authoritarian Elections (4/2011); Russian Regional Politics under Putin and Medvedev (3/2011); The European Union, Russia and the Shared Neighbourhood (10/2009); Politics of the Spectacular: Symbolism and Power in Central Asia (7/2009); Perceptions of the European Union in the New Member States: A Comparative Perspective (6/2009); Power and Policy in Putin's Russia (6/2008); Symposium on the Post-Soviet Media (8/2007).

Russian Politics and Law (Russ Pol Law): A Journal of Translations; 1992 ff., Armonk, NY: Sharpe. Früherer Titel: Soviet Law and Government: Translations from Original Soviet Sources (1962–1991).
URL: http://www.mesharpe.com/mall/results1.asp?ACR=RUP
Archiv: Russian Politics and Law

Die Zeitschrift enthält ungekürzte englische Übersetzungen russischsprachiger Publikationen in den Bereichen Politik, Justiz, öffentliche Verwaltung und verwandten Bereichen. Die ausgewählten Beiträge behandeln politische und rechtliche Entwicklungen in den Nachfolgestaaten der Sowjetunion. Jeder Artikel enthält die vollständigen bibliografischen Angaben der ursprünglichen Veröffentlichung. Sämtliche Quellen, die in der ursprünglichen Publikation zitiert werden, sind auch in der Übersetzung enthalten. Die Zeitschrift wendet sich vorrangig an Russlandspezialisten.

Central Asian Survey; 1982 ff., Hrsg. Society for Central Asian Studies, Abingdon: Routledge, Taylor and Francis Group.
URL: http://www.tandfonline.com/loi/ccas20
Archiv: Taylor & Francis Online

In dieser Zeitschrift liegt der geografische Fokus auf den zentralasiatischen und kaukasischen Regionen. Dazu gehören in erster Linie die Republiken des ehemaligen sowjetischen Zentralasiens und des Süd-und Nordkaukasus. Das Themenspektrum umfasst ebenfalls die chinesische Provinz Xinjiang, die Mongolei, Afghanistan, Iran und die Türkei. Ziel der Zeitschrift ist es, die Prozesse des lokalen und regionalen Wandels in Zentralasien aus Sicht der Sozial- und Geisteswissenschaften verständlich zu machen. Zahlreiche Themenhefte verdeutlichen das inhaltliche Spektrum. Eine Auswahl:

Focus on Health and Healing in Central Asia (1/2013); Local History as an Identity Discipline (3/2012); Movement, Power and Place in and beyond Central Asia (3-4/2011); Tajikistan: The sources of statehood (1/2011); Mongolia – The New Politics of Society and Identity (3/2010); The Uyghurs in China – Questioning the past and understanding the present (4/2009); Georgia Ablaze: War and Revolution in the Caucasus (2/2009); Domestic and international Perspectives on Kyrgyzstan' Tulip Revolution: Motives, Mobilization and Meanings (3-4/2008); Focus on Uzbekistan (1/2007); Civil Society in Central Asia and the Caucasus (3/2005).

8.2.5.2 China

Mit der wachsenden Bedeutung Chinas in der Weltpolitik kam es zur Gründung weiterer einschlägiger Zeitschriften. Die folgenden für die Politikwissenschaft bedeutsamen Zeitschriften sind landeskundlich angelegt. Sie enthalten Beiträge zu Gesellschaft, Kultur, Politik und Wirtschaft. Die aktuelle Politik wird stark berücksichtigt. Kurze Berichte über China und Japan werden auch in der deutschsprachigen Reihe *GIGA Focus Asien* veröffentlicht (siehe unten 8.2.5.4).

Journal of Current Chinese Affairs (JCCA); 2009 ff., Hrsg. GIGA German Institute of Global and Area Studies; Institute of Asian Studies, Hamburg: Institute of Asian Studies. Früherer Titel: China aktuell (1972–2008).
URL: http://hup.sub.uni-hamburg.de/giga/jcca
Archiv: http://hup.sub.uni-hamburg.de/giga/jcca/issue/archive
Archiv: http://www.giga-hamburg.de/china-aktuell

Dieses Journal wird gemeinsam vom GIGA Institut für Asien-Studien in Hamburg und dem National Institute of Chinese Studies am White Rose East-Asia Centre in Großbritannien veröffentlicht. Die Vorgängerzeitschrift *China aktuell* erschien seit 1972 als erste deutschsprachige Zeitschrift über China. Neben der Druckversion erscheint das Journal heute als Open-Access-Zeitschrift. Sie enthält theoretisch und empirisch fundierte Forschungsbeiträge. Inhaltlich konzentriert sie sich auf aktuelle politische, wirtschaftliche und soziale Entwicklungen in China inklusive Hongkong, Macau und Taiwan. Berücksichtigt werden die Außenpolitik, Wirtschaft und Finanzen, Kultur, Religion, Bildung, Wissenschaft und Technik. Auch Debatten über globale und regionale Aufgaben Chinas werden in diesem Journal ausgetragen. Das *Journal of Current Chinese Affairs* will einem breiten Publikum wissenschaftliche Erkenntnisse vermitteln. Die Zeitschrift wird durch den als Online-Datenbank verfügbaren Datenteil *China aktuell Data Supplement* ergänzt. Dieser wird kontinuierlich aktualisiert. Er dokumentiert Veränderungen in politischen Führungsämtern, Institutionen und in der Rechtslandschaft. Viele der neueren Heftausgaben stehen unter einem bestimmten Thema. Eine Auswahl:

Chinese Impacts and Impacting China (1/2013); The Politics of Ethnicity in China (4/2012); Taiwan under KMT Rule: Recent Trends in Domestic Politics and Cross-Strait Relations (3/2012); Global Flows with Chinese Characteristics (2/2012); Latin America's Response to China's Rise (1/2012); China's Evolving Africa Policy: The Limits of Socialization (4/2011); Environmental Governance in China: New Developments and Perspectives (3/2011); The State and Religion in China: Buddhism, Christianity, and the Catholic Church (2/2011); („Whither Taiwanization?" 1/2011); Social Movements in Contemporary Taiwan (3/2010); Cross/Strait Integration – A New Research Focus in the Taiwan Studies Field (1/2010); Transforming Rural China: Beyond the Urban Bias? (4/2009); China's Politics under Hu Jintao (3/2009).

China Journal = Zhongguo-yanjiu (Chi J); 1995 ff., Hrsg. Australian National University, College of Asia & the Pacific, Chicago: University of Chicago Press.
Früherer Titel: The Australian Journal of Chinese Affairs (1979–1995) Canberra: Contemporary China Centre.
URL: http://ips.cap.anu.edu.au/chinajournal/
Archiv: JSTOR

Das in Australien erscheinende *China Journal* konzentriert sich ebenfalls auf Themen rund um China, Hongkong und Taiwan. Auch hier vertreten die Autoren verschiedene Fachgebiete: darunter Soziologie, Geschichte, internationale Beziehungen, Recht und Politik. Der Anteil politikwissenschaftlicher Beiträge ist recht groß. Auch aktuelle politische Themen werden behandelt. Die Herausgeber verzichten auf Themenhefte.

Journal of Contemporary China (J Contemp China); 1992 ff., Abingdon, London [u. a.]: Routledge, Taylor & Francis Group.
URL: http://www.tandfonline.com/loi/cjcc20
Archiv: Taylor & Francis Online

In den USA wird das *Journal of Contemporary China* herausgegeben. Es bietet exklusive Informationen über das zeitgenössische China für Wissenschaftler, Unternehmer und politische Entscheidungsträger. Die Fachartikel aus den Gebieten der Sozial- und Geisteswissenschaften decken ein breites Spektrum politikwissenschaftlicher Themen ab. Seit 2009 werden Themenhefte herausgebracht:

China's Borderlands and Their International Implications (I) (Nr. 74/2012); The Rise of China and the Regional Responses in the Asia-Pacific (Nr. 73/2012); Environment and Health in China: An Emerging Research Field (Nr. 63/2010).

China Quarterly (Chi Q): An International Journal for the Study of China; 1960 ff., Hrsg. School of Oriental and African Studies, Cambridge [u. a.]: Cambridge University Press.
URL: http://journals.cambridge.org/jid_CQY
Archive: Cambridge Journals Digital Archive, JSTOR

Diese Zeitschrift veröffentlicht Arbeiten über China und Taiwan. Sie ist interdisziplinär angelegt und enthält Berichte aus Anthropologie, Soziologie, Literatur und Kunst, Wirtschaftswissenschaften, Geografie, Geschichte, internationale Beziehungen, Recht und Politik. Besonders zu erwähnen ist die vierteljährliche Chronik, die über aktuelle Ereignisse informiert. Jährlich erscheinende Schwerpunkthefte oder Hefte mit *Special Sections* vertiefen die Berichterstattung. Im Vergleich mit den oben genannten Zeitschriften ist der politikwissenschaftliche Anteil im Themenmix des *China Quarterly* eher gering. Eine Auswahl der Themenhefte:

From the Great Wall to the New World: China and Latin America in the 21st Century (Nr. 2009/2012); Special Section on the Chinese Media (Nr. 208/2011); Special Section on Law and Enforcement in China (Nr. 206/2011); Gender in Flux: Agency and Its Limits in Contemporary China (Nr. 2004/2010); Special Section on Social Insurance in China (Nr. 201/2010); China, Africa and Internationalization (Nr. 199/2009); The Chinese Legal System Since 1995: Steady Development and Striking Continuities (Nr. 191/2007); Culture in the Contemporary PRC (Nr. 183/2005); China's Campaign to „Open Up the West": National, Provincial and Local Perspectives (Nr. 178/2004); Religion in China Today (Nr. 174/2003).

8.2.5.3 Japan

Den gleichen Zuschnitt wie die oben referierten Zeitschriften über China haben die folgenden Journale über Japan.

Social Science Japan Journal (SSJJ): An International Journal of Social Science Research on Japan; 1998 ff., Hrsg. Institute of Social Science, University of Tokyo, Oxford: Oxford University Press. Früherer Titel: Shakài-Kagaku-Kenkyùsho: Annals of the Institute of Social Science.
URL: http://ssjj.oxfordjournals.org/content/current
Archive: JSTOR, Oxford Digitized Journals Archive

Das *Social Science Japan Journal* wird halbjährlich vom sozialwissenschaftlichen Institut der Universität Tokio herausgegeben. Im Vergleich mit den übrigen in diesem Abschnitt aufgeführten Zeitschriften ist der Anteil der Beiträge zur aktuellen inneren Politik Japans und über die Rolle Japans in der Staaten- und Wirtschaftswelt besonders groß, wobei die Autoren gern eine vergleichende Perspektive wählen. Gelegentlich publiziert die Zeitschrift über den aktuellen Stand der sozialwissenschaftlichen Japan-Forschung in anderen Ländern.

Japan Forum: The International Journal of Japanese Studies; 1989 ff., Hrsg. British Association for Japanese Studies, London: Routledge Journals.
URL: http://www.tandfonline.com/loi/rjfo20
Archiv: Taylor & Francis Online

Das *Japan Forum* wird halbjährlich in Großbritannien veröffentlicht und repräsentiert die europäische Japanforschung. Die Arbeiten von Historikern, Anthropologen, Ökonomen und Soziologen werden gemeinsam mit denen von Spezialisten aus anderen Bereichen wie Literatur- und Sprachwissenschaft sowie Kulturgeschichte publiziert. Im Vordergrund stehen jedoch soziale, politische und wirtschaftliche Themen mit einem hohen Anteil vergleichend angelegter politikwissenschaftlicher Beiträge. Die Zeitschrift richtet sich an eine internationale Leserschaft von Spezialisten und Nichtspezialisten. Einzelne Hefte enthalten eigens ausgewiesene Abschnitte, die einem Thema gewidmet sind. Folgende Ausgaben sind bisher als Themenhefte konzipiert: *Post-War Japanese Realism and Strategy towards China* (4/2012); *EU-Japan Relations* (3/2012).

Japanese Studies (Japan Stud); 1981 ff., Hrsg. Japanese Studies Association of Australia.
URL: http://www.tandfonline.com/loi/cjst20
Archiv: Taylor & Francis Online

Diese Zeitschrift erscheint in Australien. In einem multidisziplinären Spektrum informiert sie über alle Aspekte der japanischen Gesellschaft: Medien und Populärkultur, internationale Politik, Umwelt, Wirtschaft, Literatur, Geschichte, Rechtssystem und Gender. Selbst Beiträge zum japanischen Sprachunterricht werden veröffentlicht. Internationale Autoren wenden sich hier an ein internationales Publikum. Regelmäßig editieren Gastherausgeber Themenhefte. Eine Auswahl:

The Evolving Relations between Japan and Africa: The Discourse of the Tokyo International Conference on African Development (2/2012); Language in Public Space in

Japan (3/2010); Statecraft and Spectacle in East Asia: Studies in Taiwan–Japan Relations (1/2010); New Directions in Japanese Foreign Policy (1/2008); Korea in Japan (3/006).

Journal of Japanese Studies (JJS); 1974 ff., Hrsg. Society for Japanese Studies, University of Washington: Seattle, Washington.
URL: http://depts.washington.edu/jjs/
Archiv: Project MUSE, JSTOR

The Journal of Japanese Studies präsentiert ausschließlich die Japan-Forschung in den Vereinigten Staaten. Das Themenspektrum ist breit gefächert. Die letzten Ausgaben des Journals teilen sich nahezu gleichmäßig in Beiträge über Literatur, Geschichte und Politikwissenschaft, hinzu kommen vereinzelt Artikel über Anthropologie. Die Zeitschrift enthält Fachartikel, gelegentlich Beiträge von Symposien und eine sehr umfangreiche Sektion für Buchrezensionen und Übersetzungen japanischer Artikel. Auch über Kontroversen und strittige Positionen wird berichtet. Die Zeitschrift ist eine Fundgrube für das Verständnis der japanischen Gesellschaft. Die Herausgeber verzichten auf Themenhefte. Die Zahl politikwissenschaftlicher Beiträge im Themenmix ist überschaubar.

8.2.5.4 Asien, Ostasien, Südostasien

GIGA Focus Asien; 2006 ff., Hrsg. GIGA German Institute of Global and Area Studies; Institute of Asian Studies, Hamburg: Institute of Asian Studies.
URL: http://www.giga-hamburg.de/giga-focus/asien
eDoc: eDoc.ViFaPol

Für einen schnellen Einblick eignet sich die Schriftenreihe *GIGA Focus Asien*. Sie erscheint monatlich als Open-Access-Publikation in deutscher Sprache und bietet Kurzanalysen zu aktuellen politischen, wirtschaftlichen oder sozialen Themen sowie Subregionen und Länder Asiens. Die Reihe richtet sich an ein breites Publikum in Politik, Wirtschaft, Medien und Gesellschaft. Jede Ausgabe enthält einen Bericht zu einem Thema. Die Dokumente können kostenfrei im Netz gelesen und heruntergeladen werden. Jedes Heft widmet sich einem ausgewählten Thema. Eine Auswahl:

Chinas außenpolitische Thinktanks: neue Rollen und Aktivitäten (3/2013); Go South! Indien „entdeckt" Afrika und Lateinamerika (2/2013); Souveränität im Wandel: die

Rolle der Bundesstaaten in der indischen Außenpolitik (1/2013); Inselstreit zwischen Japan und China gefährdet die regionale Stabilität in Ostasien (12/2012); Religiöse Diskriminierung in Indonesien – ambivalente Rechtslage und politische Passivität (11/2012); Vor dem Rechtsruck in Japan: Die Unterhauswahl wirft ihren Schatten voraus (10/2012); Mikroblogs als Instrumente der Systemstabilisierung in der VR China (9/2012); Umweltproteste in China: Alles BANANA? (8/2012); Indiens nationale und internationale Klimapolitik (5/2012); Trilaterale Kooperation zwischen China, Japan und Südkorea: Aufbruch zu neuen Ufern in Nordostasien? (4/2012); Chinas Energiepolitik und die Strategien der Nationalen Ölkonzerne (3/2012); Wahlen in Taiwan: Votum für Stabilität (2/2012); Verfassungsreformen und Machtsicherung in Südostasien (1/2012).

Die nachfolgend aufgeführten Zeitschriften unterscheiden sich lediglich hinsichtlich ihres Erscheinungslandes. Sie nehmen durchweg die gesamte Region Asien (Mittlerer Osten, Zentralasien, Südasien, Südostasien und Ostasien) in den Blick und vertreten sämtlich einen multidisziplinären Ansatz. Die Beiträge referieren neben Ergebnissen in den Kulturwissenschaften auch die aktuelle sozialwissenschaftliche, historische und ökonomische Forschung über Asien:

Asian Affairs: Journal of the Royal Society for Asian Affairs; 1970 ff., Hrsg. Royal Society for Asian Affairs, Abingdon: Routledge, Taylor and Francis Group. Früherer Titel: Journal of the Royal Central Asian Society (1914–1969).
URL: http://www.tandfonline.com/loi/raaf20
Archiv: Taylor & Francis Online

Asian Studies Review: Journal of the Asian Studies Association of Australia; 1977 ff., Hrsg. Asian Studies Association of Australia, Abingdon: Routledge, Taylor & Francis Group.
URL: http://www.tandfonline.com/loi/casr20
URL: http://onlinelibrary.wiley.com/journal/10.1111/(ISSN)1467-8403
Archive: Taylor & Francis Online, Wiley Online Library (1998–2003)

Die folgende Zeitschrift widmet sich der kritischen Analyse globaler, regionaler und transnationaler Probleme mit Blick auf Ost- und Nordostasien.

Asian Perspective; 1977 ff., Hrsg. Institute for Far Eastern Studies, Kyungnam University and Portland State University, Boulder: Lynne Rienner Publishers.
URL: http://journals.rienner.com/loi/aspr
URL: http://www.asianperspective.org/index.html

Die Beiträge werden von internationalen Autoren und von Doktoranden verfasst. Die Hefte stehen unter einem bis zwei thematischen Schwerpunkten. Seit 1999 wird das Thema jeder vierten Ausgabe von einem Gastherausgeber bestimmt. Eine Auswahl:

China and Soft Power (4/2012); South Korea–China Relations: Growing Interdependence, Rising Uncertainties (2/2012); Avoiding an Arms Race in Space (4/2011); Seeking Political Reconciliation: Case Studies in Asia (4/2010); North Korea's Nuclear Politics (1/2010); Arms Race in Northeast Asia (4/2009); North Korea and Regional Security (4/2008); The BRICs Countries (Brazil, Russia, India, and China) in the Global System (4/2007); Reconciliation between China and Japan (1/2007); China: Interests, Institutions, and Contentions in China (4/2005); Controversial Issues in Japanese Politics and Society (1/2005); Transforming U. S.-Korean Relations (4/2004); Globalization and SARS in Chinese Societies (1/2004).

Ostasien

European Journal of East Asian Studies (EJEAS); 2002 ff., Leiden [u. a.]; Köln: Brill.
URL: http://www.ejeas.net/index.php/ejeas
URL: http://www.brill.nl/european-journal-east-asian-studies
URL: http://booksandjournals.brillonline.com/content/15700615
Archiv: Brill Online

Veröffentlicht in Europa mit Unterstützung von neun europäischen Instituten für Ostasienforschung, publizieren hier nicht nur europäische Autoren, sondern auch Wissenschaftler aus Ostasien, Australien und Nordamerika. Die Beiträge repräsentieren das gesamte Spektrum der Sozialwissenschaften, der internationalen Beziehungen und der Geschichte des 20. und 21. Jahrhunderts. Die Artikel dieser noch jungen Zeitschrift befassen sich mit der breiteren Region Ostasien (China, Japan, koreanische Halbinsel, Japan, Mongolei) einschließlich Südostasien (Vietnam, Laos, Kambodscha, Burma, Thailand, Malaysia, Indonesien, Singapur und den Philippinen (ASEAN-Staaten ohne Ozeanien/Südpazifik) Neben Kultur, Politik und Geschichte werden auch die interregionalen Beziehungen im asiatischen Raum sowie die Beziehungen zum außerasiatischen Raum (wie Europa-Asien) berücksichtigt.

Südostasien

Die Länder Südostasiens, d. h. Brunei, Kambodscha, Osttimor, Indonesien, Laos, Malaysia, Myanmar, die Philippinen, Singapur, Thailand und Vietnam stehen im Mittelpunkt der folgenden Zeitschriften. Sie sind durchweg regionalkundlich mit politikwissenschaftlichen Anteilen angelegt.

6. **Journal of Current Southeast Asian Affairs (JCSAA); 2009 ff., Hrsg. GIGA German Institute of Global and Area Studies; Institute of Asian Studies, Hamburg: Institute of Asian Studies. Früherer Titel: Südostasien aktuell (1982–2008).**
URL: http://hup.sub.uni-hamburg.de/giga/jsaa
Archiv: http://hup.sub.uni-hamburg.de/giga/jsaa/issue/archive
Archiv: http://www.giga-hamburg.de/suedostasien-aktuell

Das Journal ist die Nachfolgerin der ursprünglich deutschsprachigen Zeitschrift *Südostasien aktuell* (1982–2008) des GIGA German Institute of Global & Area Studies in Hamburg. Die nunmehr rein englischsprachige Zeitschrift publiziert Studien und Berichte über aktuelle Entwicklungen in Südostasien und informiert über die Regionalorganisation ASEAN. In aktuellen Berichten und Hintergrundanalysen, die größere Zusammenhänge beleuchten, entsteht ein umfassender Überblick über die Region. Bisher sind einige Themenhefte erschienen:

China and Southeast Asia: Political and Economic Interactions (2/2011); New Forms of Voter Mobilization in Southeast Asia (4/2010).

Contemporary Southeast Asia (CSEA): A Quarterly Journal of International and Strategic Affairs; 1979 ff., Hrsg. Institute of Southeast Asian Studies (ISEAS), Singapore: Singapore University Press [u. a.].
URL: http://www.iseas.edu.sg/contemporary-southeast-asia-.cfm
Archive: JSTOR, Project MUSE

Contemporary Southeast Asia ist eine der wichtigsten Zeitschriften über Südostasien und die breitere Region Asien-Pazifik. Die Zeitschrift ist auf die Innenpolitik der ASEAN-Länder sowie auf die internationalen Beziehungen in der Region spezialisiert.

Journal of Southeast Asian Studies (JSAS); 1970 ff., Hrsg. History Department/ National University of Singapore, Cambridge [u. a.]: Cambridge University Press.
Früherer Titel: Journal of Southeast Asian History (1960–1969).
URL: http://journals.cambridge.org/jid_SEA
Archive: Cambridge Journals Digital Archive, JSTOR

In dieser Zeitschrift präsentieren Vertreter verschiedener Disziplinen der Geistes- und Sozialwissenschaften ihre Beiträge über die Staaten in Südostasien. Die Beiträge sind sowohl für Regionsspezialisten als auch für Einsteiger lesenswert. In unregelmäßigen Abständen erscheinen Themenhefte, die aus Symposien hervorgegangen sind.

8.2.5.5 Orient: Naher und Mittlerer Osten

GIGA Focus Nahost; 2006 ff., Hrsg. GIGA German Institute of Global and Area Studies; Deutsches Orient Institut.
URL: http://www.giga-hamburg.de/giga-focus/nahost
eDoc: eDoc.ViFaPol

In der bereits erwähnten Schriftenreihe *GIGA Focus* erscheint auch diese Zeitschrift, die Kurzanalysen zu aktuellen politischen, wirtschaftlichen oder sozialen Themen bereit hält. Die Berichte erscheinen in deutscher Sprache und können kostenfrei im Internet gelesen und heruntergeladen werden. Jedes Heft widmet sich einem ausgewählten Thema. Eine Auswahl:

Zehn Millionen Stimmen: Wen wählen Ägyptens Sufis? (2/2013); Unter Feinden: intrakommunale Gewalt in Darfur (1/2013); Arbeitsmarktpolitik am Golf: Herrschaftssicherung nach dem „Arabischen Frühling" (12/2012), Die türkische Kurdenpolitik unter der AKP Regierung: alter Wein in neuen Schläuchen? (11/2012), Zur Lage der Christen im arabischen Nahen Osten (10/2012), Nur leere Worte? Das palästinensische Versöhnungsabkommen und seine Umsetzung (8/2012), 50 Jahre Unabhängigkeit Algeriens: Konfliktbeladene Vergangenheit, schwierige Zukunft (7/2012), Präsidentschaftswahlen in Ägypten: Chancen und Herausforderungen für Mohammed Mursi (6/2012), Konflikte des Familienrechts in Marokko und Ägypten (5/2012), Der Sudan nach der Teilung: alte und neue Krisen (4/2012), Mehr als nur Routine: Iran wählt ein neues Parlament (3/2012), Islamismus und die Krise der autoritären arabischen Regime (2/2012), Wahlsieg der Islamisten in Ägypten: Der Aufstieg der Muslimbrüder und der Salafisten (1/2012).

Orient: deutsche Zeitschrift für Politik, Wirtschaft und Kultur des Orients – German Journal for Politics, Economics and Culture of the Middle East; 1960 ff., Hrsg. Deutsches Orient-Institut, Berlin: Deutsches Orient-Institut.
URL: http://www.orient-online.com/
Archiv: http://www.orient-online.com/Issues
Archiv: http://www.deutsche-orient-stiftung.de/content/category/2/10/31/lang,de/

Diese seit 1960 ursprünglich in deutscher Sprache publizierte Zeitschrift versteht sich als Forum der gegenwartsbezogenen Orientforschung. Die Beiträge beschäftigen sich mit Politik, Wirtschaft, Gesellschaft und Kultur des modernen Nahen und Mittleren Ostens einschließlich Nordafrikas und Zentralasiens. Ihre Besonderheit sind Analysen aktueller Ereignisse in diesen Regionen. Auch die internationalen Beziehungen in der Region finden Beachtung; ebenso kommt die Außenpolitik der USA im Nahen und Mittleren Osten zur Sprache. In jeder Ausgabe steht eine Region oder ein Thema im Mittelpunkt:

Ägypten (1/2013); Saudi-Arabien (4/2012); Syrien (3/2012); Afghanistan (2/2012); Islam in Africa (1/2012); Ten Years after 9/11 (4/2011); Historical Changes in the Near and Middle East (3/2011); Muslims in Europe (2/2011); Gulf Region (1/2011).

Middle Eastern Studies (MES); 1964 ff., Abingdon: Routledge, Taylor & Francis.
URL: http://www.tandfonline.com/loi/fmes20
Archive: Taylor & Francis Online, JSTOR

Die *Middle Eastern Studies* widmen sich dem Studium der Geschichte, Kultur, Politik, Wirtschaft und Geografie des Nahen Ostens, Nordafrikas sowie Klein- und

Mittelasiens. Die Beträge sind stets um Gegenwartsbezogenheit bemüht. Sie widmen sich der Geschichte und Politik der arabischsprachigen Länder im Nahen Osten und Nordafrika sowie der Türkei, des Iran und Israels. Dabei wird die Geschichte des 19. und 20. Jahrhunderts in ihrer Bedeutung für die Gegenwart berücksichtigt. 1994 wurde ein Inhaltsindex der ersten dreißig Ausgaben veröffentlicht. Vereinzelt stehen die Hefte unter einem Thema.

British Journal of Middle Eastern Studies (Br J Mid East Stud); 1992 ff., Hrsg. British Society for Middle Eastern Studies, Colchester: Routledge Journals, Taylor & Francis. Früherer Titel: Bulletin/British Society for Middle Eastern Studies (1974–1990).
URL: http://www.tandfonline.com/loi/cbjm20
Archive Taylor & Francis Online, JSTOR

Diese Zeitschrift repräsentiert die Orientforschung in Großbritannien. Sie informiert über Kultur und Geschichte des Nahen Ostens unter Berücksichtigung der politischen und religiösen Aspekte von der Antike über den Aufstieg des Islam bis in die Gegenwart. Die Mischung der Beiträge hält das Gleichgewicht zwischen der traditionellen Islamkunde und den Sozialwissenschaften. Die Lektüre ist für Studieneinsteiger gut geeignet. Einzelne Themenhefte vertiefen die Berichterstattung. Eine Auswahl:

The Dynamics of Opposition Cooperation in the Arab World (3/2011); Heterodox Movements in the Contemporary Islamic World: Alevis, Yezidis and Ahmadis (3/2010); Gulf Security: Legacies of the Past, Prospects for the Future (3/2009); Gender and Diversity in the Middle East and North Africa (3/2008); Iranian Intellectuals (1997–2007) (3/2007).

Arab Studies Quarterly (ASQ); 1979 ff., Hrsg. Association of Arab-American University Graduates and the Institute of Arab Studies, Belmont, Mass.: AAUG.
URL: http://arabstudiesquarterly.plutojournals.org/
URL: http://www.plutojournals.com/asq/
Archiv: Arab Studies Quarterly

Die arabische Welt steht im Mittelpunkt dieser interdisziplinären Zeitschrift. Die politikwissenschaftlich relevanten Beiträge befassen sich mit den aktuellen Problemen der Region einschließlich des arabisch-israelischen Konfliktes und der US-arabischen Beziehungen. Ein weiterer Akzent liegt auf der Analyse der arabischen Fachliteratur. Einzelne Werke werden im Lichte der aktuellen politischen

Lage interpretiert. Nach eigenen Angaben versteht sich die Zeitschrift als wissenschaftliches Forum zur Bekämpfung anti-arabischer Propaganda.

Middle East Policy; 1992 ff., Hrsg. Middle East Policy Council, Malden, Mass.: Blackwell. Früherer Titel: American Arab Affairs (1982–1991).
URL: http://www.mepc.org/journal
Archiv: http://www.mepc.org/journal/middle-east-policy-archives
URL: http://www.onlinelibrary.wiley.com/journal/10.1111/(ISSN)1475-4967
Archiv: Wiley Online Library

Middle East Policy berichtet über die Region aus dem Blickwinkel der amerikanischen Außenpolitik. Die Beiträge informieren über aktuelle politische und wirtschaftliche Entwicklungen, die sich auf die Interessen der USA im Nahen Osten und die amerikanische Nahostpolitik auswirken. Die Zeitschrift ist eine wichtige Quelle zur Nahostpolitik der USA. Sie gilt als eine der einflussreichsten Fachzeitschriften über die Region.

Middle East Studies Online Journal = Etudes du Moyen-Orient; 2009 ff.
URL: http://www.middle-east-studies.net/

Bei der jüngsten Zeitschrift in dieser Themenkategorie handelt es sich um eine reine Online-Zeitschrift, die im Internet frei zugänglich ist. An ihr ist hervorzuheben, dass sich die Beiträge stark um Aktualität bemühen. Berichtet wird über Entwicklungen in allen Ländern der Region. Das Aufsatzformat beinhaltet Fachartikel und Konferenzberichte mit Relevanz für Politikwissenschaft und Ethnologie. Die Beiträge werden in englischer, französischer und arabischer Sprache publiziert.

Multiplikatorenjournal

Middle East Quarterly; 1994 ff., Hrsg. Middle East Forum, Philadelphia, Pa.: Middle East Foorum.
URL: http://www.meforum.org/meq/
Archiv: http://www.meforum.org/meq/archive.php

Explizit aus der Sicht amerikanischer Interessen analysiert diese Zeitschrift seit 1994 die orientalische Staatenwelt. Herausgeber ist das konservative *Middle East*

Forum in den Vereinigten Staaten. Seine Mitglieder nehmen die Nahost-Region mit ihren Diktaturen, Ideologien, Konflikten, Grenzstreitigkeiten, extremistischer Gewalt und Massenvernichtungswaffen als eine Bedrohung für die Vereinigten Staaten wahr. Die Zeitschrift informiert über aktuelle Ereignisse im Nahen Osten und rechtfertigt die US-Politik in der Region.

8.2.5.6 Afrika

Den gleichen Zuschnitt wie die bereits vorgestellten regionalkundlichen Zeitschriften haben auch die folgenden Journale über Afrika.

GIGA Focus Afrika; 2006 ff., Hrsg. GIGA German Institute of Global and Area Studies; Institute of African Affairs, Hamburg: Institute of African Affairs, Früherer Titel: Afrika im Blickpunkt (2002–2005).
URL: http://www.giga-hamburg.de/giga-focus/afrika
eDoc: eDoc.ViFaPol

GIGA Focus Afrika erscheint wie die Geschwisterjournale über Asien und den Orient monatlich als Open-Access-Publikation mit kurzen Analysen zu aktuellen politischen, wirtschaftlichen oder sozialen Themen in Afrika. Angesprochen wird eine breite Leserschaft in Politik, Wirtschaft, Medien und Gesellschaft. Jedes Heft steht unter einem ausgewählten Thema. Eine Auswahl:

Südafrika: Der ANC hat keine Lösung für die soziale Misere (12/2012); Kenia vor gewaltsamen Wahlen? (11/2012); Mali – hinter den Kulissen der ehemaligen Musterdemokratie (10/2012); Wie leistungsfähig sind die Ökonomien Afrikas? (9/2012); Frieden, Sicherheit und Demokratie – wie weiter mit der AU? (8/2012); Neue externe Akteure in Afrika (7/2012); Institutionelle Reformen zur Friedenskonsolidierung (6/2012); Südafrika als „Tor nach Afrika"? (4/2012); Regionalorganisationen in Afrika – eine Bilanz (3/2012); Machtwechsel im Senegal – neue Chance für die Demokratie? (2/2012); Die Türkei in Afrika: Im Schatten des Neo-Osmanismus? (1/2012).

Africa Spectrum; 1966 ff., Hrsg. GIGA German Institute of Global and Area Studies; Institute of African Affairs, Hamburg: Institute of African Affairs.
URL: http://hup.sub.uni-hamburg.de/giga/afsp
Archiv: http://hup.sub.uni-hamburg.de/giga/afsp/issue/archive
Archiv: JSTOR

Als Teil der „GIGA Journal Family" wurde *Africa Spectrum* erstmals 1966 vom Institut für Afrika-Studien des GIGA German Institute of Global and Area Studies in Hamburg veröffentlicht. Es handelt sich um die führende deutsche Fachzeitschrift über Afrika. Neben fundierten Analysen zu aktuellen Themen enthält die Zeitschrift auch historische Studien. Waren in früheren Ausgaben auch deutschsprachige Artikel enthalten, erscheint die Zeitschrift seit 2009 vollständig in englischer Sprache. Wie die anderen Journale der „GIGA Journal Family" ist *Africa Spectrum* ebenfalls als Open-Access-Zeitschrift frei zugänglich. Themenhefte erscheinen erst seit 2006. Eine Auswahl:

50 Years of Independence in Africa (3/2010); Power-Sharing in Africa (3/2009); New Nationalism and Xenophobia in Africa (1/2009); Horn of Africa (1/2008); Informal Institutions and Development in Africa (3/2007); Familienwandel in Afrika/Family Change in Africa (2/2007); The Other Game: The Politics of Football in Africa (3/2006); Memory Cultures (2/2006).

Journal of Modern African Studies (JMAS): A Quarterly Survey of Politics, Economics & Related Topics in Contemporary Africa; 1963 ff., Hrsg. David & Helen Kimble, Cambridge [u. a.]: University Press.
URL: http://journals.cambridge.org/jid_MOA
Archive: Cambridge Journals Digital Archive, JSTOR

An Akademiker, Studenten und Praktiker sowie an interessierte Leserinnen und Leser richtet sich diese wissenschaftliche Zeitschrift. Die Artikel konzentrieren sich weitgehend auf das zeitgenössische Afrika mit den Schwerpunkten auf Politik, Wirtschaft, Gesellschaft und internationale Beziehungen. Es erscheinen auch kürzere Aufsätze über Literatur, Kultur und Aspekte der sozialen Geschichte.

Journal of Contemporary African Studies (JCAS); 1981 ff., Hrsg. Institute of Social and Economic Research, Rhodes University, Abingdon: Routledge, Taylor & Francis Group.
URL: http://www.tandfonline.com/loi/cjca20
Archiv: Taylor & Francis Online

Ebenfalls einen interdisziplinären Ansatz verfolgt diese südafrikanische Zeitschrift, die sich gleichermaßen mit afrikanischer Politik, Soziologie, Geografie und Literatur beschäftigt und relevante Artikel für die Geistes-und Sozialwissenschaften veröffentlicht. Themenhefte ergänzen die Aufsätze in der *JCAS*. Eine Auswahl:

Progress in Zimbabwe (1/2012); China's Rise in Africa: Beyond the Headlines (2/2011); Nigeria at Fifty: The Nation in Narration (4/2010); Somalia: State Collapse, Terrorism and Piracy (3/2010); Kenya's Uncertain Democracy: The Electoral Crisis of 2008 (3/2009).

Review of African Political Economy (ROAPE); 1974 ff., Abingdon: Routledge, Taylor & Francis Group.
URL: http://www.tandfonline.com/loi/crea20
Archiv: Taylor & Francis Online

Das *Review of African Political Economy* richtet den Blick auf ökonomische Unwuchten und Ausbeutung im Kontext der Globalisierung. Seine Themen sind neben US-Politik in Afrika Wirtschaftssysteme und Staatsversagen. Viele Beiträge wählen eine globalisierungskritische Perspektive. Themenhefte ergänzen die Fachartikel. Eine Auswahl:

Neither War nor Peace in the Democratic Republic of Congo (DRC): Profiting and Coping amid Violence and Disorder (Nr. 135/2013); Markets and Identities in Africa: Honouring Gavin Williams (Nr. 132/2012); Land: A New Wave of Accumulation by Dispossession in Africa (128/2011); Social Movement Struggles in Africa (Nr. 125/2010); Debates on the Left in Southern Africa (Nr. 111/2007).

Africa: Journal of the International African Institute; 1928 ff., Hrsg. International
African Institute, Cambridge: Cambridge University Press.
URL: http://journals.cambridge.org/jid_AFR
Archive: Cambridge Journals Digital Archive, JSTOR, Project MUSE

Die Zeitschrift *Africa* wird vom kulturwissenschaftlich orientierten International African Institute in London herausgegeben. Das Journal widmet sich vorrangig dem Studium der afrikanischen Gesellschaft und Kultur. Es richtet seine Aufmerksamkeit auf historische Trends, Probleme der Entwicklung sowie auf die Umwelt- und Gesundheitsproblematik. Einmal im Jahr erscheint ein Heft mit einem Themenschwerpunkt. Im Abonnement der Zeitschrift *Africa* ist eine jährlich erscheinende fortlaufende Bibliografie enthalten (siehe unten (8.7). Eine Auswahl der Themenhefte:

Land Politics in Africa: Constituting Authority over Territory, Property and Persons (1/2013); Popular Economies in South Africa (1/2012); Interpreting Land Markets in Africa, (1/2010); Knowledge in Practice: Expertise and the Transmission of Knowledge, (1/2009); Perspectives on Vigilantism in Nigeria, (1/2008); Nature as Local Heritage in Africa, (1/2007); Markets in a New Era, (2/2001).

African Affairs (Afr Aff); 1901 ff., Hrsg. Royal African Society, Oxford: Oxford
University Press
URL: http://afraf.oxfordjournals.org/
Archive: JSTOR, Oxford Digitized Journals Archive

Eine lange Tradition hat diese seit 1901 von der britischen Royal African Society herausgegebene Zeitschrift. Jede Ausgabe enthält mehrere Fachartikel, die sich auf aktuelle politische, soziale und wirtschaftliche Entwicklungen in den sub-saharischen Ländern konzentrieren. Sehr nützlich für Studierende sind die umfangreiche bibliografische Sektion mit ihren Buchbesprechungen, eine Bibliografie der Veröffentlichungen zur Region und eine Bibliografie der wissenschaftlichen Artikel über Afrika, die in nicht-afrikanischen Zeitschriften erscheinen. Die *African Affairs* sind eine wertvolle Ressource auch für Studierende und Wissenschaftler. Die Herausgeber verzichten auf Themenhefte.

8.2.5.7 Lateinamerika

GIGA Focus Lateinamerika; 2006 ff., Hrsg. GIGA German Institute of Global and Area Studies; Institute of Latin American Studies, Hamburg: Institute of Latin American Studies. Früherer Titel: Brennpunkt Lateinamerika (1998–2005).
URL: http://www.giga-hamburg.de/giga-focus/lateinamerika
Archiv: http://www.giga-hamburg.de/index.php?file=brennpooli.html&folder=ilas
eDoc: eDoc.ViFaPol

Auch zu Lateinamerika erscheinen in der Reihe *GIGA Focus* monatliche Kurzanalysen zu aktuellen politischen, wirtschaftlichen oder sozialen Themen. Die Dokumente sind in deutscher Sprache verfasst und können kostenfrei im Netz gelesen und heruntergeladen werden. Auch hier widmet sich jedes Heft einem ausgewählten Thema:

Die EU und Lateinamerika: Partnerschaft auf Augenhöhe? (2/2013); Der Mensalão-Korruptionsskandal mit weitreichenden Folgen für Brasiliens Demokratie (12/2012); Kolumbien – der weite Weg zu Kriegsbeendigung und Frieden (11/2012); Infrastrukturprojekte zwischen geopolitischen Interessen und lokalen Konflikten (10/2012); Hugo Chávez vor der Wiederwahl? (9/2012); Paraguay: Staatsstreich oder „Misstrauensvotum"? (8/2012); Auf der Schmalspur zur Macht: Die PRI kehrt in das Präsidentenamt von Mexiko zurück (7/2012); Brasilien und Mexiko: Entwicklung auf Kosten des Klimawandels? (6/2012); Die Repräsentation von Frauen in der Politik Lateinamerikas (5/2012); Strategien südamerikanischer Sekundärmächte (4/2012); Bolivien: Aufstieg und Erosion eines Hegemonieprojekts (3/2012); Parteieninternationalen in Lateinamerika (2/2012); Der Wirtschaftsraum Lateinamerika – weiter auf Wachstumskurs (1/2012).

Journal of Politics in Latin America (JPLA); 2009 ff., Hrsg. GIGA German Institute of Global and Area Studies; Institute of Latin American Studies, Hamburg: Institute of Latin American Studies. Früherer Titel: Lateinamerika-Analysen (2002–2008).
URL: http://hup.sub.uni-hamburg.de/giga/jpla
Archiv: http://hup.sub.uni-hamburg.de/giga/jpla/issue/archive

Diese Open-Access-Zeitschrift aus dem Hause des GIGA German Institute of Global and Area Studies präsentiert aktuelle Informationen über politische Prozesse und politische Institutionen in der Region. Mit seiner Fokussierung auf wissenschaftliche Arbeiten über die politischen Systeme ist die Zeitschrift allen an der Politik in der Region Interessierten zu empfehlen. Das *JPLA* ist offen für alle Forschungsansätze. 2010 erschien ein erstes Themenheft mit dem Titel *Sub-national Authoritarianism and Democratization in Latin America (2/2010.)*

Latin American Politics and Society; 2001 ff., Hrsg: University of Miami. Coral Gables, Fl.: University; Malden, Mass. [u. a.]: Wiley-Blackwell, Früherer Titel: Journal of Inter-American Studies and World Affairs (1970-2000), Journal of Inter-American Studies (1959-1969).
URL: http://www.onlinelibrary.wiley.com/journal/10.1111/(ISSN)1548-2456
Archive: JSTOR, Project MUSE, Wiley Online Library

Unter den regionalkundlichen sozialwissenschaftlichen Zeitschriften über Lateinamerika liegt dieses Journal am nächsten an Themen des politischen Systems und der regionalen Staatenbeziehungen. Ursprünglich war die Thematik auf Aspekte der US-lateinamerikanischen Beziehungen ausgerichtet und behandelte die Außenpolitik der Vereinigten Staaten gegenüber Lateinamerika und die Beziehungen der Staaten innerhalb Lateinamerikas. Mit einem neuen Titel änderte die Zeitschrift auch ihr Profil. Sie reagiert auf die Veränderungen nach dem Kalten Krieg und erörtert Probleme der Globalisierung. Die Themenpalette umfasst Themen wie Demokratisierung, politische Kultur, zivil-militärische Beziehungen, Zivilgesellschaft, Umweltpolitik, politische Ökonomie und die wirtschaftliche Integration der Hemisphäre. Eine gesonderte Rubrik „Policy Issues" veröffentlicht kontroverse Meinungen zur aktuellen Politik. In den letzten Jahren wurden keine Themenhefte mehr herausgegeben.

Journal of Latin American Studies (JLAS); 1969 ff., Cambridge [u. a.]: Cambridge University Press.
URL: http://journals.cambridge.org/jid_LAS
Archive: Cambridge Journals Digital Archive, JSTOR

Sehr stark interdisziplinär geprägt ist dieses Journal zur aktuellen Lateinamerikaforschung mit seinen Beiträgen über Geografie, Gesellschaft, Wirtschaft und Kultur Lateinamerikas. Der Anteil politikwissenschaftlicher Beiträge fällt groß aus. Nur wenige Themenhefte sind erschienen.

Latin American Perspectives (LAP): A Journal on Capitalism and Socialism 1974 ff.,
Riverside, Kalifornien: Sage Publications.
URL: http://lap.sagepub.com/
Archive: JSTOR, SAGE Journals Online

In dieser Zeitschrift analysieren die Autoren die politische Ökonomie der lateinamerikanischen Länder und werfen dabei einen kritischen Blick auf die Geschichte des Subkontinents. Die Themen werden aus einer linken Perspektive erörtert. Die Beiträge stammen aus der Feder politischer Aktivisten und progressiver Wissenschaftler. Sämtliche Ausgaben sind als Themenhefte konzipiert.[54] Eine Auswahl:

Latin America's Radical Left in Power: Complexities and Challenges in the Twenty-First Century (3/2013); Michelle Bachelet: The Last Concertación Government (4/2012); Colombia's Left Its Power, Influence, and Challenges (1/2012); Questions of Power (6/2011); Challenges to Social Progress in Brazil (5/2011); The Obama Initiative (4/2011); Intellectuals, Social Theory, and Political Practice in Brazil (3/2011); A Second Look at Latin American Social Movements: Globalizing Resistance to the Neoliberal Paradigm (1/2011); Globalization, Neoliberalism, and the Latin American Coffee Societies (2/2010); Political Transition(s), Internationalism, and Relations with the Left (3/2009); On the Left with the Cuban Revolution (2/2009); On Celebrating the Cuban Revolution (1/2009).

8.2.5.8 Regionen im Vergleich

Die folgenden ebenfalls interdisziplinären Zeitschriften analysieren übergreifend politische Prozesse und Strukturen in den Regionen der sogenannten Dritten Welt. Für den schnellen Überblick zu aktuellen Entwicklungen eignen sich besonders die kurzen Berichte in der Schriftenreihe *GIGA Focus*.

---

54 Alle Themen seit der ersten Ausgabe sind im Archiv von JSTOR aufgelistet. URL: http://www.jstor.org/journals/0094582X.html

Politische Systeme 189

GIGA Focus Global; 2006 ff., Hrsg. GIGA German Institute of Global and Area Studies: Hamburg: German Institute of Global and Area Studies.
URL: http://www.giga-hamburg.de/giga-focus/global
eDoc: eDoc.ViFaPol

In *GIGA Focus Global* erscheinen kurze Berichte zu aktuellen politischen, wirtschaftlichen und sozialen Themen von weltweiter Bedeutung. Jedes Heft widmet sich einem ausgewählten Thema. Eine Auswahl:

Afrika im Sog der Eurokrise (2/2013); Der wirtschaftliche Aufstieg der BRICS-Staaten (1/2013); ASEAN-EU-Beziehungen: von regionaler Integrationsförderung zur Sicherheitsrelevanz? (12/2012); Die Außenhandelskooperation der USA mit Asien (11/2012); Beschäftigung, Armut und die Millenniumsziele der Vereinten Nationen (10/2012); Financial Inclusion: Strategiewechsel in der Mikrofinanzierung (9/2012); Die Blockfreienbewegung: Quo vadis? (8/2012); Der ISAF-Rückzug aus Afghanistan: Wahrnehmung und Reaktion regionaler Mächte (7/2012); Zeitenwende in der internationalen Politik? (6/2012); Welternährung in der Krise (5/2012); Macht in der globalen Klima-Governance (4/2012); Die Energiepolitik von BRICS im Angesicht von Klimawandel und Ressourcenverknappung (3/2012); Deutschland und die neuen Gestaltungsmächte (2/2012); Südkorea als globaler Akteur: Internationale Beiträge in Entwicklung und Sicherheit (1/2012).

GIGA Focus International Edition; 2009 ff., Hrsg. GIGA German Institute of Global and Area Studies, Hamburg: German Institute of Global and Area Studies.
URL: http://www.giga-hamburg.de/giga-focus/international

GIGA Focus International Edition ist die englischsprachige Version ausgewählter Ausgaben der fünf deutschsprachigen GIGA Focus-Reihen. Die globale und die internationale Ausgabe sind beide als Open-Access-Publikationen angelegt und können kostenfrei im Netz gelesen und heruntergeladen werden. Eine Auswahl der behandelten Themen:

ASEAN–EU Relations: From Regional Integration Assistance to Security Significance? (3/2013); The Comeback of the EU as a 'Civilian Power' through the Arab Spring? (2/2013); The Obama Administration and Latin America: A Disappointing First Term (6/2012); The ISAF Withdrawal from Afghanistan: Perceptions and Reactions of Regional Powers(5/2012); EU Relations with „Emerging" Strategic Partners: Brazil, India and South Africa (4/2012); Myanmar: The Beginning of Reforms and the End of Sanctions (3/2012); South Korea as a Global Actor: International Contributions to Development and Security (2/2012); The Arab Spring: Triggers, Dynamics and Prospects (1/2012).

Third World Quarterly (TWQ); 1979 ff., Hrsg. Centre for Developing Areas Research, University of London/Department of Geography: Royal Holloway & Bedford New College, London [u. a.]: Routledge.
URL: http://www.tandfonline.com/loi/ctwq20
Archive: JSTOR, Taylor & Francis Online

Im Mittelpunkt dieser Zeitschrift stehen Afrika, Asien, Lateinamerika und der Orient. Die Beiträge analysieren die politischen, sozialen und wirtschaftlichen Strukturen dieser Regionen. *TWQ* thematisiert unter anderem Fragen der Entwicklungspolitik. Es publiziert auch provokative Artikel, die neue Bereiche der Forschung erschließen. Die Hefte sind häufig Themenschwerpunkten gewidmet. Die Redaktion bemüht sich, aktuelle Themen aufzugreifen. Auf methodische Originalität legen die Beiträge keinen besonderen Wert. Eine Auswahl der Themenhefte:

Governing Difference: Inequality, Inequity and Identity in India and China (4/2012); People Power in the Era of Global Crisis (2/2012); Political Civility in the Middle East (5/2011); From War on Terror to War on Weather? Rethinking Humanitarianism in a New Era of Chronic Emergencies (8/2010); The Unhappy Marriage of Religion and Politics: Problems and Pitfalls for Gender Equality (6/2010); Relocating Culture in Development and Development in Culture (4/2010); Governance, Development and the South: contesting EU Policies (1/2010); Remapping Development Studies: contemporary critical perspectives (5/2009); Putting Labour into the International Division of Labour (3/2009); War, Peace and Progress: Conflict, Development, (Int. Security and Violence in the 21st Century (1/2009); Globalisation and Migration: new issues, new politics? (7/2008); Developmental and Cultural Nationalisms (3/2008); Market-led Agrarian Reform: trajectories and contestations (8/2007); Beyond Corporate Social Responsibility?: Business, Poverty and Social Justice (4/2007); The Long War: Insurgency, Counterinsurgency and Collapsing States (2/2007); Reshaping Justice – International Law and the Third World (5/2006); From Nation-Building to State-Building (1/2006).

Comparative Studies of South Asia, Africa and the Middle East (CSSAAME); 1996 ff.,
Hrsg. Illinois State University, Durham, NC: Duke University Press. Früherer Titel:
South Asia Bulletin (1981–1995).
URL: http://cssaame.dukejournals.org/
Archiv: http://cssaame.com/archives.html
Archiv: Project MUSE

Diese Zeitschrift, die seit 1995 mit dem ehemaligen *Südasien Bulletin* fusioniert ist, publiziert vergleichende Studien aus einem kulturwissenschaftlichen Blickwinkel und berücksichtigt die lokale Geschichte. Viele Ausgaben stellen ein oder zwei Themen in den Vordergrund. Eine Auswahl:

State-Society Relations (1/2012); The Ottoman Legacy (3/2011); Comparing Arab Diasporas (2/2011); Iranian Diaspora (2/2011); Secularism and Islamism: Iran and Beyond (1/2011); Secular Muslims (3/2009); Narrative Violence: Africa and the Middle East (1/2008); Mediated Politics in the Middle East (3/2007); Comparing Empires (2/2007); South-South Linkages in Islam (1/2007); Critiques of the West (3/2006); France in Africa/Africa(ns) in France (2/2006); Central-Asia and its Neighbors (2/2005); The Political Geographies of Fin-de-Siècle Capitalism (1u.2/2000).

Journal of Asian and African Studies (JAAS); 1966 ff., London [u. a.]: Sage Publications.
URL: http://jas.sagepub.com
Archiv: SAGE Journals Online

Dieses Journal widmet sich den politischen Systemen der Staaten in Asien und Afrika im Kontext ihrer Entwicklung, der wirtschaftlichen und technologischen Situation und des Einflusses der Globalisierung. Neuere Themenhefte befassen sich mit folgenden Fragen:

Political Subjectivities in Africa (5/2012); Post-Liberation South Africa (3/2012); Accessing the State (5/2011); The Rise of China (5/2008); The North Korea Nuclear Crisis (3-4/2007); Problematizing Resistance (1-2/2006); National Identity and Democratization in Taiwan (1-2/2005); Africa and Globalization: Critical Perspectives (1-2/2004).

Teilweise aus der vorangehenden ist die folgende Zeitschrift hervorgegangen:

African and Asian Studies (AAS); 2002 ff., Leiden: Brill.
URL: http://booksandjournals.brillonline.com/content/15692108
Archiv: Brill Online

Diese Zeitschrift hat das übliche Format interdisziplinärer Zeitschriften mit Forschungsergebnissen aus Anthropologie, Soziologie, Geschichte, und Politikwissenschaft. Ihre Beiträge analysieren historische und zeitgenössische Gegebenheiten und wählen dabei eine vergleichende Perspektive.

Multiplikatorenjournal

Current History (Curr Hist): A Journal of Contemporary World Affairs; 1914 ff., Philadelphia, Pa.: Current History Inc.
URL: http://www.currenthistory.com/

Hier handelt es sich weniger um eine wissenschaftliche Zeitschrift, aber um ein überaus nützliches Periodikum für alle, die eine fundierte Analyse von Problemen – auch in den internationalen Beziehungen – suchen, die wegen ihrer Aktualität in Büchern und speziellen wissenschaftlichen Artikeln noch gar nicht gewürdigt sein können. Jede Ausgabe konzentriert sich auf eine Region oder ein Thema – einschließlich der jährlichen Ausgaben über China und Ostasien, Russland und Eurasien, den Mittleren Osten, Lateinamerika, Süd- und Südostasien, Europa und Afrika. Als regelmäßige monatliche Features sind Karten und chronologische Zusammenfassungen wichtiger internationaler Ereignisse hervorzuheben. Jede Dezemberausgabe berichtet in einem jährlichen Überblick unter dem Titel *Global Progress Report* über globale Trends und behandelt ein spezielles Thema.

8.3 Internationale Beziehungen

In den USA sind bereits recht früh spezialisierte Fachzeitschriften im Bereich der Internationalen Beziehungen entstanden. Dazu gehören Titel wie *International Organization* (1947) und *World Politics* (1948) (siehe unten 8.4), die das Entstehen der Internationalen Beziehungen als eigene akademische Disziplin mit eingeläutet haben. Mit Gründung der International Studies Association (ISA) entstand in den USA die erste professionelle Fachvereinigung für Wissenschaftler der akademischen Internationalen Beziehungen. Sie trug dazu bei, dass sich die Internationalen Beziehungen als eigenes Teilgebiet neben der konventionellen Politikwissenschaft verselbständigt haben.[55]

International Organization (IO): A Journal of Political and Economic Affairs; 1947 ff., Hrsg. World Peace Foundation, Cambridge, Mass.: Cambridge University Press.
URL: http://journals.cambridge.org/jid_INO
Archive: Cambridge Journals Digital Archive, CIAO, JSTOR, Project MUSE

Theorien der internationalen Zusammenarbeit, das Verhandeln auf internationaler Ebene, internationale Regime und internationale Organisationen sind Gegenstand dieser Zeitschrift. Sie darf als das wichtigste und einflussreichste Journal auf diesem politikwissenschaftlichen Teilgebiet gelten. Ihr Markenzeichen ist die theoretische und methodische Vielfalt im Gegenstandsbereich der internationalen politischen Ökonomie wie auch im Bereich der internationalen Politik. Das analytische Herangehen auf der Basis der Kooperationstheorien und des konstruktivistischen Ansatzes bestimmt das Profil dieser Zeitschrift. Auch Fragen der Friedens- und Konfliktforschung und der internationalen Sicherheit werden in den Beiträgen abgehandelt. Im Vordergrund stehen jedoch Themen der internationalen Umweltpolitik, des Handels und der Währungspolitik. Die Beiträge nehmen häufig eine vergleichende Perspektive ein. Seit 1962 erscheinen in unregelmäßigen Abständen Themenhefte. Eine Auswahl:

Diffusion of Liberalism (4/2006); International Institutions and Socialization in Europe (4/2005); The Political Economy of Monetary Institutions (4/2002); The Rational Design of International Institutions (4/2001); Legalization and World Politics (3/2000); International Organization at Fifty: Exploration and Contestation in the Study of World Politics (4/1998).

---

55 Siehe auch Sanders 2012, S. 161 ff., 173 ff., 211.

European Journal of International Relations (EJIR); 1995 ff., Hrsg. Standing Group on International Relations of the European Consortium of Political Research, London [u. a.]: Sage.
URL: http://www.sgir.eu/ejir.php
URL: http://ejt.sagepub.com/
Archiv: SAGE Journals Online

Bei der Gründung dieses Journals stand den Initiatoren offensichtlich das Beispiel der vorgenannten Zeitschrift vor Augen. Der Themenmix ist ganz ähnlich; dies gilt auch für das Bemühen um die theoretische Fundierung der Beiträge. Dieses europäische Journal repräsentiert das gesamte Themenspektrum innerhalb der internationalen Beziehungen: Außenpolitik-Analysen, internationale politischen Ökonomie, Recht und Organisation der internationalen Politik. Ein Schwerpunkt liegt auf der Politik und den Policies der Europäischen Union. Auch das transatlantische Verhältnis ist häufig Gegenstand der Betrachtungen. Die Zeitschrift vertritt keine besondere Methodenrichtung. Prominente Autoren kommen aus allen Teilen Europas, aus Amerika, Australien und Neuseeland.

International Studies Quarterly (ISQ): The Journal of the International Studies Association; 1967 ff., Hrsg. International Studies Association, Malden, Mass.: Blackwell; Oxford: Wiley-Blackwell. Frühere Titel: Background on World Politics (1957–1961), Background: Journal of the International Studies Association (1962–1967).
URL: http://www.onlinelibrary.wiley.com/journal/10.1111/(ISSN)1468-2478
Archive: JSTOR, Wiley Online Library

Das Organ der International Studies Association (ISA) publiziert vorwiegend über internationale Themen, enthält aber auch ländervergleichende Studien. Die Zeitschrift zeichnet sich durch ihre große Offenheit für die Vielfalt der Theorien und Methoden in den akademischen Internationalen Beziehungen aus. Die Beiträge beobachten weltweite Entwicklungen und referieren aktuelle Trends in Theorie und Literatur. Sie sind für ein breites wissenschaftliches und nichtwissenschaftliches Publikum lesenswert. Rezensionen erscheinen in einer eigenständigen Zeitschrift mit dem Titel *International Studies Review* (siehe unten 8.7). Bis 1996 erschienen in größeren Abständen Themenhefte. Seither wird darauf verzichtet.

Review of International Studies (RIS); 1975 ff., Hrsg. British International Studies Association, Cambridge: Cambridge University Press. Früherer Titel: British Journal of International Studies (1975–1980).
URL: http://journals.cambridge.org/jid_RIS
Archive: Cambridge Journals Digital Archive, JSTOR

Diese britische Zeitschrift ist ebenfalls der Interdisziplinarität verpflichtet und grundsätzlich offen für Beiträge aus allen Geistes- und Sozialwissenschaften. Im *RIS* findet man Beiträge zur europäischen Integration, zum post-sowjetischen Raum und zur Problemregion des Nahen Ostens. Auch die Themen Friedensforschung und Entwicklungspolitik werden behandelt. Die Beiträge legen großen Wert auf die Erörterung in historischer Perspektive. Die Zeitschrift richtet sich an interdisziplinär arbeitende Wissenschaftler und Studierende. Seit 1998 erscheinen zusätzlich zu den regulären vier Heftausgaben Themenhefte, die sich durch umfangreiche Dokumentationen auszeichnen. Eine Auswahl:

The Postsecular in International Relations (5/2012); Evaluating Global Orders (2010); Globalizing the Regional, Regionalizing the Global (2009); Cultures and Politics of Global Communication (2008); Critical International Relations Theory after 25 Years (2007); Force and Legitimacy in World Politics (2005); Governance and Resistance in World Politics (2003); How Might We Live? Global Ethics in a New Century (2000).

Zeitschrift für Internationale Beziehungen (ZIB); 1994 ff., Hrsg. Sektion Internationale Politik der DVPW, Baden-Baden: Nomos.
URL: http://www.zib.nomos.de/
Archiv: http://www.zib.nomos.de/archiv/

Diese Zeitschrift ist eigentlich ein Journal für die Theorien der internationalen Beziehungen. Auch Theorien, die vordergründig gar nicht primär den internationalen Beziehungen gelten, werden auf ihren Gehalt für dieses Sujet abgeprüft. Themen: Theorien der Außenpolitik und der internationalen Beziehungen, internationale Organisationen und Institutionen, Krieg, Friedens- Verteidigungs- und Sicherheitspolitik. Die Auseinandersetzung mit konkreten Problemen der internationalen Beziehungen nimmt im Verhältnis zur Auseinandersetzung mit den Theorien recht geringen Raum ein. Man sucht vergeblich nach Beiträgen zur konkreten Außenpolitik der weltpolitisch relevanten Akteure wie USA oder China. Im Schwerpunkt handeln die Beiträge über die Beziehungen zwischen den Demokratien. Regionen außerhalb der OECD-Welt wie z.B. China, Japan, Indien, Indonesien, Brasilien oder Mexiko finden kaum Beachtung. Die Fachartikel werden ausschließlich in deutscher Sprache veröffentlicht, lediglich englische Abstracts entrichten einen Tribut an internationale Leserinnen und Leser. Themenhefte sind nicht üblich, mit Ausnahme eines Heftes über *Globalisierung und die Handlungsfähigkeit des Nationalstaates*, Hrsg. Edgar Grande und Thomas Risse (2/2000).

International Security (Int Secur); 1976 ff., Hrsg. Belfer Center for Science and International Affairs, Harvard University, Cambridge, Mass.: MIT Press.
URL: http://www.mitpressjournals.org/loi/isec
Archive: CIAO, JSTOR, Project MUSE

Diese Zeitschrift ist ganz auf Fragen der internationalen Sicherheit ausgelegt. Der theoretische Horizont lässt sich am besten mit der neorealistischen Theorie der internationalen Beziehungen beschreiben. Das Leitthema ist die Frage nach der richtigen Sicherheitsstrategie, der Risikoanalyse und den sicherheitspolitisch relevanten Potenzialen (Militär, Wirtschaft, Rohstoffe). Die Themen werden in starkem Maße aus der Perspektive der sicherheitspolitischen Interessen der USA abgehandelt. Standen früher einmal Themen der Weltmächterivalität im Vordergrund, handeln die Artikel heute eher über Themen, die sich aus einer multipolaren Welt, aus der Bedrohung neuer Atommächte und dem internationalen Terrorismus ergeben. In den Beiträgen sammelt sich akademische Prominenz, die internationale Politik vor allem als Sicherheitspolitik versteht.

Asian Survey: A Bimonthly Review of Contemporary Asian Affairs; 1961 ff., Hrsg. Institute of International Studies, University of California, Berkeley, University of California Press. Früherer Titel: Far Eastern Survey (1935–1961), IPR memoranda/ American Council, Institute of Pacific Relations (1932–1934).
URL: http://www.ucpressjournals.com/journal.asp?j=as
Archiv: JSTOR

Diese Zeitschrift informiert alle zwei Monate über die internationale Politik in den süd-, südost- und ostasiatischen Staaten. Die Beiträge behandeln Themen wie Diplomatie, Abrüstung, Rüstung und Modernisierung, Ethnizität, Wahlen und Globalisierung. Jeweils die erste Jahresausgabe enthält eine Übersicht über Ereignisse und Entwicklungen im Vorjahr *(Survey of Asia)*. Als Ganzes stellen diese Berichte eine gründliche Chronik der nationalen und regionalen Politik in Asien seit 1962 dar. Seit dem Jahrgang 2000 verzichten die Herausgeber auf Themenhefte.

International Relations of the Asia-Pacific: A Journal of the Japan Association of International Relations; 2001 ff., Hrsg. Japan Association of International Relations, Tokyo: University of Tokyo – Oxford: Oxford University Press.
URL: http://irap.oupjournals.org
URL: http://irap.oxfordjournals.org/content/current
Archiv: CIAO, Oxford Digitized Journals Archive

Diese junge Zeitschrift konzentriert sich auf die Beziehungen zwischen den Ländern der asiatisch-pazifischen Region. Ein weiterer Schwerpunkt ist die Entwicklung der Beziehungen zu den USA, Russland und anderen Weltregionen. Die Beiträge befassen sich im Einzelnen mit den Veränderungen der Machtstrukturen im asiatisch-pazifischen Raum, mit der wachsenden wirtschaftliche Bedeutung Chinas, mit den amerikanischen Interessen in der Region, mit Japans neuer Rolle in Asien, mit der Politik der beiden Koreas sowie mit den Auswirkungen ethnischer Konflikte in Südostasien auf die Staatenbeziehungen. Bisher sind folgende Themenhefte erschienen:

International Relations Studies in Asia, the US and the UK (2/2011); A Post-American East Asia?: Networks of Currency and Alliance in a Changing Regional Context (3/2010); Teaching International relations in Southeast Asia (1/2009); Research Outcomes from the Asia-Barometer Project (3/2008).

Multiplikatorenjournale

Die folgenden Journale befassen sich ebenfalls mit Fragen der internationalen Politik. Sie erscheinen unter dem Dach nationaler, nicht-staatlicher Institutionen zum Studium der Außenpolitik und der internationalen Beziehungen. Im Internet sind sie unter einer eigenen Domain zugänglich. Sämtlichen hier aufgeführten Zeitschriften ist gemeinsam, dass sie einem wissenschaftlichen und einem nichtwissenschaftlichem Publikum Analysen aktueller Probleme vorstellen, um zur Diskussion praktischer Lösungen für internationale Probleme beizutragen. Dabei wird allerdings auch um Verständnis für die Außenpolitik des eigenen Landes geworben.

International Affairs (IA); 1922 ff., Hrsg. Royal Institute of International Affairs, London Chatham House and Oxford: Wiley-Blackwell. Früherer Titel: Journal of the British Institute of International Affairs (1922–1925), Journal of the Royal Institute of International Affairs (1926–1931).
URL: http://www.chathamhouse.org.uk/publications/ia/
URL: http://onlinelibrary.wiley.com/journal/10.1111/%28ISSN%291468-2346
Archive: JSTOR, Wiley Online Library

Dieses britische Journal ist für die Berichterstattung über aktuelle Ereignisse in der Welt und über Fragen in der internationalen Politik bekannt geworden. Die Diskussion der britischen Außenpolitik steht im Mittelpunkt. Die Zeitschrift greift Themen von großer politischer Relevanz auf, die dann mit wissenschaftlichem Anspruch analysiert werden. Die Theoriedebatte in den akademischen internationalen Beziehungen nimmt in *International Affairs* großen Raum ein, wobei stets die Frage nach den praktischen Konsequenzen dieser Theorien im politischen Handeln gestellt wird. Wer sich mit wissenschaftlich fundierten Beiträgen über aktuelle Probleme der Weltpolitik informieren will, ist mit dieser Zeitschrift gut bedient. Mit Blick auf eine nicht-wissenschaftliche Leserschaft fällt der Literaturapparat schlanker aus, und die theoretischen Positionen werden nicht so ausführlich diskutiert wie in den Fachjournalen, die gezielt akademische Zielgruppen ansprechen. Seit 2010 präsentieren virtuelle Online-Ausgaben wegweisende Beiträge aus mehr als acht Jahrzehnten der Forschung zu heute noch aktuellen Themen darunter: *The Middle East, The UK and Europe, The Falklands/Malvinas Dispute, Russian and Soviet International Relations, The Global Approach to Nuclear Weapons*. Weiterhin erscheinen zahlreiche Themenhefte zu gegenwärtigen Ereignissen. Eine Auswahl:

The Middle East Ten Years after the Invasion of Iraq (2/2013); Forty years on: the UK and Europe (6/2012); Rio+20 and the Global Environment: Reflections on Theory and Practice (3/2012); Fred Halliday, John Vincent and the Idea of Progress in International Relations (5/2011); Post-American Iraq (6/2010); Global Economic Governance in Transition (3/2010); Tackling Resource Challenges in the 21st Century: Avoiding Worst Case Scenarios (6/2009); The War over Kosovo: Ten Years On (3/2009); International Order: Politics, Power and Persuasion (1/2009); Power and Rules in the Changing Economic Order (3/2008); Ethical Power Europe? (1/2008); Africa and Security (6/2007); Thinking about ‚Enlightenment' and ‚Counter-Enlightenment' in Nuclear Policies (3/2007); Europe at 50 (2/2007); Britain and Europe: Continuity and Change (4/2005); Sub-Saharan Africa (2/2005); The Transatlantic Relationship (4/2004);

Regionalism and the Changing International Order in Central Eurasia (3/2004); Israeli-Palestinian Conflict (2/2004); Changing Patterns of European Security and Defence (3/2001).

Foreign Affairs (FA); 1922 ff., Hrsg. Council on Foreign Relations, New York, NY: Council.
URL: http://www.foreignaffairs.com/
Archiv: http://www.foreignaffairs.com/issues
Archiv: JSTOR

Diese vom renommierten amerikanischen Council on Foreign Relations herausgegebene Zeitschrift ist mehrfach ausgezeichnet worden. Seine Zielgruppe ist die an Fragen der Außenpolitik interessierte Öffentlichkeit. Die *Foreign Affairs* sind kein wissenschaftliches Organ, aber zu ihren Autoren zählen auch bekannte Wissenschaftler. Das Journal darf als der wichtigste Veröffentlichungsplatz für aktive und ehemalige Außenpolitiker gelten. Artikel, die hier erscheinen, werden nicht nur in der Wissenschaft, sondern auch in den Außenministerien und von außenpolitischen Fachpolitikern in aller Welt zur Kenntnis genommen. Als ein internationales Forum bietet die Zeitschrift Raum für substanzielle Diskussionen über die weltpolitische Rolle der USA. Sie präsentiert eine breite Palette von Themen mit einer Mischung von Analysen, Reportagen, Rezensionen und Kritik. Auch Probleme der Weltwirtschaft, der inneren Sicherheit, von Krieg und Frieden, soziale Fragen und Terrorismus werden in gut recherchierten Artikeln erörtert. Das Journal gilt als das Medium des außenpolitischen Establishments der USA. Wer politische Positionen kennen lernen will, ist hier gut bedient. Die Artikel sind nicht annotiert. Neben der amerikanischen Ausgabe gibt es internationale Ausgaben in spanischer, russischer und japanischer Sprache.

Foreign Policy (FP); 1970 ff., Hrsg. Carnegie Endowment for International Peace, Washington, DC.
URL: http://www.foreignpolicy.com
Archiv: http://www.foreignpolicy.com/archive
Archiv: JSTOR

Ein ähnliches Format wie das vorgenannte Journal hat diese Zeitschrift. Neben den *Foreign Affairs* ist *Foreign Policy* eines der wichtigsten Magazine im Bereich der internationalen Beziehungen und der Außenpolitikanalyse. Sie widmet sich hauptsächlich dem aktuellen Zeitgeschehen und will den politischen Entscheidungsträgern Denkanstöße geben. Auch sie hat keine wissenschaftliche Ambition, ist aber ebenfalls ein Forum für Außenpolitiker, das auf Resonanz zählen darf. *Foreign Policy* versteht sich als Gegenprogramm zu den *Foreign Affairs*, auch darin, dass Themen abgehandelt werden, die dort weniger zur Sprache kommen, z. B. Dritte Welt, internationaler Handel und globale Umweltpolitik. *Foreign Policy* veröffentlicht regelmäßig eine Liste der Failed states und den jährlichen Globalisierungsindex, der Länder nach dem Grad ihrer wirtschaftlichen, technischen und politischen Integration in das globale Geschehen klassifiziert. Sowohl die *FP* als solche als auch deren Website werben mit weltweit anerkannten Experten, Wissenschaftlern, Journalisten und Politikern. Es werden sämtliche Themenbereiche der US-Außenpolitik, der internationalen Politik, der Kultur und Weltwirtschaft, der nationalen Sicherheit und der Gefährdung durch Massenvernichtungswaffen behandelt. Das Journal erscheint in mehreren Sprachen.

Internationale Politik (IP); 1995 ff., Hrsg. Deutsche Gesellschaft für Auswärtige Politik e. V., Bielefeld: BVA. Früherer Titel: Europa-Archiv (1946–1994).
URL: http://www.internationalepolitik.de/
URL: http://www.ip-global.org/
Archiv: https://zeitschrift-ip.dgap.org/de/archiv

Hinsichtlich der Orientierung auf die aktuelle politische Weltlage sowie im Stil und der Gestaltung nehmen sich die Herausgeber der IP an *Foreign Affairs* und *Foreign Policy* ein Beispiel. Auch das deutsche Journal ist ein Forum für den Diskurs namhafter Wissenschaftler, Politiker und Publizisten in Fragen der Außenpolitik und der internationalen Beziehungen. In Form von Essays, Interviews und kontrovers geführten Debatten setzen sich Autoren aus aller Welt mit aktuellen Problemen der Weltpolitik auseinander. Themenschwerpunkte sind die Außenpolitik und die Sicherheitspolitik einzelner Staaten und deren Einbindung in die Weltwirtschaft. Weitere Themen sind die Energieversorgung, das Konfliktpotenzial verknappender Rohstoffe, der Klimawandel, die internationalen Finanzmärkte, der internationale Terrorismus, Völkermord und Probleme der Atomenergie. Die in der *IP* veröffentlichten Analysen bewegen sich nahe an der politischen Praxis, sind aber wissenschaftlich recherchiert und aufbereitet. Das Journal erscheint in englischer Sprache unter dem Titel *Global Edition*. Jede Ausgabe ist einem Schwerpunktthema gewidmet. Beispiele:

Schlachtfeld ohne Mensch (3/2013); Rohstoff-Revolution (2/2013); Arabischer Winter (1/2013); Europe Reloaded (2/2012); Faktor Frau (2/2012); In Führung gehen (3/2012); Zu neuen Ufern (4/2012); Auslaufmodell China (5/2012); Entscheidungen (6/2012);

Terrorismus (1/2011); Aufstand in Arabien (2/2011);Was bewegt die Welt? (3/2011);
Europa unter Strom (4/2011); Go West! (5/2011); Krieg und Frieden (6/2011).

Politique Étrangère (PE): Revue Trimestrielle publiée par l'Institut Français des
Relations Internationales; 1936 ff., Hrsg. Institut Français des Relations Internationales, Paris: Documentation Française ; Paris: IFRI.
URL: http://www.ifri.org/?page=politique-etrangere_uk
Archiv: CAIRN, Persée

Politique Étrangère ist das französische Pendant zu den vorgenannten Zeitschriften. Beiträge französischer Autoren wählen den Blickwinkel französischer Interessen. Auch internationale Autoren kommen zu Wort. Das Journal befasst sich mit den transatlantischen Beziehungen, mit der Entwicklung der Europäischen Union, mit der internationalen Wirtschaft und mit der Dynamik der Globalisierung. Die regionalen Staatensysteme finden starke Beachtung. Einzelne Artikel beschäftigen sich mit tagesaktuellen Fragen. Wer über die notwendigen Sprachkenntnisse verfügt, kann diese Zeitschrift als ein Nachschlagewerk nutzen, das über bedeutende Ereignisse im internationalen Geschehen informiert. Der umfangreiche Besprechungsteil stellt jeweils eine Monografie vor und rezensiert auch Aufsätze französischer und ausländischer Fachzeitschriften über die internationalen Beziehungen. Auch diese Zeitschrift stellt jede Ausgabe unter ein Thema. Beispiele:

France-Allemagne, 50 ans après le Traité de l'Élysée (4/2012); Où va l'Iran? (3/2012);
Internet, outil de puissance (2/2012); Comprendre la crise de la dette (1/2012); La
déconstruction européenne? (4/2011); Après le 11 septembre : les États-Unis et le
Grand Moyen-Orient (3/2011); Al-Qaida et la guerre contre le terrorisme. L'avenir de
la PAC (2/2011); Les États fragiles; (1/2011); Les murs: séparations et traits d'union
(4/2010); L'Union européenne, la crise, l'euro au-delà des Etats: les nouveaux acteurs
internationaux (3/2010); Royaume-Uni: après les élections. Négociations multilatérales et gouvernance globale (2/2010); Turquie: enjeux internes et choix diplomatiques. Afghanistan: la dimension militaire et régionale (1/2010).

8.4 Internationale Beziehungen und politisches System

Einige Zeitschriften behandeln sowohl Themen der Weltpolitik als auch Fragen des Vergleichs politischer Systeme.

World Politics (WP): A Quarterly Journal of International Relation; 1948 ff., Hrsg. Princeton Institute for International and Regional Studies, Princeton University, Cambridge: Cambridge University Press.
URL: http://journals.cambridge.org/jid_WPO
Archive: Cambridge Journals Digital Archive, JSTOR, Project MUSE

Es handelt sich hier um eine der ältesten politikwissenschaftlichen Zeitschriften, die auch zur internationalen Politik publiziert, aber von jeher einen Schwerpunkt in der Analyse politischer Systeme und hier insbesondere wieder derjenigen Asiens, Afrikas und Lateinamerikas pflegt. Es gibt kaum ein Thema von internationaler Relevanz, zu dem die World Politics keine fachkundigen Arbeiten veröffentlicht hätten: Geschichte der Diplomatie, amerikanische Außenpolitik, Sicherheitspolitik, internationale politische Ökonomie und wirtschaftliche Entwicklungshilfe. Die World Politics sind bekannt für ihre innovativen Studien zur Sicherheitspolitik und Konfliktforschung. Allianzsysteme, Rüstungskontrolle und Wettrüsten sind wiederkehrende Themen. Dabei kommen vor allem die Spieltheorie und die Rational choice zum Zuge. Der Themenschwerpunkt der Zeitschrift hat sich inzwischen von der Theorie und Praxis der internationalen Beziehungen zu Themen über Politik und Gesellschaft außerhalb der USA verschoben. Die Beiträge handeln über die Ursachen für den Zusammenbruch von Staaten, über Demokratie und Diktatur, über Probleme politischer Führung, ethnische Konflikte und insgesamt über die Entwicklung von Staaten und Regionen in allen Teilen der Welt. Die Beiträge legen Wert auf eine theoretische, aber auch historische Argumentation.

British Journal of Politics & International Relations (BJPIR); 1999 ff., Hrsg. Political Studies Association, Oxford: Blackwell.
URL: http://www.onlinelibrary.wiley.com/journal/10.1111/(ISSN)1467-856X
Archiv: Wiley Online Library

Diese Zeitschrift der Political Studies Association behandelt alle Aspekte der britischen Politik. Sie berichtet über das britische Verhältnis zu Europa und Großbritanniens Rolle in der Weltpolitik. Ein erheblicher Anteil der Beiträge konzentriert sich auf Aspekte der britischen Innen- und Außenpolitik. Die Analyse britischer Institutionen ist ein Schwerpunkt. Diese werden in theoretischer und historischer Perspektive beschrieben und im Vergleich mit anderen Ländern abgehandelt. Darüber hinaus erscheinen Beiträge zur politischen Theorie, zum Vergleich politischer Systeme und zu den internationalen Beziehungen. In den letzten Jahrgängen traten stärker die Beiträge zu den internationalen Beziehungen in den Vordergrund. Neben Fachartikeln enthält die Zeitschrift Überblicksberichte zur Entwicklung der Politikwissenschaft in Großbritannien. Bisher liegen zwei Themenhefte vor: *Interpreting Foreign Policy (2/2013); Governments in Opposition? Intergovernmental Relations in the UK in a Context of Party Political Incongruence (2/2012)*.

WeltTrends: Zeitschrift für internationale Politik; 1993 ff., Hrsg. WeltTrends e. V.; Instytut Zachodni, Poznan, Potsdam: WeltTrends e.V.: Universität Potsdam.
URL: http://www.welttrends.de/

Diese deutsch-polnische Zeitschriftenkooperation analysiert die gegenwärtige deutsche Außenpolitik unter Berücksichtigung der politischen Entwicklungen in der Welt. Die Zeitschrift besticht durch die Vielfalt und durch die Aktualität der aufgegriffenen Themen. Im Format vergleichender Länderstudien werden regelmäßig Analysen über einzelne Staaten bzw. Regionen publiziert. Zum klassischen Repertoire der Zeitschrift gehören europäische Themen. Im Themenspektrum finden sich die Krisenherde im Nahen Osten, im Kaukasus und auf dem Balkan sowie die Entwicklungen im Iran. Auch sicherheitspolitische Themen und Fragen der Friedens- und Konfliktforschung sowie des internationalen Umweltschutzes werden erörtert. In *WeltTrends* publizieren renommierte Wissenschaftler, außenpolitische Experten, Politiker und Publizisten aus dem In- und Ausland, aber auch Nachwuchswissenschaftler. Jede Ausgabe hat ein Schwerpunktthema. Eine Auswahl:

Türkei offensiv (Nr. 90/2013); Russland und Wir (Nr. 89/2013); China und die Welt (Nr. 88/2013); Weltunordnung 21 (Nr. 87/2012); Neue Weltordnung 2.0 (Nr. 86/2012); Brasilien – Land der Gegensätze (Nr. 85/2012); Ernährung garantiert? (Nr. 84/2012); Arabische Brüche (Nr. 83/2012); Autoritarismus Global (Nr. 82/2012); Atomare Abrüstung (Nr. 81/2011); Japan in der Katastrophe (Nr. 80/2011); Rohstoffpoker (Nr. 79/2011); Polen regiert Europa (Nr. 78/2011); Fremde Bürger (Nr. 77/2011); Herausforderung Eurasien (Nr. 76/2011); Exit Afghanistan (Nr. 75/2010); Vergessene Konflikte (Nr. 74/2010).

8.5 Europäische Union

Die Forschung über die Europäische Union verzeichnet eine Reihe einschlägiger Publikationsorgane. Zahlreiche Zeitschriften im Bereich der Internationalen Beziehungen veröffentlichen ebenfalls regelmäßig Artikel zur Europaforschung. Dies gilt auch für komparatistische Zeitschriften wie das *European Journal of Political Research* (siehe oben 8.2.1) und *West European Politics* (siehe oben 8.2.2.2). Leserinnen und Leser, die sich über neueste Themen in der Europaforschung informieren wollen, sei der regelmäßige Blick in die *European Integration Current Contents* empfohlen. Dort sind die Inhaltsverzeichnisse diverser Fachzeitschriften zur Europaforschung aufgeführt (siehe unten 9.5).

Journal of Common Market Studies (JCMS); 1962 ff., Hrsg. University Association for Contemporary European Studies, Oxford: Wiley-Blackwell.
URL: http://onlinelibrary.wiley.com/journal/10.1111/(ISSN)1468-5965
Archiv: Wiley Online Library

Das *Journal of Common Market Studies* befasst sich als ältestes am Markt befindliche Journal mit dem Thema Europa. Diese Zeitschrift gilt als wichtiges Forum für die Analyse aller Aspekte der europäischen Politik. Der Titel stammt noch aus einer Zeit, als die europäische Integration erst den Stand einer Europäischen Wirtschaftsgemeinschaft erreicht hatte. Auch heute wird darin noch Themen, die sich mit der Ökonomie der europäischen Integration befassen, viel Platz eingeräumt. Zur Themenpalette gehören insgesamt theoretische und empirische Beiträge aus den Wirtschaftswissenschaften, der Politikwissenschaft und den akademischen internationalen Beziehungen. Einmal jährlich erscheint eine Sonderausgabe unter dem Titel *The JCMS Annual Review of the European Union*. Sie gibt einen umfassenden Überblick über die Aktivitäten der Europäischen Union. Die Jahresbände enthalten einen Leitfaden für den Zugang zu den Dokumenten der Europäischen Union sowie zu Publikationen und Websites. Sie enthalten auch eine Chronologie der wichtigsten Ereignisse. Ein aktuelles Themenheft trägt den Titel *Confronting Euroscepticism (1/2013)*.

Integration: Vierteljahreszeitschrift des Instituts für Europäische Politik; 1978 ff.,
Hrsg. Institut für Europäische Politik in Zusammenarbeit mit dem Arbeitskreis Europäische Integration, Baden-Baden: Nomos.
URL: http://www.integration.nomos.de/
Archiv: http://www.integration.nomos.de/archiv/
URL: http://www.iep-berlin.de/index.php?id=integration
Archiv: http://www.iep-berlin.de/integration_archiv.html

Dieses Fachblatt wird vom Auswärtigen Amt in Berlin und von der Europäischen Kommission unterstützt. Es handelt sich um eine theoriegeleitete interdisziplinäre Zeitschrift, die sich mit Grundsatzfragen der europäischen Integration befasst. Autoren aus Wissenschaft und Politik analysieren europäische Themen aus akademischer und politischer Sicht. Neben europarechtlichen Fragen kommen politikwissenschaftlich relevante Themen nicht zu kurz, z. B. die Europäische Union in der Libyenkrise und das Verhalten der deutschen Parteien in den Parlamentsdebatten zur Euro-Krise sowie Fragen der Fiskalunion.

Journal of European Integration History = Revue d'Histoire de l'Intégration Européenne = Zeitschrift für Geschichte der europäischen Integration; 1995 ff., Hrsg. Groupe de Liaison des Professeurs d'Histoire auprès de la Commission Européenne, Baden-Baden: Nomos.
URL: http://www.eu-historians.eu/Journal
URL: http://www.zgei.nomos.de/
Archiv: http://www.zgei.nomos.de/archiv/

Ausschließlich mit den historischen Aspekten der europäischen Integration befasst sich diese Zeitschrift. Sie ist für Historiker und Politikstudenten gleichermaßen interessant. Die halbjährlich erscheinenden Hefte sind einer Vielzahl unterschiedlicher Themen gewidmet. Die Autoren gehen auf die diplomatischen, militärischen, wirtschaftlichen, technologischen, sozialen und kulturellen Aspekte der Integration ein. Hin und wieder erscheinen Themenhefte. Die Zeitschrift enthält Beiträge in englischer, französischer und deutscher Sprache.

Journal of European Public Policy (JEPP); 1994 ff., Abingdon, Oxfordshire: Routledge
und London: Routledge (1994–1999,2), London: Taylor & Francis (1999, 3-2001).
URL: http://www.tandfonline.com/loi/rjpp20
Archiv: Taylor & Francis Online

Die Politikfelder der Europäischen Union sind Gegenstand dieser Zeitschrift. Auch Institutionen und die Aktivitäten privater Akteure und Verbände im politischen Prozess werden gewürdigt. Im Mittelpunkt stehen Fragen der EU-Handels- und Außenpolitik und die Konstitutionalisierung neuer Formen des europäischen Regierens. Die meisten Hefte sind als Themenhefte konzipiert und werden teilweise auch als Monografien publiziert.[56] Eine Auswahl:

Morality Policies in Europe: Concepts, Theories, and Empirical Evidence (3/2013); The Representative Turn in EU Studies (2/2013); Changing Models of Capitalism (8/2012); EUSA 2011 Boston Conference Papers (5/2012); Economic Patriotism: Political Intervention in open Economies (3/2012); Perpetual Momentum? Reconsidering the Power of the European Court of Justice (1/2012); The EU's Common Foreign and Security Policy: the Quest for Democracy (8/2011); Agency Governance in the European Union (6/2011); The Politics of the Lisbon Agenda: Governance Architectures and Domestic Usages of Europe (4/2011); The EU's foreign economic Policies: A Principal–Agent (3/2011); Negotiation Theory and the EU: The State of the Art (5/2010); Political Representation and European Union Governance (1/2010); The Role of Political Parties in the European Union (8/2008); Reforming the European Commission (5/2008); Empirical and Theoretical Studies in EU Lobbying (3/2007); The Disparity of European Integration: Revisiting Neofunctionalism in Honour of Ernst Haas (2/2005).

European Union Politics (EUP); 2000 ff., London: Sage.
URL: http://eup.sagepub.com/
URL: http://www.uni-konstanz.de/eup/index.html
Archiv: SAGE Journals Online

In dieser Zeitschrift stehen das politische System und die Institutionen der Europäischen Union im Mittelpunkt. Daneben finden sich Beiträge über die Policies der EU. Die Autoren, hauptsächlich aus Europa und den USA, wählen die Perspektive sowohl des politischen Systems als auch der internationalen Beziehungen,

---

[56] Der Verlag informiert auf der Zeitschriftenhomepage über diese Sonderbände. URL: http://www.tandfonline.com/action/aboutThisJournal?show=specialIssues&journalCode=rjpp20

um europäische Phänomene zu analysieren. Ihr großes theoretisches Oberthema ist die Rational choice. Eine Datensammlung zur EU ergänzt die Hefte. Sie steht unter dem Titel *EU Decision Making Data* online zur Verfügung.[57] Themenhefte erscheinen eher selten. Eine Auswahl:

The Politics of Dimensionality (2/2012); European Integration, Policy Autonomy & Partisan Politics (2/2006); Methods and Measuring Positions on European Constitution Building (3/2005); Winners and Losers in European Union Decision Making (1/2004); Democratic Institutions for a New Europe (1/2003).

Journal of European Integration (J Eur Integr); 1998/99 ff., Abingdon, Oxfordshire: Routledge, Taylor & Francis Group. Früherer Titel: Revue d'Intégration Européenne.
URL: http://www.tandfonline.com/loi/geui20
Archiv: Taylor & Francis Online

Hier handelt es sich um eine interdisziplinäre Zeitschrift, die sich auf politische, wirtschaftliche, rechtliche und soziale Integrationsprozesse nicht nur in Westeuropa, sondern in der ganzen Welt konzentriert. Das Phänomen der Integration wird also sehr weit gefasst, obwohl sich ein Großteil der Beiträge durchaus mit der EU beschäftigt. Zu den Themen gehören vergleichende Studien zum Föderalismus und zu den Außenbeziehungen der EU, sei es im Handel oder in der Sicherheitspolitik. Die Zeitschrift wendet sich an eine breitere Leserschaft. Neben vorwiegend englischsprachigen Beiträgen werden auch französische Artikel veröffentlicht. Eine Auswahl der Themenhefte:

Redefining European Economic Governance (3/2013); The Maastricht Treaty: Second Thoughts after 20 Years (7/2012); EU Competition Policy in the 21st Century (6/2012); The Performance of the EU in International Institutions (6/2011); Territorial and Functional Interest Representation in EU-Governance (4/2011); Europe After Enlargement (2/2011); Rethinking EU Studies: The Contribution of Comparative Regionalism (6/2010); Economic and Social Governance in the Making: EU Economic Governance in Flux (1/2010); European Parliament Elections after Eastern Enlargement (5/2009); The Common Agricultural Policy: Policy Dynamics in a Changing Context (3/2009); The External Dimension of Justice and Home Affairs: A Different Security Agenda for the EU? (1/2009); Expert Committees in a Union of 27: The

---

57 URL: http://www.uni-konstanz.de/eup/links.htm

Formal and Informal Processes of Institutional Adjustment (4/2008); The Future of European Foreign Policy (1/2008); The European Union's Member States: The Importance of Size (1/2006).

Perspectives on European Politics and Society: Journal of Intra-European Dialogue; 2000 ff., Abingdon: Taylor & Francis Group.
URL: http://www.tandfonline.com/loi/rpep20
Archiv: Taylor & Francis Online

Diese Zeitschrift versteht sich als Veröffentlichungsplatz für alle Aspekte der gesamteuropäischen Politik und Gesellschaft einschließlich der postsozialistischen Staatenwelt Mittel- und Osteuropas sowie Russlands. Im Einzelnen handelt es sich bei den Beiträgen um Abhandlungen über die politischen Systeme einzelner Länder, um die vergleichende Betrachtung politischer Strukturen und Politikbereiche und um Studien zur Außenpolitik einzelner Länder sowie zur inneren und äußeren Politik der Europäischen Union. Vereinzelt erscheinen auch Beiträge über Länder und Regionen in der Nachbarschaft Europas und Russlands. Zahlreiche Hefte sind einem Thema gewidmet. Einige Beispiele:

The Implementation Trap? – Trajectories of Minority Rights Issues in Europe (4/2012); The European Citizens' Initiative: a First for Participatory Democracy? (3/2012); From Aid Recipients to Aid Donors? – Development Policies of Central and Eastern European States (1/2012); European Security Governance after the Lisbon Treaty: Neighbours and New Actors in a Changing Security Environment (4/2011); Is Populism a Side-Effect of European Integration' Radical Parties and the Europeanization of Political Competition (3/2010); Which Europe Do Parties Want? A View from France, Italy, Portugal and Spain (/2/2010); The Politics of European Security Policies: Actors, Dynamics and Contentious Outcomes (4/2009); The European Union's 2007 Enlargement (/2/2009); Reconstituting Political Order in Europe, West and East (1/2009);); European Identities (4/2008); The New Season of EU Development Policy (/2/2008); Corruption and Democracy in Western Europe (1/2008); Europe in Contention: Debating the Constitutional Treaty (3/2007); Interest Politics in Central and Eastern Europe (/2/2006); Informal Governance (1/2006); Eurasia and the Wider World (/2/2005); European Security After Iraq (3/2004); The EU and Territorial Politics Within Member States: Conflict or Co-operation? (3/2003); ‚Europeanisation': Regulation and Identity in the New Europe (1/2003); Pan-European Perspectives on Political Parties (3/2001); European Union Enlargement (1/2000).

Comparative European Politics (CEP); 2003 ff., Basingstoke: MacMillan.
URL: http://www.palgrave-journals.com/cep/index.html
Archiv: Palgrave Online Journal Archives

Wie ihre Mitbewerber richtet diese noch junge Zeitschrift ihren Blick explizit auf Europa und die Europäische Union. Im Mittelpunkt stehen die Prozesse der europäischen Integration, die Erweiterung der Union und die Rolle Europas im internationalen politischen und wirtschaftlichen Kontext. Ferner richtet sich der Blick auf Politik und Verwaltung, Wahlen und die politische Soziologie Europas. Die meisten Arbeiten wählen einen theoretischen Ausgangspunkt. Viele Beiträge sind Fallstudien zur Politik einzelner Länder. Hin und wieder erscheinen Themenhefte. Eine Auswahl:

The Crisis of Italian Democracy in the European Context (3/2013); The Problems with National Models of Integration: A Franco-Dutch Comparison (3/2012); Mainstreaming Sociology in EU Studies (1/2010); The Principal-agent approach to EU Studies (4/2009); Gender and Public Policy in Europe (1/2009); Preference Formation and EU Treaty Reform (2/2004).

Auch die bereits erwähnten komparatistischen Zeitschriften veröffentlichen regelmäßig Artikel und Themenhefte zur Europäischen Union.

European Journal of Political Research (EJPR); 1973 ff., Hrsg. European Consortium for Political Research, Oxford: Wiley-Blackwell.
URL: http://link.springer.com/journal/11112
URL: http://onlinelibrary.wiley.com/journal/10.1111/%28ISSN%291475-6765
Archive: SpringerLink, Wiley Online Library

Siehe oben 8.2.1

West European Politics (WEP); 1978 ff., Basingstoke [u. a.]: Routledge, Taylor & Francis.
URL: http://www.tandfonline.com/loi/fwep20
Archiv: Taylor & Francis Online

Siehe oben 8.2.2.2 Die *West European Politics* hat zur Europäischen Union mehrere Themenhefte herausgegeben:

Assessing Political Representation in Europe (6/2012); From Europeanization to Diffusion (1/2012); Understanding Electoral Reform (3/2011); Accountability and European Governance (5/2010); The Structure of Political Competition in Western Europe (3/2010); Governing the European Union: Policy Instruments in a Multi-Level Polity (1/2010); The Politics of Conflict Management in EU Regulation (4/2009); The Politics of Organised Interests in Europe: Lessons from EU Studies and Comparative Politics (6/2008).

8.6 Politische Theorie und Ideengeschichte

Über Themen der politischen Theorie veröffentlichen nicht nur die einschlägig betitelten Zeitschriften. Entsprechende Beiträge finden sich auch in den allgemeineren Zeitschriften, die weiter oben referiert worden sind (siehe 8.1).

Review of Politics (ROP); 1939 ff., Hrsg. University of Notre Dame, Cambridge: Cambridge University Press; Notre Dame, Ind.: University of Notre Dame.
URL: http://www.nd.edu/~rop/
URL: http://journals.cambridge.org/jid_ROP
Archive: Cambridge Journals Digital Archive, JSTOR

Review of Politics ist ein Forum für das Studium politischer Ideen vor allem aus einer katholischen und scholastischen Tradition.[58] Es handelt sich hier um die älteste theoriegeschichtliche Zeitschrift. Sie veröffentlicht vor allem philosophische und historische Artikel mit einem Schwerpunkt auf dem politischen Denken in den Vereinigten Staaten. Zu den Themen dieser Zeitschrift gehören auch Analysen politischer Institutionen, des Verfassungsrechts und literarischer Werke. Auch die Theorien der internationalen Beziehungen werden diskutiert: Eine Auswahl der Themenhefte:

Remembering Rousseau (3/2012); Political Philosophy in the Twentieth Century (1/2009); Comparative Political Theory (1/2008); Politics and Literature (3/2007); Christianity and Politics: Millennial Issue II (1/2000); (Christianity and Politics: Millennial Issue I 4/1999); Non-Western Political Thought (3/1997).

---

58 Siehe Thomas Stritch: ‚After Forty Years: Notre Dame and the Review of Politics' in: Review of Politics, 40. Jg. (1978), S. 437–446.

Political Theory (PT): An International Journal of Political Philosophy; 1973 ff., Beverly Hills, Calif. [u. a.]: Sage.
URL: http://ptx.sagepub.com/
Archive: JSTOR, SAGE Journals Online

Das Journal ist ein interdisziplinäres Forum für die Debatte politischer Ideen. Der Untertitel verweist auf das Verständnis von politischer Theorie als politische Philosophie. *Political Theory* ist thematisch breit angelegt. Modernen Denkern wird breiter Raum gewidmet, aber auch Neuinterpretationen der Klassiker des politischen Denkens werden publiziert. Einzelne Ausgaben widmen sich Symposien. Jedes Heft enthält als Themenschwerpunkte eine oder zwei Sektionen, in denen mehrere Autoren über einen Theoretiker bzw. einen Theoriestrang veröffentlichen. Nutzer sind gut beraten, die Inhaltsverzeichnisse zu konsultieren. In der Regel erscheinen keine Schwerpunkthefte, mit Ausnahme einer Jubiläumsausgabe im 30. Jahr des Bestehens mit dem Thema: *What is Political Theory? (4/2002)*.

Contemporary Political Theory (CPT); 2002 ff., Basingstoke: Palgrave MacMillan.
URL: http://www.palgrave-journals.com/cpt/index.html
Archiv: Palgrave Online Journal Archives

Nach Anspruch, Themenauswahl und Zielgruppe gleicht diese Zeitschrift dem vorgenannten Journal. Die Beiträge repräsentieren eine Vielfalt von Ansätzen des zeitgenössischen politischen Denkens einschließlich der analytischen politischen Philosophie, der feministischen Theorie, der Theorie der internationalen Beziehungen und der sozialwissenschaftlichen Theorie. International ausgerichtet, ergänzt es die Zeitschrift *Political Theory* als europäisches Veröffentlichungsprojekt.

European Journal of Political Theory (EJPT); 2002 ff., London [u. a.]: Sage.
URL: http://ept.sagepub.com/
Archiv: SAGE Journals Online

Ein weiteres europäisches Zeitschriftenprojekt zur politischen Theorie ist das *European Journal of Political Theory*. Das interdisziplinäre Journal veröffentlicht Beiträge zur modernen politischen Theorie, zur politischen Philosophie und zur Geschichte des politischen Denkens. Die Beiträge zeigen ein besonderes Interesse an den Themen des zeitgenössischen politischen Denkens. Die Publikationssprache ist vorwiegend Englisch; Beiträge in anderen Sprachen werden entweder in Übersetzung oder im Originaltext veröffentlicht. Bisher sind folgende Themenhefte erschienen:

‚The Fascist Revolution': Utopia or Façade? Reconciling Marxist and non-Marxist Approaches (4/2012); Just War in the Shadow of 9/11: Ten Years on (2/2012); Political Realism (4/2010); Global Justice and Republicanism (1/2010); Recognition: Philosophy and Politics (1/2009); Liberalism in England, France and Germany (1/2008); Heideggers Political Thought (1/2007); Patriotism and Nationhood in 19th-Century European Political Thought (1/2006); The Political Thought of Michael Oakeshott (1/2005); Raymond Aaron and French Liberalism (4/2003); The Reception of the Work of John Rawls in Europe (2/2002).

Zeitschrift für Politische Theorie (ZPTh); 2010 ff., Hrsg. André Brodocz, Marcus Llanque, Gary S. Schaal (Hrsg.:), Leverkusen: Budrich.
URL: http://zpth.de/
URL: http://www.budrich-journals.de/index.php/zpth
Archiv: http://www.budrich-journals.de/index.php/zpth/issue/archive

Auch diese erste deutsche Spezialzeitschrift für Fragen der politischen Theorie orientiert sich am Zuschnitt der vorgenannten Journale. Sie versteht sich als ein Forum für sämtliche Theorierichtungen und methodischen Ansätze. Sie bearbeitet die politische Ideengeschichte ebenso wie Theorien der Rational choice. Ein besonderes Interesse gilt der Theorie der Demokratie.

Journal of Theoretical Politics (JTP); 1989 ff., Los Angeles, Calif. [u. a.]: Sage.
URL: http://jtp.sagepub.com
Archiv: SAGE Journals Online

Handlungstheoretisch ausgerichtet ist diese Zeitschrift. Sie veröffentlicht Beiträge über verschiedene theoretische Ansätze mit Schwerpunkt auf neueren Theorien und Methoden. Ihre Themen sind Spieltheorie, Rational choice und Public choice. Die Artikel lassen sich kaum ohne Vorwissen auf diesem Gebiet lesen. Ein aktuelles Themenheft steht unter dem Titel: *Genes and Politics (3/2012)*.

**Polity: The Journal of the Northeastern Political Science Association; 1968 ff., Hrsg.
Northeastern Political Science Association, Basingstoke: Palgrave MacMillan.**
URL: http://www.palgrave-journals.com/polity/index.html
Archiv: JSTOR, Palgrave Online Journal Archives

Als Hausorgan einer regionalen US-Fachvereinigung für Politikwissenschaft versteht sich *Polity* eher als allgemeine politikwissenschaftliche Zeitschrift, die Beiträge aus allen Bereichen der Politikwissenschaft, darunter auch der politischen Theorie, publiziert. In den letzten Jahren erschienen Beiträge zur amerikanischen Innenpolitik, zur afro-amerikanischen Politik, zur vergleichenden Parteipolitik und vergleichenden politische Ökonomie, zum vergleichenden Verfassungsrecht und zu den außenpolitischen Implikationen des Neokonservatismus und Neoliberalismus. Die Inhalte sind stark ideengeschichtlich orientiert und enthalten auch Beiträge über das außerwestliche politische Denken. Die Werke der Klassiker werden mit Blick auf ihre Gegenwartsbedeutung beleuchtet. Deshalb gilt *Polity* als eine der wichtigsten Zeitschriften auf dem Gebiet der historischen politischen Theorie.[59]

Journal of the History of Ideas (JHI); 1940 ff., Philadelphia, Pa.: University of Pennsylvania Press.
URL: http://jhi.pennpress.org/
Archive: JSTOR, Project MUSE

Hier handelt es sich um eine interdisziplinäre Fachzeitschrift für Geistes- und Ideengeschichte, in deren Rahmen auch Themen über die Geschichte politischer Ideen abgehandelt werden. Die meisten Artikel befassen sich mit philosophischen Schriften, Geschichtsschreibung, Theologie, Literaturgeschichte und wissenschaftlichen Theorien. Ein Beispiel ist die Veröffentlichung der Vorträge eines Symposiums *On Quentin Skinner, from Method to Politics (1/2012)*. Die Beiträge im *JHI* untersuchen die Evolution der Ideen und ihre wirkungsgeschichtliche Bedeutung. Das in Europa kaum geläufige Journal wirbt für eine größere Zusammenarbeit unter Wissenschaftlern in allen Bereichen der kulturellen und geisteswissenschaftlichen Disziplinen.

---

59 Siehe auch James C. Garand und Michael W. Giles: Journals in the Discipline: A Report on a New Survey of American Political Scientists, in: PS: Political Science & Politics, 36. Jg. (2003), S. 293–308.

Journal of Political Ideologies; 1996 ff., Abingdon: Taylor & Francis.
URL: http://www.tandfonline.com/loi/cjpi
Archiv: Taylor & Francis Online

Diese britische Zeitschrift widmet sich der Analyse politischer Ideologien und besonders den zugrunde liegenden theoretischen und konzeptuellen Aspekten. Das Themenspektrum umfasst die Vielfalt und Komplexität verschiedener ideologischer Strukturen. In den Blick genommen werden die historische Entwicklung, geografische, soziale und kulturelle Kontexte. Die Artikel nehmen auch Bezug auf konkrete politische Erscheinungsformen in politischen Systemen. Ein besonderer Fokus liegt auf den wechselnden Formen politischer Ideologien im 21. Jahrhundert. Ideologien werden unter anderem als Wirkungsgeschichte popularisierter politischer Ideen untersucht. Beispiele in den jüngeren Heften sind der Neoliberalismus, der Anarchismus, der Stalinismus, der Populismus, die ideologischen Grundlagen der gegenwärtigen chinesischen Politik, der Islamismus, die Ideologie des Wohlfahrtstaates etc. Die Zeitschrift unterstützt die fachübergreifende Diskussion über politisches Denken und politische Bewegungen. Besondere Themenhefte erscheinen erst seit 2006. Beispiele:

The Libertarian Impulse (16/2011), Political Ideologies, the Third Sector and Civil Society (15/2010), Utopianism in Western Political Ideology (12/2007), Special Tenth Anniversary Issue: The Meaning of Ideology: Cross-Disciplinary Perspectives (II) (11/2006).

8.7 Rezensions- und Reviewzeitschriften

Rezensionen oder Literaturberichte, die über Neuerscheinungen im jeweiligen Fachgebiet – teilweise mit kritischen Bewertungen – informieren, finden sich in der Regel in jeder wissenschaftlichen Zeitschrift. Sie sind ein Qualitätsfilter in der jährlichen Publikationsflut und besonders nützlich, um sich über den Inhalt und die Beurteilung einer Publikation in der wissenschaftlichen Diskussion zu informieren.[60] Aufgrund der immens gestiegenen Literaturproduktion haben einige Zeitschriften die Buchbesprechungen ausgegliedert und eigenständige Rezensions- oder Review-Zeitschriften gegründet, die jeweils auf ein Thema bezogen über aktuelle Forschungsergebnisse berichten. Diese Zeitschriften eignen sich besonders

---

60 Rezensionen aus geistes- und sozialwissenschaftlichen Zeitschriften können über die *Internationale Bibliographie der Rezensionen (IBR)* ermittelt werden (siehe unten 9.4).

zur Erarbeitung des aktuellen Forschungsstands und als Überblickplattform für die relevante Literatur.

International Political Science Abstracts = Documentation Politique Internationale;
1950/1951 ff., Hrsg. International Political Science Association, London: Sage.
URL: http://iab.sagepub.com/
Archiv: SAGE Journals Online

Das erste umfangreiche Literaturprojekt für die Politikwissenschaft waren die *International Political Science Abstracts*. Sie gewährleisten bis heute einen umfassenden Überblick über die Literaturproduktion im internationalen Maßstab. Die *Abstracts* sind ein Dokumentationsservice zur Verbreitung wissenschaftlicher Arbeiten über Ländergrenzen und Sprachbarrieren hinweg. Die umfangreiche Bibliografie enthält Abstracts von Aufsätzen, die weltweit in wissenschaftlichen Zeitschriften und Jahrbüchern erscheinen. Alle wichtigen politikwissenschaftlichen Zeitschriften – unabhängig von der fachlichen Spezialisierung – werden ausgewertet. Die Themen beinhalten Methoden und Theorien, politische Denker und Ideen, politische und administrative Institutionen, politische Prozesse (öffentliche Meinung, Einstellungen, Parteien, Kräfte, Gruppen und Wahlen), internationale Beziehungen und Regionalstudien. Die Abstracts sind vorwiegend in Englisch und teilweise in Französisch verfasst. Jede Ausgabe enthält ein Sachregister. Die jeweils letzte Ausgabe eines Jahres enthält einen kumulativen Index. Enthalten sind auch Kurzfassungen von Veröffentlichungen aus Ländern, bei denen es schwierig ist, überhaupt brauchbare Informationen zu gewinnen. Die *IPSA-Abstracts* sind als bibliografische Ressource und als Überblick zur Publikationstätigkeit von Wissenschaftlern in aller Welt von großem Nutzen.

Für den deutschsprachigen Bereich sind die Rezensionsprojekte der *Politischen Vierteljahresschrift* und der *Zeitschrift für Politikwissenschaft* hervorzuheben. Während die *PVS* ihren zeitweise ausgegliederten Literaturteil *PVS-Literatur* wieder in die Hauptzeitschrift integriert hat, wird die ehemals bekannte *ZPol-Bibliografie* seit 2010 ausschließlich in elektronischer Form veröffentlicht.

PVS-Literatur 1979–1987, aufgegangen in: Politische Vierteljahresschrift (PVS);
1960 ff., Hrsg. Deutschen Vereinigung für Politische Wissenschaft, Baden-Baden: Nomos.
URL: http://www.pvs.nomos.de/
Archiv: http://www.pvs.nomos.de/archiv/

Der Literaturteil der *Politischen Vierteljahresschrift* – ursprünglich unter dem Titel *PVS-Literatur* in einer gesonderten Beilage veröffentlicht – ist jetzt wieder in die Hauptzeitschrift integriert. Er informiert über Publikationen aus allen Teilgebieten der Politikwissenschaft. Die Literaturbesprechungen liegen in unterschiedlichen Formaten vor: als Einzelrezensionen, die Aufsatzcharakter haben, und als thematisch fokussierte Sammelrezensionen, die mehrere Neuerscheinungen zu einem Themenbereich vorstellen. In der Rubrik „Rezension und Replik" wird ein- bis zweimal im Jahr von drei renommierten Fachwissenschaftlern eine für das Fach wichtige Monografie besprochen; eine Replik der Verfasserin bzw. des Verfassers schließt sich an.

Annotierte Bibliografie der Politikwissenschaft: Datenbank des pw-portals 2010 ff.,
Früherer Titel: Zeitschrift für Politikwissenschaft – ZPol-Bibliografie (1996–2007).
URL: http://www.pw-portal.de/

Die *Annotierte Bibliografie der Politikwissenschaft* erscheint seit 1996. Bis Juni 2010 war sie als Printversion Bestandteil der *Zeitschrift für Politikwissenschaft*. Sie wurde 2007 online gestellt und ist über die Website: „Portal für Politikwissenschaft" zu finden. Die Bibliografie ist die umfangreichste Dokumentation der politikwissenschaftlich relevanten Literatur im deutschsprachigen Raum. Dazu zählen unter anderem Titel aus den Fachgebieten Governance Studies, Vergleichende Regierungslehre, Internationale Beziehungen, Europäische Union sowie politische Theorie- und Ideengeschichte und Methodenlehre. Neben Einführungstexten und allgemeinen Lehr- und Handbüchern werden auch ausgewählte interdisziplinäre Neuerscheinungen in den Nachbarwissenschaften wie Geschichte, Rechts- und Wirtschaftswissenschaften, Philosophie und Soziologie aufgenommen, soweit sie für die Politikwissenschaft relevant sind. Die Titel sind jeweils mit einer Kurzrezension versehen. In den Rezensionen setzen sich ausgewiesene Fachleute detailliert mit den Thesen der besprochenen Titel auseinander. Auf neue Rezensionen aktueller Titel verweist kontinuierlich die Rubrik „Neueingänge". Der Gesamtbestand der Rezensionen lässt sich sowohl über die eigens hierfür entwickelte Fachsystematik der Politikwissenschaft wie auch als Suche nach Autor und Titel oder Volltext recherchieren. Über aktuelle Themen erscheinen unregelmäßig Auswahlbibliografien.

International Studies Review (ISR); 1999 ff., Hrsg. International Studies Association, Malden, Mass.: Blackwell. Früherer Titel: Mershon International Studies Review (1994–1998).
URL: http://www.onlinelibrary.wiley.com/journal/10.1111/(ISSN)1468-2486
Archiv: Wiley Online Library

Um einen Überblick über die Literatur und den Forschungsstand im Bereich der internationalen Beziehungen zu erhalten, sind die *International Studies Review* zu empfehlen. Diese Zeitschrift enthält neben Fachartikeln einen ausführlichen Rezensionsteil. Die Buchbesprechungen werden als Essays oder als Einzelrezensionen präsentiert. Die Zeitschrift ist bekannt für ihre Synthese von Theorie und Literatur sowie für ihre breite interdisziplinäre und multinationale Perspektive. Die Fachartikel eröffnen Perspektiven für die Forschung; sie identifizieren neue Forschungsrichtungen und geben Einblicke in die Forschung in verschiedenen Teilen der Welt. Ein Diskussionsforum bietet Raum für Debatten über Begriffe, Theorien, Methoden und den Stand der aktuellen Forschung. Ein aktuelles Themenheft: *International Relationships in the Information Age (1(2013)*.

Political Studies Review (PSR); 2003 ff., Hrsg. Political Studies Association, Oxford: Wiley-Blackwell; Oxford: Political Studies Association.
URL: http://www.onlinelibrary.wiley.com/journal/10.1111/(ISSN)1478-9302
Archiv: Wiley Online Library

Die *Political Studies Review* ersetzt den Rezensionsteil der britischen *Political Studies* (siehe oben 8.1). Die *PSR* enthält Buchbesprechungen und Rezensionen englischsprachiger Neuerscheinungen amerikanischer, britischer und europäischer Provenienz in den Bereichen Allgemeine Politikwissenschaft und Internationale Beziehungen. Neben Monografien werden auch Essays und Berichte über Symposien besprochen. Neuerscheinungen, die auf eine Rezension warten, werden auf der Homepage vorgestellt und nach folgenden Themen gegliedert: Allgemeine Politikwissenschaft, Politische Theorie, Internationale Beziehungen, Vergleichende Politikwissenschaft, Großbritannien und Irland, Europa, Asien und Pazifik, Nord- und Südamerika und andere Regionen. Die Besprechungen sind als Sammelrezensionen verfasst: Mehrere Werke werden synoptisch unter einem gemeinsamen thematischen Aspekt referiert. Die Rezensionsartikel, die Inhaltsverzeichnisse und die Abstracts sind auf der Verlagshomepage der Zeitschrift einzusehen. Eine Suchfunktion ermöglicht die Recherche nach Rezensionen per Autorenamen oder Thema. Neben methodischen Debatten werden auch Arbeiten berücksichtigt, die über politikwissenschaftliche Themen hinausgehen.

Africa-Bibliography: Works on Africa; 1984 ff., Hrsg. International African Institute, Cambridge: Cambridge University Press.
URL: http://journals.cambridge.org/jid_AFB
Archiv: Cambridge Journals Digital Archive

Diese Bibliografie umfasst alle Publikationen über Afrika: Monografien, Aufsätze in Sammelbänden, Zeitschriftenartikel und Pamphlete. Ausgewertet werden sowohl Spezialzeitschriften als auch allgemeine Zeitschriften. Vor allem Publikationen aus den Geistes- und Sozialwissenschaften, aber auch aus den Umwelt- und Naturwissenschaften (Medizin, Biologie etc.) werden nachgewiesen. Die erfassten Publikationen sind in Englisch, Portugiesisch, Französisch, Italienisch, Deutsch, Suaheli, Spanisch und Afrikaans verfasst. Die Gliederung erfolgt nach Regionen, Ländern und Themen; alle Regionen Afrikas einschließlich Nordafrika werden abgedeckt. Die Bibliografie enthält ein Autorenverzeichnis und einen ausführlichen thematischen Index. Die jährlichen Ausgaben weisen die Publikationen aus dem Vorjahr nach. Die Bibliografie wird in Zusammenarbeit mit der Zeitschrift *Africa: Journal of the International African Institute* bearbeitet (siehe oben 8.2.5.6).

Informationsquellen und Literaturrecherche 9

Leserinnen und Leser, die in diesem Buch Literaturempfehlungen für das Studium oder einfach für die interessierte Lektüre gefunden haben, fragen sich jetzt vielleicht, wie das Buch, die neueste Ausgabe der Zeitschrift oder ein bestimmter Aufsatz zu beschaffen sind. Klar, die nächste Buchhandlung, Google oder der Onlineshop von Amazon helfen bestimmt weiter. Oder vielleicht doch nicht? Eine Alternative ist der Gang in die lokale Bibliothek. Vielleicht hat das vorliegende Buch ja einige Fachreferenten dazu angeregt, den einen oder anderen hier empfohlenen Titel für die eigene Bibliothek zu erwerben. Darüber hinaus gibt es im Zeitalter der digitalen Information vielfältige Hilfsmittel für die Literatursuche: Kataloge, Datenbanken und Suchmaschinen, die im Internet frei zugänglich sind. Sie sind für die praktische wissenschaftliche Arbeit unerlässlich, sowohl für die bibliografische Recherche als auch für die konkrete Beschaffung der Literatur – sei es als Print- oder als digitale Ausgabe. Je nach Inhalt wird unterschieden zwischen

- bibliografischen Datenbanken (Literaturhinweise, teilweise mit Abstracts),
- Bestandsverzeichnissen, Katalogen,
- Aufsatzdatenbanken,
- Zeitschrifteninhaltsverzeichnissen (Current Contents-Datenbanken),
- Faktendatenbanken (z. B. Lexika, Wörterbücher Nachschlagewerke),
- Volltextdatenbanken (komplette Texte).

Im Folgenden werden die wichtigsten Nachweisinstrumente und Volltextdatenbanken aufgeführt, mit deren Hilfe die Literatursuche und -beschaffung zum Erfolg führt. Virtuelle Fachbibliotheken bieten einen fachlich strukturierten Zugang zur Recherche und Beschaffung dieser Informationen und Dokumente. Diese liegen in unterschiedlichen Publikationsformen vor. Einen umfassenden Nachweis aller wissenschaftlichen Datenbanken gibt das *Datenbank Infosystem (DBIS)*.

Datenbank Infosystem (DBIS)
Startseite: http://www.bibliothek.uni-regensburg.de/dbinfo/
Fachgebiete: Alle Fachgebiete
Inhalt: WWW-Datenbanken, Beschreibung, direkter Zugriff
Typ: WWW-Portal
Zugang: frei zugänglich

Erfasst werden sowohl freie Datenbanken als auch solche, die für eine jeweilige Bibliothek oder für eine Region zu lizenzieren sind. Neben Datenbanken auf CD-ROM und DVD verzeichnet das Infosystem vor allem Online-Angebote. Eine kurze Beschreibung erläutert das fachspezifische und inhaltliche Spektrum der jeweiligen Datenbank. Der Zugang und die Recherche sind direkt aus DBIS möglich.

Virtuelle Fachbibliothek Politikwissenschaft (ViFaPol)
Startseite: http://www.vifapol.de/
Fachgebiete: Politikwissenschaft und Friedensforschung
Inhalt: Digitale Quellen, Fachzeitschriften, Fakten-Literaturdatenbanken
Typ Internet-Portal
Zugang: frei zugänglich

Die Virtuelle Fachbibliothek Politikwissenschaft (ViFaPol) ist ein Portal für Internet-Ressourcen in Politikwissenschaft und Friedensforschung. Sie ermöglicht einen zentralen Einstieg in die Suche nach digitalen Informationsquellen aller Art: Bibliothekskataloge, Literaturdatenbanken, Fachzeitschriften sowie Websites von Institutionen (Universitätsinstituten und Verbänden) sowie thematische Websites, E-Books, individuelle Publikationen und auch Zeitschriften und Datenbanken. Einen idealen Einstieg in die Suche nach einer passenden Zeitschrift zu speziellen Themengebieten bietet der Teilausschnitt „Verzeichnis von Online- und Printzeitschriften". Das „Verzeichnis von Fakten- und Literaturdatenbanken" enthält hauptsächlich Datenbanken für die Literaturrecherche, Datensammlungen und Statistiken. Alle Ressourcen werden kurz beschrieben. Sie können aus der ViFa direkt online aufgerufen werden.[61]

---

61 Siehe Sanders 2012, S. 52–53.

eDoc.ViFaPol
Startseite: http://edoc.vifapol.de/opus/
Recherche: http://edoc.vifapol.de/opus/suchen.php
Fachgebiete: Politikwissenschaft und Verwaltungswissenschaften
Inhalt: Elektronische Dokumente
Typ Volltextserver
Zugang: frei zugänglich

Ein Teil der Virtuellen Fachbibliothek Politikwissenschaft ist der Open-Access-Volltextserver für Politikwissenschaft und Verwaltungswissenschaften. Er enthält Aufsätze und Working Papers deutschsprachiger wissenschaftlicher Einrichtungen (darunter das GIGA – German Institute of Global and Area Studies und die Hessische Stiftung Friedens- und Konfliktforschung (HSFK).[62] Daneben wird auch Graue Literatur archiviert. Hinzu kommen politik- und verwaltungswissenschaftliche Texte aus dem Ausland. Die Dokumente werden auf einem Webserver der Staats- und Universitätsbibliothek Hamburg als elektronische Publikation im Internet öffentlich zugänglich gemacht und im kostenlosen Zugriff angeboten.

9.1 Bibliotheksverbünde und Kataloge

Für die Suche nach Büchern sind die lokalen Bibliothekskataloge und die regionalen Verbundkataloge die ersten Anlaufstellen. Bibliothekskataloge weisen keine Aufsatztitel nach, sondern lediglich die Zeitschriftentitel. Um die bibliografischen Angaben von Aufsätzen zu finden, muss man spezielle Aufsatzdatenbanken konsultieren. Zwei überregionale Kataloge helfen beim bibliografischen Nachweis von Literatur, die nicht in den lokalen Bibliotheken vorhanden ist.

---

62 Liste der Einrichtungen, deren Aufsätze auf dem Volltextserver der ViFaPol archiviert werden: URL: http://edoc.vifapol.de/opus/institut.php?fakultaet=01&la=de

Deutsche Nationalbibliografie online (DNB)
Startseite: http://www.dnb.de/
Recherche: https://portal.dnb.de/
Fachgebiete: Alle Fachgebiete
Inhalt: bibliografische Angaben
Typ: Nationalbibliografie
Zugang: frei zugänglich

Die Deutsche Nationalbibliografie (DNB), wird von der Deutschen Nationalbibliothek seit 1913 herausgegeben. Sie verzeichnet den Bibliotheksbestand und erfüllt somit den gesetzlichen Auftrag der Deutschen Nationalbibliothek zur bibliografischen Verzeichnung aller in Deutschland erscheinenden Veröffentlichungen sowie der im Ausland erschienenen deutschsprachigen Publikationen. Mit ihren Standorten Leipzig und Frankfurt a. M. ist die Nationalbibliothek die zentrale Archivbibliothek Deutschlands und zugleich die größte deutsche Universalbibliothek. Ihr Katalog enthält alle deutschen bzw. deutschsprachigen Monografien, Zeitschriften, Karten, Musikalien und Tonträger, Dissertationen und Habilitationsschriften in gedruckter oder elektronischer Form. Außerdem werden Übersetzungen aus dem Deutschen in andere Sprachen nachgewiesen. Der Katalog ist online erreichbar. Jeder kann kostenfrei in der Datenbank der DNB recherchieren.

Karlsruher Virtueller Katalog (KVK)
Startseite: www.ubka.uni-karlsruhe.de/
Recherche: http://www.ubka.uni-karlsruhe.de/kvk.html
Fachgebiete: Alle Fachgebiete
Inhalt: Bücher und Zeitschriften
Typ: Bestandsverzeichnis – Meta-Suchmaschine
Zugang: frei zugänglich

Der Karlsruher Virtuelle Katalog (KVK) ist eine Metasuchmaschine mit einer einheitlichen Suchoberfläche für nationale und internationale Bibliotheks- und Buchhandelskataloge im Internet. Nachgewiesen werden Bücher und Zeitschriften. Eine Suchanfrage wird gleichzeitig an mehrere Kataloge weitergereicht und die Trefferlisten aller Kataloge angezeigt. So lassen sich Besitznachweise von Bibliotheken im In- und Ausland ermitteln.

Bibliotheksverbünde

Bibliotheksverbünde gewährleisten die überregionale Literaturversorgung in einer Region. Sie koordinieren die kooperative Katalogisierung und die Fernleihe. Die Verbundkataloge erfassen die Bestände mehrerer Bibliotheken. Mit einer Recherche lassen sich sowohl die Bestände der lokalen Bibliothek des Nutzers als auch die Bestände der anderen Verbundbibliotheken ermitteln. Nach erfolgreicher Recherche kann aus dem Verbundkatalog umgehend eine Fernleihbestellung abgeschickt werden.

Bibliotheksverbund Bayern (BVB)
Startseite: http://www.bib-bvb.de/
Recherche: https://opacplus.bib-bvb.de/

Gemeinsamer Bibliotheksverbund (GBV)
Startseite: http://www.gbv.de/
Recherche: http://gso.gbv.de
Länder: Bremen, Hamburg, Mecklenburg-Vorpommern, Niedersachsen, Sachsen-Anhalt, Schleswig-Holstein, Thüringen, Stiftung Preußischer Kulturbesitz.

Hochschulbibliothekszentrum Nordrhein-Westfalen (hbz)
Startseite: http://www.hbz-nrw.de/
Recherche: http://okeanos-www.hbz-nrw.de/F/

Hessisches BibliotheksInformationsSystem (HeBIS)
Startseite: http://www.hebis.de/
Recherche: http://www.hebis.de/de/1kataloge/kataloge_index.php

Kooperativer Bibliotheksverbund Berlin-Brandenburg (KOBV)
Startseite: http://www.kobv.de/

Südwestdeutscher Bibliotheksverbund (SWB)
Startseite: http://www.bsz-bw.de
Recherche: http://swb.bsz-bw.de
Länder: Baden-Württemberg, Rheinland-Pfalz und Saarland, Sachsen

Verbund der Öffentlichen Bibliotheken Berlins (VöBB)
Startseite: https://www.voebb.de

9.2 E-Book Anbieter

Bücher und Zeitschriftenaufsätze werden heute vielfach in gedruckter und in elektronischer Version angeboten. Das Angebot digitaler Bücher ist in den letzten Jahren weltweit stark angestiegen, die Tendenz ist steigend. Wissenschaftliche Bibliotheken bauen ihr digitales Angebot beständig aus. Eine Reihe von E-Book-Portalen hat sich etabliert. Vorreiter sind amerikanische Verlage. Aber auch für deutschsprachige wissenschaftliche Literatur gibt es Plattformen, auf denen E-Books als Parallelversion zur gedruckten Ausgabe zur Verfügung stehen. Soweit die Bibliotheken über eine Lizenz verfügen, sind die E-Books für ihre Nutzer erreichbar. Auf der Basis der oben referierten Buchliteratur, werden hier einige der relevanten Portale kurz vorgestellt.

Ciando Library
Startseite: http://haw-hamburg.ciando.com/
Fachgebiete: Geschichte, Gesellschaft, Gesundheit, Kulturwissenschaft, Medizin, Naturwissenschaft, Pädagogik, Philosophie, Psychologie, Ratgeber, Recht, Religion, Technik, Wirtschaft
Typ: Portal, Volltextdatenbank
Zugang: Lizenz

Ciando ist einer der größten E-Book-Händler im deutschen Sprachraum. Auf der kommerziellen Plattform für wissenschaftliche E-Books werden Lehrbücher, Sachbücher und Romane verschiedener Verlage angeboten. Die E-Books stehen entweder als PDF oder im direkten Online Zugriff zur Verfügung. Die einfache Suche ist auf Titel, Autor und Inhaltsverzeichnis begrenzt. In der Expertensuche ist eine thematische Suche nach Kategorien möglich. Ciando ist Kooperationspartner von derzeit 30 Bibliotheken.

# E-Book Anbieter

Ebrary

Startseite:	http://www.ebrary.com/corp/
Fachgebiete:	Betriebs- und Volkswirtschaft, Informatik, Computertechnologie, Geistes-, Lebens- und Naturwissenschaften sowie Sozial- und Verhaltenswissenschaften, Geschichte, Pädagogik, Rechtswissenschaft
Typ:	Volltextdatenbank
Zugang:	Lizenz

Ebrary ist eine digitale Online-Bibliothek wissenschaftlicher E-Books über alle großen Wissenschaftsgebiete hinweg. Die Sammlung umfasst Bücher, Zeitschriften, Magazine, Karten und andere Publikationen. Der Anteil nicht-naturwissenschaftlicher Titel ist vergleichsweise hoch. Mehr als 260 englische, amerikanische und deutsche Verlage sind mit ihren Publikationen vertreten, darunter Cambridge University Press, Harvard University Press, Oxford University Press, John Wiley & Sons, Kluwer Academic Publishers, Palgrave MacMillan, Routledge und Sage Publications. Der gesamte Titelbestand ist mit Hilfe der Suchfunktionen recherchierbar. Die bibliografischen Daten können in Literaturverwaltungssysteme (z. B. Citavi, RefWorks, Endnote) exportiert werden.

Oldenbourg-Link – Oldenbourg E-Books

Startseite :	http://www.oldenbourg-link.com/
Verlag:	Oldenbourg Wissenschaftsverlag und Akademie Verlag
Inhalt:	Volltexte deutschsprachiger E-Books
Fachgebiete:	Fachübergreifend – Alle Fächer
Zugang:	Lizenz

Oldenbourg-Link und Akademie-Link bieten online Zeitschriften und E-Books aus dem Oldenbourg und dem Akademie Verlag an. Das Angebot richtet sich an Bibliotheken und wird perspektivisch für individuelle Käufer erweitert. Zur Verfügung steht Literatur aus den Bereichen Naturwissenschaft und Technik, Wirtschafts- und Sozialwissenschaften sowie Geisteswissenschaften. Eine übersichtliche Struktur ermöglicht registrierten Nutzern schnelle und unkomplizierte Recherchen und Downloads einzelner Buchkapitel.

Springer E-Book Collection
Startseite: http://link.springer.com/
Verlag: Springer Verlag
Inhalt: Volltexte deutschsprachiger E-Books
Typ: Aufsatzdatenbank, Portal, Volltextdatenbank
Zugang: Lizenz

SpringerLink ist ein fächerübergreifendes Portal, das eine Vielzahl von Informationsressourcen unter einer Oberfläche anbietet, darunter elektronische Zeitschriften und Bücher (E-Books) der Springer-Verlage. Die Recherche ist unter verschiedenen Aspekten möglich, inklusive Zugriff auf Abstracts, je nach erworbener Lizenz auch auf die jeweiligen Volltexte.

UTB-Online-Bibliothek: utb-studi-e-book
Startseite: http://www.utb-studi-e-book.de/
Verlag: UTB für Wissenschaft, Uni-Taschenbücher GmbH
Fachgebiete: Studienliteratur aller Fachgebiete
Typ: Portal, Volltextdatenbank
Zugang: kostenpflichtig Lizenz

Die UTB-Online-Bibliothek ist eine digitale Lehrbuchsammlung. Sie enthält Studienliteratur des UTB-Verlages zu allen Fachgebieten und macht sie online zugänglich. Alle Titel sind im Volltext durchsuchbar. Außerdem bietet die Datenbank die bibliografischen Angaben, Rezensionen und Informationen über die Autoren. Studierende können das Angebot über den Zugang ihrer Hochschulbibliothek kostenlos nutzen, soweit eine entsprechende Campus-Lizenz vorliegt. Auch für Privatkunden steht *utb-studi-e-book* zur Verfügung.

9.3 Zeitschriftendatenbanken

Für die Zeitschriftenrecherche bieten sich zwei überregionale Kataloge an, in denen der Zeitschriftenbestand der gesamten Bundesrepublik nachgewiesen wird: Die Zeitschriftendatenbank (ZDB) verzeichnet sowohl gedruckte als auch elektronische Ausgaben. Die elektronische Zeitschriftenbibliothek (EZB) weist ausschließlich auf elektronische Zeitschriften hin und nennt die Links zu den Volltextarchiven. Beide Kataloge sind für die effektive Recherche nach Zeitschriften und den Verfügbarkeitsnachweis elektronischer Volltextzeitschriften sehr zu empfehlen.

Elektronische Zeitschriftenbibliothek (EZB): Datenbank wissenschaftlicher Volltextzeitschriften zu allen Fachgebieten, Regensburg 2006.
Startseite: http://ezb.uni-regensburg.de/
Fachgebiete: Alle Fachgebiete
Inhalt: Elektronische Zeitschriften, bibliografische Daten, Zugriffsnachweise
Typ Zeitungs- und Zeitschriftenbibliografie
Zugang: frei zugänglich

Die Elektronische Zeitschriftenbibliothek weist fachübergreifend Zeitschriften nach, die in elektronischer Form vorliegen, sowohl frei verfügbare Online-Zeitschriften als auch kostenpflichtige elektronische Zeitschriften. Die Recherche lässt sich alphabetisch nach Titeln und nach Fachgebieten durchführen. Die Links führen direkt auf die Homepage oder zu den entsprechenden Volltextdatenbanken und den digitalen Archiven. Der Zugriff auf die Volltexte ist nur dann möglich, wenn sie kostenfrei zur Verfügung stehen oder die jeweilige Bibliothek eine Lizenz erworben hat.

Zeitschriftendatenbank (ZDB); Hrsg. Staatsbibliothek zu Berlin; Deutsche Nationalbibliothek, Berlin, 2000 ff.
Startseite: http://www.zeitschriftendatenbank.de/
Recherche: http://zdb-opac.de
Fachgebiete: Alle Fachgebiete
Typ: Bestandsverzeichnis, Zeitungs- Zeitschriftenbibliografie
Inhalt: Bibliografische Daten, Besitznachweise, Zugriffsnachweise
Zugang: frei zugänglich

Die Zeitschriftendatenbank (ZDB) ist das größte Bestandsverzeichnis speziell für Zeitschriften, Zeitungen und sonstige Periodika. In der ZDB werden alle gedruckten und elektronischen Titel nachgewiesen, die in deutschen wissenschaftlichen und öffentlichen Bibliotheken verfügbar sind. Die Titelangaben enthalten direkte Links zu den Volltexten. Der Zugriff ist jedoch nur dann möglich, wenn sie kostenfrei sind oder die jeweilige Bibliothek eine Lizenz erworben hat. Bei den meisten elektronischen Titeln finden sich auch Links zur EZB, wo zusätzliche Möglichkeiten elektronischer Verfügbarkeit geprüft werden können. Aufschlussreich sind auch die Hinweise zu Titeländerungen, Fusionen von Zeitschriften sowie ihre Erscheinungsweisen und Laufzeiten. Die ZDB verzeichnet keine Aufsatztitel!

9.4 Aufsatzdatenbanken

Bibliothekskataloge und die genannten Zeitschriftendatenbanken weisen lediglich die Zeitschriftentitel nach und keine Aufsatztitel. Um die bibliografischen Angaben der Aufsätze zu finden, muss man spezielle Aufsatzdatenbanken konsultieren. In den folgenden Datenbanken werden ausschließlich Zeitschriftenaufsätze (auch Rezensionen) verzeichnet und inhaltlich erschlossen. Sie ermöglichen die bibliografische Recherche nach Fachartikeln aus verschiedenen Zeitschriften.

Internationale Bibliographie der geistes- und sozialwissenschaftlichen Zeitschriftenliteratur (IBZ), Berlin ; New York : De Gruyter, 2000 ff.

Weitere Titel:	IBZ Online, Dietrich, De Gruyter ReferenceGlobal.
URL:	http://www.degruyter.com/view/db/ibz
Recherche:	http://refworks.reference-global.com/IBZ
Fachgebiete:	Geistes- und Sozialwissenschaften
Inhalt:	Zeitschriftenaufsätze
Typ:	Aufsatzdatenbank und Bibliografie
Zeitraum:	1983 ff.
Zugang:	Lizenz

Die IBZ ist ein internationales Nachschlagewerk, das Aufsätze in Fachzeitschriften der Geistes- und Sozialwissenschaften mit ihren bibliografischen Daten nachweist. Die Suche mit Schlagwörtern kann in deutscher und in englischer Sprache erfolgen. So wird ein schneller Zugriff nach inhaltlichen Kriterien ermöglicht, unabhängig von der zugrundeliegenden Sprache des Aufsatzes. Für etwa 25 Prozent der Aufsätze sind Abstracts vorhanden. Die Abstracts sind ebenfalls durchsuchbar.

Internationale Bibliographie der Rezensionen geistes- und sozialwissenschaftlicher
Literatur (IBR), Berlin ; New York : De Gruyter, 1985 ff.
Weitere Titel: Weitere Titel: IBR, IBR Online, De Gruyter ReferenceGlobal
URL: http://www.degruyter.com/view/serial/35366
Recherche: http://refworks.reference-global.com/IBR
Fachgebiete: Geistes- und Sozialwissenschaften
Inhalt: Rezensionen wissenschaftlicher Literatur
Typ: Aufsatzdatenbank
Zeitraum: 1985 ff.
Zugang: Lizenz

Die interdisziplinäre Rezensionsbibliografie weist internationale Rezensionen geistes- und sozialwissenschaftlicher Literatur nach. Jeder Nachweis enthält die bibliografischen Informationen des rezensierten Buches, Angaben zur Rezension (Rezensent und Sprache der Rezension) und weiterhin die bibliografischen Angaben der Zeitschrift, in der die Rezension erschienen ist (Jahr, Ausgabe, Seite, ISSN). Die Einträge sind mit deutschen und englischen Schlagworten erschlossen. Die Datenbank wird monatlich aktualisiert.

Online Contents (OLC), Göttingen: GBV
Fachgebiete: Alle Fachgebiete
Inhalt: bibliografische Angaben von Aufsätzen
Typ: Aufsatzdatenbank
Zeitraum: 1983 ff.
Zugang: freier Zugang für deutsche Bibliotheken und wissenschaftliche
                   Institutionen (individuelles Nutzerpasswort)

Die OLC-Datenbanken ermöglichen die bibliografische Recherche von Zeitschriftenaufsätzen. Sie sind zugleich eine Bestelldatenbank für die Online-Fernleihe und für kostenpflichtige Lieferdienste. Rückwirkend bis zum Erscheinungsjahr 1993 werden die Inhaltsverzeichnisse von Zeitschriften aller Fachrichtungen ausgewertet. Die bibliografischen Daten sind mit Besitznachweisen aus dem GBV (siehe oben 9.1) verknüpft. Ein Volltextzugriff ist nicht möglich. Die Online Contents werden durch Nachweise aus Zeitschriften spezieller Sondersammelgebiete ergänzt. Hierbei handelt es sich um fachbezogene Auszüge aus der Online Contents Datenbank.

Online Contents: Sondersammelgebiete und Regionen

Internationale Beziehungen und Länderkunde
Recherche: http://gso.gbv.de/DB=2.156/LNG=DU/

Politikwissenschaft und Friedensforschung
Recherche: http://gso.gbv.de/DB=2.89/LNG=DU/

Afrika südlich der Sahara
Recherche: http://gso.gbv.de/DB=2.159/
Regionen: Afrika südlich der Sahara

Asien und Nordafrika
Recherche: http://gso.gbv.de/DB=2.143/
Regionen: Ost- und Südostasien, Vorderer Orient und Südasien

Osteuropa
Recherche: http://gso.gbv.de/DB=2.133/LNG=DU/
Regionen: Ost-, Ostmittel- und Südosteuropäischer Kulturkreis

Ost- und Südostasien
Recherche: http://gso.gbv.de/DB=2.142/LNG=DU/.

Südasien
Recherche: http://gso.gbv.de/DB=2.134/LNG=DU/
Regionen: Indien, Pakistan, Nepal, Bangladesch, Sri Lanka, Tibet, Bhutan, Malediven

9.5 Zeitschrifteninhaltsverzeichnisse

European Integration Current Contents (EICC)
Startseite: http://centers.law.nyu.edu/jmtoc/index.cfm
Recherche: http://centers.law.nyu.edu/jmtoc/journallisting.cfm
Fachgebiete: Europäische Integration, Europarecht, Politikwissenschaft
Inhalt: Zeitschrifteninhaltsverzeichnisse und Abstracts
Zeitraum: 1998 ff.
Typ: Current Contents Datenbank
Zugang: frei zugänglich

Die European Integration Current Contents sind eine fachspezifische Sammlung der Inhaltsverzeichnisse von Zeitschriften mit Bezug zur europäischen Integration. Der Schwerpunkt liegt auf juristischen Periodika. Auch Zeitschriften, die sich wirtschaftlichen, geschichtlichen und politischen Themen mit Bezug zu Europa widmen, werden ausgewertet. Die Datenbank zeigt die bibliografischen Angaben und Abstracts der Aufsätze sowie ein alphabetisches Verzeichnis der Verfasser. Die gezielte Recherche nach Aufsätzen ist möglich; es werden aber keine Volltexte angeboten.

9.6 Zeitschriftenarchive

Volltextdatenbanken liefern zusätzlich zu den bibliografischen Angaben und Abstracts den vollständigen Text der Aufsätze als digitale Volltexte. Vor allem Fachartikel aus Zeitschriften sind in verschiedenen Digitalisierungsprojekten oder in Verlagsarchiven enthalten. Soweit die Universität eine Lizenz hat, stehen die Texte zumeist im PDF-Format zum Herunterladen auf den eigenen PC zur Verfügung. Die Inhaltsverzeichnisse und die Abstracts sind in der Regel frei zugänglich. Unter den elektronischen Volltextarchiven dürfte die US-amerikanische Initiative von JSTOR Journal Storage das umfassendste und weltweit bedeutendste Projekt zur Retrodigitalisierung älterer Zeitschriftenbestände sein. Ebenfalls zu erwähnen ist das US-amerikanische Project MUSE mit einem Schwerpunkt auf Zeitschriften der Geistes- und Sozialwissenschaften.

JSTOR Journal Storage

Startseite:	http://www.jstor.org/
Fachgebiete:	Alle Fachgebiete
Region:	Nordamerika
Inhaltsverzeichnis:	frei zugänglich
Volltexte:	kostenpflichtig, Lizenz

Erfasst werden Zeitschriften aller Fachgebiete von ihrem ersten Jahrgang an bis zu einer so genannten „Moving Wall" (ca. 3–5 Jahre vor dem aktuellen Jahrgang). Das heißt, die aktuellen Jahrgänge sind noch nicht integriert, aber schon teilweise unter „JSTORs Current Scholarship Program" zugänglich. Es werden vorwiegend englischsprachige Zeitschriften aufgenommen. Der gesamte Korpus ist im Volltext recherchierbar. In der Jahresübersicht der Zeitschriften werden die Titel der Schwerpunkthefte gesondert angezeigt.

Project MUSE

Startseite:	http://muse.jhu.edu/
Recherche:	http://muse.jhu.edu/search
Fachgebiete:	Geistes- und Sozialwissenschaften, Area studies
Region:	Nordamerika
Inhaltsverzeichnis:	frei zugänglich
Volltexte:	kostenpflichtig, Lizenz.

Project MUSE ist ein elektronisches Volltextarchiv von geistes- und sozialwissenschaftlichen Zeitschriften bekannter akademischer Verlage und bedeutender wissenschaftlicher Vereinigungen. Jede Zeitschrift wird von Fachleuten inhaltlich erschlossen und indexiert. Der thematische Schwerpunkt der Zeitschriften umfasst folgende Gebiete: Literatur, Geschichte, Politikwissenschaft, Wirtschaft, Bildungswissenschaften, Theater-, Film- und Medienwissenschaft, Religion, Genderforschung. Studierende der Politikwissenschaft finden hier vor allem Zeitschriften im Bereich der Ideengeschichte und der Area studies. Bei MUSE gibt es keine Sperrfristen, die erfassten Zeitschriften sind mit ihren neuesten Ausgaben bis zurück zur ältesten Ausgabe archiviert und zugriffsbereit.

CAIRN

Startseite:	http://www.cairn.info/
Recherche:	http://www.cairn.info/accueil.php?PG=START
Fachgebiete:	Geistes- und Sozialwissenschaften
Region:	Frankreich, frankophoner Raum
Zeitraum:	2001 ff.
Inhaltsverzeichnis:	frei zugänglich
Volltexte:	kostenpflichtig, Lizenz

Über die Plattform von CAIRN werden französischsprachige Zeitschriften aus den Geistes- und Sozialwissenschaften im Volltext angeboten, allerdings erst seit den Jahrgängen 2001. Enthalten sind Produkte von Verlagen in Frankreich, Belgien und Luxemburg. Die Inhaltsverzeichnisse, Kurzprofile und Abstracts der Aufsätze stehen frei zur Verfügung.

Persée

Startseite:	http://www.persee.fr/
Recherche:	http://www.persee.fr/web/revues/home
Fachgebiete:	Geistes- und Sozialwissenschaften
Region:	Frankreich, frankophoner Raum
Inhaltsverzeichnis:	frei zugänglich
Volltexte:	frei zugänglich

Persée ist ein in Frankreich etabliertes Programm für die elektronische Publikation französischsprachiger wissenschaftlicher Zeitschriften der Geistes- und Sozialwissenschaften, die kostenfrei zur Verfügung gestellt werden, allerdings mit einer „Moving Wall" von 2–5 Jahren. Die Sammlung enthält auch die älteren Ausgaben der Zeitschriften. Die Inhaltsverzeichnisse und Kurzprofile der Zeitschriften in englischer und französischer Sprache geben einen Überblick zu den Themen der Journale. Die Recherche ist nach Autoren, Titeln und Verlegern möglich. Es gibt Querverweise auf thematisch verwandte Artikel.

Columbia International Affairs Online (CIAO)
Startseite: http://www.ciaonet.org/
Fachgebiet: Internationale Beziehungen
Region: International
Typ: Literatur- und Faktendatenbank
Zeitraum: 1997 ff.
Inhaltsverzeichnis: frei zugänglich
Volltexte: kostenpflichtig, Nationallizenz

Hier handelt es sich um eine Fachdatenbank, die auf theoretische und praktische Fragestellungen der internationalen Beziehungen spezialisiert ist. Es werden Forschungsergebnisse zu Themen der internationalen Beziehungen, der Diplomatie, der Geografie sowie zu den internationalen Rechts- und Wirtschaftswissenschaften veröffentlicht. Die Datenbank enthält die Volltexte von Fallstudien, Interviews, Konferenzberichten, Positionspapieren sowie Forschungsberichte von staatlichen und nichtstaatlichen Organisationen. Darüber hinaus sind die CIAO-Monografien und Zeitschriftenartikel im Volltext enthalten, darunter maßgebliche Zeitschriften aus dem Bereich der Internationalen Beziehungen.

9.7 Zeitschriftenarchive der Verlage

Die Volltextarchive amerikanischer Großverlage sind disziplinspezifische Volltext-Datenbanken der wichtigsten Zeitschriften. Sie bedienen in der Regel ein breites Fächerspektrum. Die Archive enthalten die bibliografischen Angaben, Abstracts, Inhaltsverzeichnisse und den vollständigen Text der Fachartikel. Jede bibliografische Angabe verweist auf den entsprechenden Volltext im PDF-Format. Die Sammlungen bieten Wissenschaftlern und Studierenden ein Volltextreservoir, das einfach zu benutzen ist und sowohl die aktuellen Inhalte als auch den Archivbestand – bis zurück zur ersten Ausgabe der Zeitschrift – enthält. Die Verlagsarchive bieten komfortable Recherchemöglichkeiten unter den verschiedensten Aspekten inklusive freiem Zugriff auf die Inhaltsverzeichnisse und auf die Abstracts, je nach erworbener Lizenz auch auf die jeweiligen Volltexte.[63]

---

63 Detaillierte Beschreibungen der Zeitschriftenarchive gibt Sanders 2012, S. 38–49.

Cambridge Journals Digital Archive
URL: http://journals.cambridge.org
Verlag: Cambridge University Press
Fachgebiete: Geistes- und Sozialwissenschaften
Inhaltsverzeichnis: frei zugänglich
Volltexte: Nationallizenz

Elsevier ScienceDirect
URL: http://www.sciencedirect.com/
Verlag: Elsevier Verlag
Fachgebiete: Naturwissenschaften, Sozialwissenschaften
Inhaltsverzeichnis: frei zugänglich
Volltexte: kostenpflichtig, Lizenz

Oxford Digitized Journals Archive
URL: http://www.oxfordjournals.org/
Zeitschriften: http://www.oxfordjournals.org/our_journals/
Verlag: Oxford University Press
Fachgebiete: Alle Fachgebiete
Inhaltsverzeichnis: frei zugänglich
Volltexte: kostenpflichtig, Lizenz

Palgrave Online Journal Archives
URL: http://www.palgrave-journals.com
Verlag: Palgrave MacMillan
Fachgebiete: Wirtschafts- und Sozialwissenschaften
Inhaltsverzeichnis: frei zugänglich
Volltexte: kostenpflichtig, Lizenz

SAGE Journals Online
URL: http://online.sagepub.com/
Verlag: SAGE Publications
Fachgebiete: Alle Fachgebiete
Inhaltsverzeichnis: frei zugänglich
Volltexte: Nationallizenz

SpringerLink
URL: http://link.springer.com/
Verlag: Springer Verlag
Fachgebiete: Naturwissenschaft, Technik, Medizin, Sozialwissenschaft
Inhaltsverzeichnis: frei zugänglich
Volltexte: Nationallizenz

Taylor & Francis Online
URL: http://www.tandfonline.com/
URL: http://resources.tandfonline.com/
Verlag: Taylor & Francis Group
Fachgebiete: Alle Fachgebiete
Inhaltsverzeichnis: frei zugänglich
Volltexte: Nationallizenz

Wiley Online Library
URL: http://onlinelibrary.wiley.com/
Verlag: Wiley-Blackwell
Inhaltsverzeichnis: frei zugänglich
Volltexte: Nationallizenz

Abkürzungen

AAS	*African & Asian Studies*
AAUG	Association of Arab-American University Graduates
Afr Aff	*African Affairs*
AFSP	Association Française de Science Politique
AJPS	*American Journal of Political Science*
AP	*Acta Politica*
APSA	American Political Science Association
APSR	*American Political Science Review*
As Stud R	*Asian Studies Review*
As Surv	*Asian Survey*
ASEAN	Association of Southeast Asian Nations
ASQ	*Arab Studies Quarterly*
BJPIR	*British Journal of Politics & International Relations*
BJPolS	*British Journal of Political Science*
BJPS	*British Journal of Political Science*
BP	*British Politics*
Br J Mid East Stud	*British Journal of Middle Eastern Studies*
BVB	Bibliotheksverbund Bayern
CEP	*Comparative European Politics*
Chi J	*China Journal*
Chi Q	*China Quarterly*
CIAO	Columbia International Affairs Online
Commun Post	
Commun Stud	*Communist & Post-Communist Studies*
CP	*Comparative Politics*

CPS	*Comparative Political Studies*
CPT	*Contemporary Political Theory*
CSEA	*Contemporary Southeast Asia*
CSSAAME	*Comparative Studies of South Asia, Africa and the Middle East*
Curr Hist	*Current History*
DBIS	Datenbank-Infosystem
DGO	Deutsche Gesellschaft für Osteuropakunde
DNB	Deutsche Nationalbibliografie
DNB	Deutsche Nationalbibliothek
DOI	Digital Object Identifier
DVPW	Deutsche Vereinigung für Politische Wissenschaft
EAS	*Europe-Asia Studies*
ECPR	European Consortium for Political Research
EEP	*East European Politics*
EICC	*European Integration Current Contents*
EJEAS	*European Journal of East Asian Studies*
EJIR	*European Journal of International Relations*
EJPR	*European Journal of Political Research*
EJPT	*European Journal of Political Theory*
EPS	*European Political Science*
EPSR	*European Political Science Review*
EUP	*European Union Politics*
EZB	Elektronische Zeitschriftenbibliothek
FA	*Foreign Affairs*
Foreign Aff	*Foreign Affairs*
FP	*Foreign Policy*
FP	*French Politics*
GBV	Gemeinsamer Bibliotheksverbund
GIGA	German Institute of Global & Area Studies, Hamburg
GO	*Government & Opposition*
Govt Opp	*Government & Opposition*
GP	*German Politics*
HBZ	Hochschulbibliothekszentrum Nordrhein-Westfalen
HeBis	Hessisches BibliotheksInformationsSystem

IA	*International Affairs*
IBR	*Internationale Bibliographie der Rezensionen geistes- und sozialwissenschaftlicher Literatur*
IBZ	*Internationale Bibliographie der geistes- und sozialwissenschaftlichen Zeitschriftenliteratur*
IFRI	*Institut Français des Relations Internationales*
IJMES	*International Journal of Middle East Studies*
Int Aff	*International Affairs*
Int Organ	*International Organization*
Int Polit Sci Abstr	*International Political Science Abstracts*
Int Secur	*International Security*
Int Stud Q	*International Studies Quarterly*
IO	*International Organization*
IP	*Internationale Politik*
IPSR	*International Political Science Review*
IRAP	*International Relations of the Asia-Pacific*
ISA	*International Studies Association*
ISEAS	*Institute of Southeast Asian Studies, Singapore*
ISQ	*International Studies Quarterly*
ISR	*International Studies Review*
J Contemp China	*Journal of Contemporary China*
J Eur Integr	*Journal of European Integration*
JAAS	*Journal of Asian & African Studies*
Japan Stud	*Japanese Studies*
JCAS	*Journal of Contemporary African Studies*
JCCA	*Journal of Current Chinese Affairs*
JCMS	*Journal of Common Market Studies*
JCSAA	*Journal of Current Southeast Asian Affairs*
JEIH	*Journal of European Integration History*
JEPP	*Journal of European Public Policy*
JHI	*Journal of the History of Ideas*
JJS	*The Journal of Japanese Studies*
JLAS	*Journal of Latin American Studies*
JMAS	*Journal of Modern African Studies*
JoD	*Journal of Democracy*
JOP	*Journal of Politics*
JP	*Journal of Politics*
JPLA	*Journal of Politics in Latin America*
JSAS	*Journal of Southeast Asian Studies*

JSTOR	Journal Storage
JTP	*Journal of Theoretical Politics*
KOBV	Kooperativer Bibliotheksverbund Berlin-Brandenburg
KVK	Karlsruher Virtueller Katalog
LAP	*Latin American Perspectives*
MEQ	*Middle East Quarterly*
MES	*Middle Eastern Studies*
OLC	Online Contents
ÖZP	*Österreichische Zeitschrift für Politikwissenschaft*
Parl Aff	*Parliamentary Affairs*
PAS	*Politics & Society*
PE	*Politique Etrangère*
Perspect Polit	*Perspectives on Politics*
POC	*Problems of Communism*
Pol RQ	*Political Research Quarterly*
Pol Soc	*Politics and Society*
Pol Stud	*Political Studies*
Post SovAff	*Post-Soviet Affairs*
PPC	*Problems of Post-Communism*
PRQ	*Political Research Quarterly*
PS	*Political Studies*
PSQ	*Political Science Quarterly*
PSR	*Political Studies Review*
PT	*Political Theory*
PVS	*Politische Vierteljahresschrift*
RFSP	*Revue Française de Science Politique*
RHIE	*Revue d'Histoire de l'Intégration Européenne*
RIS	*Review of International Studies*
RISP	*Revue Internationale de Science Politique (s. a. IPSR)*
ROAPE	*Review of African Political Economy*
ROP	*Review of Politics*
RPol	*Review of Politics*
Russ Pol Law	*Russian Politics & Law*

Soc Sci Jap J	Social Science Japan Journal
SPS	Scandinavian Political Studies
SPSR	Swiss Political Science Review
SSJJ	Social Science Japan Journal
SWB	Südwestdeutscher Bibliotheksverbund
SZPW	Schweizerische Zeitschrift für Politikwissenschaft
ThrWld Q	Third World Quarterly
TWQ	Third World Quarterly
URL	Uniform Resource Locator
URN	Uniform Resource Name
ViFa	Virtuelle Fachbibliothek
VifaPol	Virtuelle Fachbibliothek Politikwissenschaft
VöBB	Verbund der Öffentlichen Bibliotheken Berlins
WEP	West European Politics
WP	World Politics
WPQ	Western Political Quarterly
ZDB	Zeitschriftendatenbank
ZfP	Zeitschrift für Politik
ZfVP	Zeitschrift für vergleichende Politikwissenschaft
ZGEI	Zeitschrift für Geschichte der europäischen Integration
ZIB	Zeitschrift für internationale Beziehungen
ZParl	Zeitschrift für Parlamentsfragen
ZPol	Zeitschrift für Politikwissenschaft
ZPTh	Zeitschrift für Politische Theorie

Index

A
Abromeit, Heidrun 51
Acta Politica 147
Africa 185, 218
Africa-Bibliography 218
African Affairs 185
African and Asian Studies 192
Africa Spectrum 183
Alemann, Ulrich von 46, 136
Allison, Graham T. 91
Almond, Gabriel A. 15, 27, 28, 31, 118
American Journal of Political Science 158, 159
American Political Science Review 85, 120, 123, 124, 140, 157, 159
Andersen, Uwe 39
Annotierte Bibliografie zur Politikwissenschaft 216
Arab Studies Quarterly 180
Arendt, Hannah 124, 127
Asian Affairs 175
Asian Perspective 176
Asian Studies Review 175
Asian Survey 196
Avineri, Shlomo 113

B
Bandelow, Nils 34
Barber, Benjamin 127
Barry, Brian M. 119
Baur, Nina 132

Bayart, Jean-Francois 66
Becker, Bernd 58
Becker, Gary S. 122
Behnke, Joachim 132
Behnke, Natalie 132
Beichelt, Timo 45
Bellers, Jürgen 80
Benz, Arthur 35
Berg-Schlosser, Dirk 10, 18, 26, 132
Bernauer, Thomas 19
Beyme, Klaus von 29, 37, 41, 54, 108, 114
Bieling, Hans-Jürgen 96, 103
Bill, James A. 65
Birle, Peter 68
Bleek, Wilhelm 22, 24
Blumenthal, Julia von 36, 40, 42
Blum, Sonja 34
Borchert, Jens 53
Boucher, David 80
Braun, Dietmar 121
Bredow, Wilfried von 93
British Journal of Middle Eastern Studies 180
British Journal of Political Science 30, 122, 143
British Journal of Politics & International Relations 202
British Politics 160
Bröchler, Stephan 40, 42
Brodocz, André 115
Brzezinski, Zbigniew 63

Buchstein, Hubertus 114
Butterfield, Herbert 83

C

Call, Charles T. 64
Carr, Edward Hallett 80
Central Asian Survey 169
Chabal, Patrick 67
China Journal 171
China Quarterly 172
Cini, Michelle 101
Clapham, Christopher 64
Coen, David 106
Colschen, Lars 92
Communist & Post-Communist Studies 161
Comparative European Politics 209
Comparative Political Studies 82, 152
Comparative Politics 151
Comparative Studies of South Asia, Africa and the Middle East 191
Contemporary Political Theory 211
Contemporary Southeast Asia 178
Cronquist, Lasse 132
Current History 192
Czempiel, Ernst-Otto 77, 90, 91, 94

D

Daase, Christopher 135
Dachs, Herbert 59
Dahl, Robert A. 52, 62, 63, 128, 129
Daloz, Jean-Pascal 67
Daws, Sam 89
Decker, Frank 45
Dehousse, Renaud 106
Democratization 164
Denzer, Horst 108
Derichs, Claudia 68
Detterbeck, Klaus 46
Deutsch, Karl W. 28
Diedrichs, Udo 95
Dittberner, Jürgen 47
Downs, Anthony 119
Dryzek, John S. 116

E

Earnshaw, David 105
East European Politics 162
Easton, David 22, 27, 117, 118
Eisenstadt, Shmuel N. 63
Elbers, Helmut 135
Electoral Studies 165
Ellwein, Thomas 37
Erbentraut, Philipp 46
Esping-Andersen, Gösta 56
Etudes du Moyen-Orient 181
Euchner, Walter 112
European Integration Current Contents 231, 238
European Journal of East Asian Studies 176
European Journal of International Relations 194
European Journal of Political Research 153, 154, 204, 209
European Journal of Political Theory 211
European Union Politics 206
Europe-Asia Studies 168

F

Ferdowsi, Mir A. 66
Fetscher, Iring 108, 112, 113, 114
Foreign Affairs 199
Foreign Policy 199
Forndran, Erhard 136
Fraenkel, Ernst 129
Freitag, Markus 43
French Politics 161
Friedrich, Stefan 71
Fröhlich, Manuel 38
Fuhse, Jan 27, 117

G

Gabriel, Oscar W. 31
Galston, William 127
Gareis, Sven Bernhard 89, 93
Gellner, Winand 60
Genco, Stephen J. 15
Gerlich, Peter 59
German Politics 160
GIGA Focus Afrika 182
GIGA Focus Asien 170, 174

Index

GIGA Focus Global   189
GIGA Focus International Edition   189
GIGA Focus Lateinamerika   186
GIGA Focus Nahost   178
Göhler, Gerhard   114, 117
Goodin, Robert E.   20
Gottweis, Herbert   59
Government and Opposition   152
Greenstein, Fred I.   22
Greenwood, Justin   106
Griffiths, Martin   78, 80
Grotz, Florian   23
Gunnell, John G.   115

H

Haas, Christoph M.   61
Haas, Ernst B.   102
Haas, Melanie   53
Hacke, Christian   94
Hartmann, Jürgen   24, 38, 52, 65, 69, 71, 77, 101, 110, 115, 116, 142
Hasenclever, Andreas   88
Hayes-Renshaw, Fiona   103
Heberer, Thomas   68
Heclo, Hugh   55
Heidenheimer, Arnold J.   55
Heidenreich, Felix   116
Heilmann, Sebastian   71, 95
Helms, Ludger   41, 52, 53
Hennis, Wilhelm   125
Hereth. Michael   111, 113
Hesse, Joachim Jens   37
Hirschmann, Albert O.   121
Hix, Simon   99
Hofmann, Wilhelm   117
Honig, Bonnie   116
Honneth, Axel   126
Hook, Steven W.   93
Hoop, Gerhard   46
Hübner, Emil   60

I

Integration   205
International Affairs   198
Internationale Politik   200

International Organization   85, 92, 102, 192, 193
International Political Science Abstracts   215
International Political Science Review   142
International Relations of the Asia-Pacific   197
International Security   83, 85, 196
International Studies Quarterly   83, 194
International Studies Review   194, 217
Iser, Matthias   117
Ismayr, Wolfgang   41, 50, 51, 57, 70

J

Jacubeit, Cord   66
Jäger, Wolfgang   61
Jahn, Detlef   19, 26, 133
Japanese Studies   173
Japan Forum   173
Jones, Christopher M.   93
Journal of Asian and African Studies   191
Journal of Common Market Studies   102, 204
Journal of Contemporary African Studies   184
Journal of Contemporary China   171
Journal of Current Chinese Affairs   170
Journal of Current Southeast Asian Affairs   177
Journal of Democracy   73, 163
Journal of European Integration   207
Journal of European Integration History   205
Journal of European Public Policy   206
Journal of Japanese Studies   174
Journal of Latin American Studies   187
Journal of Modern African Studies   183
Journal of Political Ideologies   214
Journal of Politics   157, 158
Journal of Politics in Latin America   186
Journal of Southeast Asian Studies   178
Journal of the History of Ideas   213
Journal of Theoretical Politics   122, 212
Judge, David   105

K

Kailitz, Steffen   21
Kassim, Hussein   104

Katzenstein, Peter J. 49
Keck, Otto 84
Kempf, Udo 57
Keohane, Robert O. 82, 83, 84, 131
Kerner, Ina 117
Kersting, Wolfgang 126
Kevenhörster, Paul 61
Kingdon, John W. 34
King, Gary 131
Kirsch, Guy 119
Kleiber, Markus 60
Knoepfel, Peter 35
Kohler-Koch, Beate 87
Köppl, Stefan 59
Kopstein, Jeffrey 25
Korte, Karl-Rudolf 38, 146
Koschut, Simon 94
Kost, Andreas 47
Kramer, Helmut 59
Krasner, Stephen D. 82
Krell, Gert 79
Kropp, Sabine 42
Kuhn, Patrick 19
Kuhn, Thomas S. 16
Kutz, Magnus 94

L

Larue, Corinne 35
Lasswell, Harold D. 33
Latin American Perspectives 188
Latin American Politics and Society 187
Lauber, Volkmar 59
Lauth, Hans-Joachim 17, 26, 132
Lehmbruch, Gerhard 18, 40
Lemke, Christiane 77
Lerch, Marika 103
Leunig, Sven 42
Leviathan 150
Lichbach, Mark 25
Lieber, Hans-Joachim 109
Lietzmann, Hans J. 22
Lijphart, Arend 29, 43
Linder, Wolf 59
Linz, Juan J. 63
Lipset, Seymour M. 32
List, Martin 76
Llanque, Marcus 109

Longstreth, Frank 55
Lowi, Theodore J. 33, 106
Luhmann, Niklas 27, 117, 118

M

Mabe, Jacob 67
Mackenzie, Janet 135
MacPherson, Crawford B. 111
Maier, Hans 108
March, James G. 124
Marschall, Stefan 39
Marshall, Katherine 88
Masala, Carlo 78
Mattar, Philip 66
Maurer, Andreas 105
Mény, Yves 104
Menzel, Ulrich 79
Merkel, Wolfgang 72
Meyer, Bernd 110, 116
Meyer, Thomas 14
Michalowitz, Irina 105
Middle Eastern Studies 179
Middle East Policy 181
Middle East Quarterly 181
Middle East Studies Online Journal 181
Mielke, Siegfried 43
Mittag, Jürgen 105
Mohr, Arno 107
Möller, Kay 95
Möllers, Martin H. W. 44
Mommsen, Margareta 70
Moon, J. Donald 115
Moosauer, Nikola 135
Moravcsik, Andrew 102
Morgenthau, Hans J. 81
Müller, Harald 87
Müller, Markus M. 86
Muller, Pierre 104
Müller-Rommel, Ferdinand 26
Müller, Wolfgang C. 59
Münkler, Herfried 108, 111, 112

N

Naßmacher, Hiltrud 18
Neumann, Stephanie G. 81
Neu, Viola 45

Index

Niedermayer, Oskar 53
Niskanen, W. A. 121
Nohlen, Dieter 14, 22, 23, 55, 62, 63, 75
Nugent, Neill 103, 104
Nye, Joseph S. 83

O

O'Donnell, Guillermo 73
Oldopp, Birgit 60, 110
Olsen, Johan P. 124
Olson, Mancur 120
Ooyen, Robert Chr. van 44
Orient 179
Österreichische Zeitschrift für Politik-wissenschaft 148
Osteuropa 166
Ostheim, Tobias 56
Oye, Kenneth A. 84

P

Parliamentary Affairs 155
Party Politics 165
Pascha, Werner 61
Patzelt, Werner 18
Peet, Richard 88
Pehle, Heinrich 44
Pelinka, Anton 19, 50
Perspectives on European Politics and Society 208
Perspectives on Politics 140, 157
Perthes, Volker 65
Peters, Brainard Guy 104
Peterson, John 103
Pfetsch, Frank R. 109
Phillips, Anne 116
Pickel, Gert 132, 156
Pickel, Susanne 132
Political Research Quarterly 158, 159
Political Science Quarterly 157
Political Studies 142, 217
Political Studies Review 217
Political Theory 82, 211
Politics and Society 141
Politique Étrangère 201
Politische Vierteljahresschrift 84, 144
Polity 213

Pollack, Johannes 101
Pollack, Mark A. 100
Polsby, Nelson W. 22
Popper, Karl 16
Portal für Politikwissenschaft 216
Post-Soviet Affairs 70, 163
Pouvoirs 154
Powell, John B. 28, 118
Prätorius, Rainer 61
Prittwitz, Volker von 34
Problems of Post-Communism 163
Przeworski, Adam 72
Public Administration Quarterly 33
Putnam, Robert D. 32, 92
PVS-Literatur 216

Q

Quermonne, Jean-Louis 104

R

Rawls, John 125, 126
Reese-Schäfer, Walter 126
Rellecke, Werner 47
Reus-Smit, Christian 78
Reutter, Werner 43, 54
Review of African Political Economy 67, 184
Review of International Studies 64, 195
Review of Politics 210
Revue d'Histoire de l'Intégration Européenne 205
Revue Française de Science Politique 147
Richards, Allen 66
Richardson, Jeremy J. 100, 106
Riescher, Gisela 117
Rinke, Stefan 68
Rittberger, Volker 87
Rohe, Karl 13
Rosenau, James W. 92
Rotberg, Robert I. 64
Rudzio, Wolfgang 36, 42
Ruggie, John Gerard 85
Russian Politics and Law 169
Rütters, Peter 54

S

Saich, Tony 70
Sakwa, Richard 69, 70
Sandel, Michael J. 126
Sanders, Luise 137
Sauer, Frank 78
Scandinavian Political Studies 150
Schaal, Gary S. 115, 116
Schieder, Siegfried 79
Schieren, Stefan 58
Schild, Joachim 58
Schimmelfennig, Frank 76
Schirm, Stefan A. 97
Schmid, Josef 57
Schmidt, Dirk 95
Schmidt, Manfred G. 14, 21, 23, 29, 48, 49, 56, 128
Schmidt, Siegmar 101
Schneckener, Ulrich 64
Schneider, Herbert 44
Schroeder, Wolfgang 48
Schubert, Klaus 14, 34
Schultze, Rainer-Olaf 14, 22, 23, 63, 75
Schumpeter, Joseph A. 119, 128
Schünemann, Wolf J. 101
Schütte, Hans Wilhelm 71
Schwaabe, Christian 110
Schweizerische Zeitschrift für Politische Wissenschaft 149
Sebaldt, Martin 46, 47, 48
Shackleton, Michael 103
Shepsle, Kenneth A. 122, 123
Shiraev, Eric 70
Shire, Karen A. 61
Siegel, Nico A. 56
Simon, Herbert A. 123
Simonis, Georg 35, 135
Slominski, Peter 101
Snidal, Duncan 78
Social Science Japan Journal 172
Spindler, Manuela 79
Springborg, Robert 65
Staack, Michael 76, 91
Staiger, Brunhild 71
Stammen, Theo 18, 117, 145
Steffani, Winfried 29
Steinmo, Sven 55
Steuwer, Janosch 105
Stevens, Anne 104
Stevens, Handley 104
Stockwin, J. A. A. 61
Stoiber, Michael 51
Stöss, Richard 45, 53
Straßner, Alexander 47, 48
Strauss, Leo 125
Strohmeier, Gerd 146
Sturm, Roland 39, 42, 44, 54, 58
Stüwe, Klaus 68
Stykow, Petra 135
Swiss Political Science Review 149

T

Tálos, Emmerich 59
Teich Adams, Carolyn 55
Tetzlaff, Rainer 66
Thelen, Kathleen 55
Third World Quarterly 64, 190
Treibel, Jan 146
Tsebelis, George 30, 122

U

Uterwedde, Henrik 58

V

Varone, Frédéric 35
Varwick, Johannes 19, 89
Vatter, Adrian 43
Veit, Sylvia 35
Verba, Sidney 31, 131
Volger, Helmut 89

W

Wagner, Christian 17, 62
Wallace, Helen 100, 103
Walter, Franz 46, 47
Walter, Stefanie 19
Walther, Jens 46
Waltz, Kenneth N. 81, 91
Walzer, Michael 127
Wang, James C.F. 71
Waterbury, John 66
Weber, Max 14, 16, 63

Weber, Reinhold   47
Weiss, Thomas G.   89
WeltTrends   63, 203
Welz, Wolfgang   61
Wendt, Alexander   85
Werwath, Christian   46
Werz, Nikolaus   67
Weßels, Bernhard   48
Wessels, Wolfgang   100
West European Politics   159, 209
Westle, Bettina   31, 132
White, Stephen K.   115
Wight, Martin   83
Wilhelm, Andreas   78, 90
Wipperfürth, Christian   95
Wolf, Frieder   21
Wolf, Klaus-Dieter   86, 88
World Politics   15, 192, 202
Woyke, Wichard   39, 78, 88

Y
Young, Alasdair R.   100

Z
Zartman, Ira William   64
Zehnpfennig, Barbara   111, 113
Zeitschrift für Geschichte der europäischen Integration   205
Zeitschrift für Internationale Beziehungen   195
Zeitschrift für Parlamentsfragen   155, 165
Zeitschrift für Politik   145
Zeitschrift für Politikwissenschaft   146, 216
Zeitschrift für Politische Theorie   212
Zeitschrift für Vergleichende Politikwissenschaft   156
Zimmermann-Steinhart, Petra   39, 54
Zohlnhöfer, Reimut   56
Zürn, Michael   88

The manufacturer's authorised representative in the EU is Springer Nature Customer Service Centre GmbH, Europaplatz 3, 69115 Heidelberg, Germany. If you have any concerns regarding our products, please contact ProductSafety@springernature.com

Printed and bound by CPI Group (UK) Ltd, Croydon, CR0 4YY
25/03/2026
02078189-0006